Ihre Arbeitshilfen zum Download:

Die folgenden Arbeitshilfen stehen für Sie zum Download bereit:

- Arbeitshilfe 1: Zusammenfassung und Leitfragen zu Kapitel 1
- Arbeitshilfe 2: Zusammenfassung und Leitfragen zu Kapitel 2
- Arbeitshilfe 3: Zusammenfassung und Leitfragen zu Kapitel 3
- Arbeitshilfe 4: Zusammenfassung und Leitfragen zu Kapitel 4
- Arbeitshilfe 5: Leitfaden für die agile Personalauswahl
- Arbeitshilfe 6: Agiles Manifest
- Arbeitshilfe 7: User Storys für vier idealtypische Zielpositionen (Kapitel 3.1)
- Arbeitshilfe 8: Exemplarische Interviewfragen (Kapitel 3.3)
- Arbeitshilfe 9: Beispiel für ein agiles Kompetenzmodell (Kapitel 4.3)

Agile Personalauswahl

Tim Riedel

Agile Personalauswahl

Erfolgreiche Vorstellungsgespräche im Kontext
von Innovation und Vielfalt

1. Auflage

Haufe Gruppe
Freiburg · München · Stuttgart

Bibliografische Information der Deutschen Nationalbibliothek

Die Deutsche Nationalbibliothek verzeichnet diese Publikation in der Deutschen Nationalbibliografie; detaillierte bibliografische Daten sind im Internet über http://dnb.dnb.de abrufbar.

Print: ISBN 978-3-648-09599-7   Bestell-Nr. 14108-0001
ePub: ISBN 978-3-648-09601-7   Bestell-Nr. 14108-0100
ePDF: ISBN 978-3-648-09600-0   Bestell-Nr. 14108-0150

Tim Riedel
Agile Personalauswahl
1. Auflage 2017

© 2017 Haufe-Lexware GmbH & Co. KG, Freiburg
www.haufe.de
info@haufe.de
Produktmanagement: Christiane Engel-Haas

Lektorat: Helmut Haunreiter, Marktl am Inn
Satz: Reemers Publishing Services GmbH, Krefeld
Umschlag: RED GmbH, Krailling
Druck: Schätzl Druck & Medien GmbH & Co. KG, Donauwörth

Inhaltsverzeichnis

Warum wir eine agile Personalauswahl benötigen 9

Teil I: Das Modell und sein Kontext 15

1   Eine kleine Entwicklungsgeschichte der Eignungsdiagnostik 17
1.1   Vorstellungsgespräche 1.0: beliebig und intuitiv 17
1.2   Vorstellungsgespräche 2.0: strukturiert und objektiv 18
1.3   Vorstellungsgespräche 3.0: systemisch und agil 24

2   Eine Einführung in die agile Personalauswahl 33
2.1   Das Anforderungsprofil: **Problemlösungsfähigkeit vor Persönlichkeit,**
        User Story statt Pflichtenheft 34
2.2   Die Gesprächsatmosphäre: Austausch vor Abprüfen, Vertrauen statt
        Kontrolle 37
2.3   Die Fragetechnik: explorieren vor standardisieren, Iteration statt
        Wasserfall 41
        2.3.1   Wie standardisiert können, wie strukturiert müssen
                Vorstellungsgespräche 3.0 geführt werden? 42
        2.3.2   Welche Fragetypen bieten sich in der agilen
                Personalauswahl an? 44
2.4   Die Bewertung: Flexibilität vor Planverfolgung,
        Perspektivenwechsel statt prädeterminierter Verhaltensanker 50

Teil II: Die Anwendung 59

3   Vorstellungsgespräche in der agilen Personalauswahl:
        Aufbau und Instrumente 61
3.1   Wen suchen wir? So generieren wir User Storys und übertragen sie
        in die Struktur eines Auswahlgesprächs 61
3.2   Wie suchen wir? Praktische Tipps, um das Gespräch so zu führen,
        dass man authentische Antworten bekommt 67
        3.2.1   Investitionen in eine vertrauensvolle Gesprächsatmosphäre . . . 68
        3.2.2   Transparenz in den Fragen/Fragen als Chancen vermitteln 69
        3.2.3   Komplimente und wertschätzendes Feedback 71
        3.2.4   Zweite Chancen 73
3.3   Wie fragen wir? Beispielhafte Interviewleitfäden für eine wirkungsvolle
        Fragetechnik 74

3.4   Wie entscheiden wir? Eine beispielhafte Vorgehensweise,
        um flexibel zu bewerten, ohne beliebig zu werden   81
        3.4.1   Beobachten   83
        3.4.2   Fühlen   86
        3.4.3   Zuschreiben   89
        3.4.4   Verstehen   92
        3.4.5   Zusammenschau   97
3.5   Vorstellungsgespräche in der agilen Personalauswahl: Ein Fallbeispiel .   102

4   Wichtige Fragen zur Umsetzung   113
4.1   Scrum Master und Product Owner in der Personalauswahl:
        Wie gestalten wir einen agilen Rekrutierungsprozess?   113
4.2   Wie integrieren wir Vielfalt und kulturelle Unterschiede?   119
        4.2.1   Das Kulturtypenmodell von Richard Lewis   121
        4.2.2   Individualistische vs. interdependente Selbstkonzepte   127
        4.2.3   Kulturelle Unterschiede in der agilen Personalauswahl   135
4.3   Wie verbinden wir Kompetenzmodelle mit einer
        agilen Personalauswahl?   137
4.4   Wie erkennen wir »agile Kandidaten«?   144

5   Agile Personalauswahl: Der Business Case   147

Anhang: Ein exemplarischer Leitfaden für die agile Personalauswahl
        in der Praxis   153

Literatur   169
Stichwortverzeichnis   174

Warum wir eine agile Personalauswahl benötigen

Bevor wir der Frage nachgehen, warum wir eine agile Personalauswahl benötigen, sollten wir zunächst einmal ein Bild davon gewinnen, was das eigentlich sein soll, eine »agile Personalauswahl«. Reitet da jemand eine Welle und schnappt sich ein Modewort, um in neuer Hülle bereits bekannte Inhalte zu verkaufen?

So abwegig ist die Frage nicht. Das Buch hätte auch »Personalauswahl in komplexen Umgebungen« heißen können. Oder »Personalauswahl für mehr Innovation«. Auch »Personalauswahl im Zeichen von Globalisierung und demografischem Wandel« hätte den Inhalt dieses Buches gut beschrieben. Selbst »Personalauswahl in der VUCA-Ära« wäre als Titel infrage gekommen, um den von Bob Johansen im Jahr 2007 kreierten Begriff der Volatility, Uncertainty, Complexity und Ambiguity (VUCA) aufzugreifen. Man musste nicht zwingend den Begriff der »agilen Personalauswahl« prägen, um sich den aus all diesen Herausforderungen erwachsenden Fragen an die Eignungsdiagnostik zu widmen:

1. Wie wählen wir **die Richtigen** für unsere Organisationen aus, wenn wir uns in Anbetracht stetig wachsender Komplexität immer weniger sicher sein können, wie diese eigentlich aussehen und was sie können müssen?
2. Wie kann es uns in der Personalauswahl gelingen, bewusst Vielfalt, neue Ideen und unbekannte Lösungsansätze für unsere Organisationen zu gewinnen, wenn wir doch intuitiv und automatisch immer diejenigen bevorzugen, die so sind wie wir?
3. Wie erkennen wir die am besten passenden Bewerberinnen und Bewerber[1], wenn diese aus Kulturräumen kommen, in denen wir uns gar nicht auskennen?
4. Wie müssen wir unsere Vorstellungsgespräche verändern, wenn es **die Richtigen** im Wettbewerb um die besten Talente immer weniger gibt, sodass wir nur noch zwischen Kandidaten auswählen können, die scheinbar alle nicht so recht passen?

---

1   Natürlich sind in diesem Buch stets männliche und weibliche Interviewer und Interviewerinnen, Bewerber und Bewerberinnen angesprochen. Da einem die deutsche Sprache diese Durchlässigkeit aber nicht so einfach macht, und trotzdem grässliche Wortschöpfungen wie Auswähler_Innen oder Bewerbende vermieden werden sollen, werden in der Folge in beliebigem Wechsel mal männliche, mal weibliche und mal beide Formen verwendet. Gemeint sind – das versteht sich von selbst – immer Beide!

Nun haben sich aber die Pioniere des »Agilen« in ihrem »Manifesto for Agile Software Development« (www.agilemanifesto.org) eine inhaltliche Grundlage geschaffen, die sich hervorragend auf eben diese Fragen im Kontext der Personalauswahl übertragen lässt. Vermutlich ohne dies beabsichtigt zu haben, haben sie mit ihrem Manifest ein konzeptionelles Fundament für eine moderne Form von Management gelegt, das inzwischen auf die verschiedensten Bereiche von Führung und Organisation übertragen wurde[2] und das eben auch für die Personalauswahl wichtige Antworten bereithält.

ARBEITSHILFE
ONLINE

Agiles Manifest der Softwareentwicklung

Lassen Sie mich dazu kurz die Kernzeilen des agilen Manifests wiedergeben:

Wir suchen nach besseren Wegen, Software zu entwickeln, indem wir es selbst praktizieren und anderen dabei helfen, dies zu tun.

Individuen und Interaktionen	haben Vorrang vor Prozessen und Werkzeugen.
Funktionierende Software	hat Vorrang vor ausgedehnter Dokumentation.
Zusammenarbeit mit dem Kunden	hat Vorrang vor Vertragsverhandlungen.
Das Eingehen auf Änderungen	hat Vorrang vor strikter Planverfolgung.

Wir erkennen dabei sehr wohl den Wert der Dinge auf der rechten Seite an, wertschätzen jedoch die auf der linken Seite noch mehr.

Abb. 1: Agiles Manifest der Softwareentwicklung

Wir erkennen hier also eine Verschiebung der Prioritäten im Managementhandeln von einem linearen, geplanten, hierarchisch strukturierten und arbeitsteilig organisierten Prozess hin zu mehr Subjektivität, mehr Flexibilität, mehr Interaktivität sowie mehr Fokus auf die Funktionalität in der Zusammenarbeit. Im Verlauf dieses Buches werden wir diese Neugewichtungen im Einzelnen auf die Personalauswahl übertragen und in den Kontext der bestehenden eignungsdiagnostischen Modelle und Methoden einbetten. Stellen wir uns im Vorgriff auf die nächsten Kapitel schon einmal vor, wie ein »Agiles Manifest der Personalauswahl« vermutlich aussähe, wenn wir die obigen Zeilen auf ein Vorstellungsgespräch oder ein Assessment-Center übertragen:

---

2   Aus der großen Menge entsprechender Publikationen beispielhaft Brandes, Gemmer, Koschek, Schültken (2014); Gloger, Marketich (2014); Scherber, Lang (2015); Kaltenecker (2015), Nowotny (2016); Stach (2016).

Agiles Manifest der Personalauswahl

Die persönliche Begegnung und Interaktion mit den Bewerbern	hat Vorrang vor dem Befolgen hochstrukturierter Interviewabläufe (Austausch vor Abprüfen).
Die Nützlichkeit von Ideen und Lösungsansätzen der Kandidaten im konkreten Kontext der Zielposition	hat Vorrang vor einem abstrakten Zielprofil (Problemlösungsfähigkeit vor Persönlichkeit).
Das iterative Erforschen der Zielsetzung und Sinnhaftigkeit von Verhaltensweisen der Kandidatinnen aus ihrer eigenen Perspektive	hat Vorrang vor prädeterminierten Verhaltensbewertungen aus Sicht der Auswählenden (Explorieren vor Standardisieren).
Die Anpassung von Interviewleitfäden, Bewertungsmaßstäben und sogar Zielpositionen an die erst im Vorstellungsgespräch gewonnenen Erkenntnisse	hat Vorrang vor dem bloßen Abarbeiten vorab festgelegter Ziele und Verfahren (Flexibilität vor Planverfolgung).

Wir erkennen dabei sehr wohl den Wert der Dinge auf der rechten Seite an, wertschätzen jedoch die auf der linken Seite noch mehr.

Abb. 2: Agiles Manifest der Personalauswahl

Nicht jeder Halbsatz dieses Textes mag für Sie als Leser und Leserin an dieser Stelle bereits Sinn ergeben. Aber er soll verdeutlichen, dass der Begriff der »Agilität« nicht ohne Grund als Leitthema für das in diesem Buch vorgestellte Modell der Personalauswahl gewählt wurde. Er gibt uns die Richtung vor für eine neue Form der Personalauswahl, mit der wir den Herausforderungen der heutigen Unternehmen in der Personalgewinnung besser begegnen können als mit den bislang bekannten Konzepten. Denn betrachten wir die eignungsdiagnostischen Theorien, nach denen bislang Personalauswahl betrieben wird, haben wir im Wesentlichen bloß ein Kontinuum zwischen zwei Standpunkten zur Wahl:

Entweder wir führen unstrukturierte, komplett flexible und mehr oder weniger beliebige Kennenlerngespräche, bei denen wir am Ende auf der Basis von Sympathie, Intuition, Menschenkenntnis und Bauchgefühl entscheiden, wer am besten zu uns passt (Vorstellungsgespräche 1.0). Oder wir führen hoch strukturierte, möglichst ohne emotionale Involviertheit geführte Auswahlgespräche auf der Grundlage von im Vorfeld definierten und validierten Anforderungsprofilen und Bewertungsmaßstäben (Vorstellungsgespräche 2.0).

Modell 1 (Vorstellungsgespräche 1.0, unstrukturiert und beliebig) wird dabei von der Wissenschaft seit über 30 Jahren konstant als wenig valide (d.h. wenig aussagefähig in Bezug auf die tatsächliche Eignung der Kandidaten) überführt (Huffcutt und Culbertson, 2011). Es taugt darum für die heutige Personalauswahl nicht. Wir könnten fast genauso gut rein auf Basis der Bewerbungsunterlagen entscheiden und uns die viele Arbeit sparen.

Modell 2 wiederum (Vorstellungsgespräche 2.0, hochstrukturiert und prädeterminiert) funktioniert in einer von Komplexität, Vielfalt und Innovationsbedarf geprägten Umgebung nicht mehr, denn es setzt eine vergleichsweise konstante, bekannte und berechenbare Umwelt voraus. Modell 2 gibt auf die oben skizzierten Fragen an die Personalauswahl in einer VUCA-Welt keine befriedigenden Antworten.

Entsprechend entscheidet sich die Praxis meist für einen Mittelweg (Riedel, 2015, Kanning, 2015), d.h., sie strukturiert ihre Interviews ein wenig, macht sich ein paar Gedanken über das gesuchte Anforderungsprofil, bereitet vielleicht auch ein paar Fragen vor, entscheidet dann aber doch auf der Basis von Bauchgefühl und Intuition (Nachtwei, 2013). Sie tut dies letztlich aber ohne ein wirklich tragfähiges konzeptionelles Fundament. Und vor allem hat sie auf diesem Weg auch keine Antworten auf die oben skizzierten Fragen, wie wir denn die Richtigen erkennen können in einer von Komplexität, Vielfalt und Unvorhersehbarkeit geprägten Umgebung. Die Praxis, so scheint es also, traut beiden Ansätzen in der Eignungsdiagnostik nicht mehr so recht über den Weg, hat aber selbst auch keine bessere Idee.

Auch die Vorreiter des agilen Managements haben kein fundiertes alternatives Konzept. Da, wo sie sich überhaupt mit dem Thema Personalauswahl beschäftigen, lehnen Sie das hoch strukturierte Modell 2.0 wegen seiner Schablonenhaftigkeit ab. Sie setzen stattdessen auf eine geringe Standardisierung (Pfläging und Herrmann, 2014, S. 52), eine hohe Geschwindigkeit (Gloger und Häusling, 2011, S. 44) und auf das eigene Bauchgefühl (Buchheim und Weiner, 2014, S. 113). Wie sie damit aber verhindern, dass wir doch wieder in die unstrukturierten und beliebigen Auswahlentscheidungen aus dem Modell 1.0 zurückfallen, diese Antwort bleiben sie weitgehend schuldig. Und was man tun muss, um in einem Kontext von Vielfalt und Komplexität die eigenen unbewussten Vorlieben für das Vertraute zu überwinden, mit dieser Frage befassen sie sich nicht. Und gerade das ist ja die Frage: Wie können wir flexibel auswählen, wie können wir uns öffnen für andersartige, unbekannte, überraschende und innovative Ansätze, und dennoch nicht ins Willkürliche und Zufällige abrutschen, wo wir dann wieder diejenigen auswählen, die wir einfach nett, frisch, dynamisch, sympathisch und »zu uns passend« finden.

Entsprechend sucht sich jedes Unternehmen, jeder Personaler und jede Führungskraft irgendwie seinen oder ihren eigenen Weg und beruhigt sich damit, dass man ja damit bislang recht gut gefahren sei. Denn von all den innovativen, kreativen und potenzialträchtigen Kandidaten, die man in der Vergangenheit fälschlicherweise **nicht** eingestellt hat, weiß man ja nie etwas. Und die eigene Psyche ist durch den viel erforschten Rückschaufehler (vgl. Kahnemann, 2011) sowieso gut in der Lage, die eigene Erinnerung so zu verzerren, dass man bei fast jedem Ergebnis hinterher annimmt, man habe es genau so auch vorausgesehen.

Man hat also in der Praxis keine rechte Antwort auf das Dilemma, dass die beiden bislang bekannten Ansätze in der Eignungsdiagnostik nicht (mehr) recht zu überzeugen wissen. Das Thema der Personalauswahl genießt dann auch keine besonders hohe Aufmerksamkeit in den Unternehmen, die wichtigen HR-Kongresse wenden sich anderen Themen zu und Interviewtrainings werden allgemein wenig nachgefragt (Riedel und Krotoschak, 2015).

Dieses Buch möchte dem etwas entgegensetzen. Es will ein neues Modell der (agilen) Personalauswahl vorstellen, mit dem wir eine neue Art von Vorstellungsgesprächen – nennen wir sie: Vorstellungsgespräche 3.0 – führen können, um den Herausforderungen von Komplexität, Globalisierung und demografischem Wandel besser zu begegnen als bislang. Und es möchte dies auf eine Weise tun, dass sowohl Expertinnen als auch Anfänger das Modell unmittelbar anwenden können. Es möchte damit den scheinbaren Widerspruch zwischen den Anforderungen der Wissenschaft und der tatsächlich praktizierten Personalauswahl in den Unternehmen aufheben, denn es geht nicht um eine Entscheidung zwischen Modell 1.0 und Modell 2.0. Es gibt einen dritten Weg, der das Beste aus beiden Varianten miteinander verbindet. Einen agilen Weg.

Das Buch ist dabei – trotz seines theoretischen Fundaments – in erster Linie an Praktiker gerichtet und unter diesen an zwei unterschiedliche Zielgruppen:

- Es richtet sich zum einen an all die Profis, die sich seit Langem mit Fragen der Eignungsdiagnostik beschäftigen und die ihre Vorstellungsgespräche bereits jetzt mit Bedacht und auf der Basis einer Spielidee führen. Für sie bietet das Buch ein neues Modell, um besser als bislang Komplexität und Vielfalt in ihre Personalauswahl zu integrieren. Entsprechend entwickelt der erste Teil des Buches eine konzeptionelle Herleitung des Modells der agilen Personalauswahl und eine Einbettung in seine eignungsdiagnostische Entwicklungsgeschichte.
- Das Buch richtet sich aber auch an Leserinnen und Leser, die entweder ganz neu in der Materie sind oder sich zumindest zum ersten Mal bewusst mit ihren Auswahlgesprächen beschäftigen. Wenn Sie also Neuling in der

Personalauswahl sind und/oder unmittelbar praktisch loslegen wollen, dann müssen Sie sich nicht zwingend mit dem theoretischen Fundament der agilen Personalauswahl im ersten Teil des Buches aufhalten. Wenn die Zeit knapp ist, dann beginnen Sie gerne gleich mit dem konkreten Aufbau und den Instrumenten für Ihre agilen Vorstellungsgespräche in Teil II. Falls Sie später doch noch mehr erfahren wollen, holen Sie den ersten Teil dann einfach nach.

Diese zwei Zielsetzungen bestimmen auch den Aufbau und die Didaktik des Buchs. Wer die Methoden der agilen Personalauswahl nur anwenden möchte, startet mit dem zweiten Teil. Wer das Modell auch verstehen und wissen will, wie es sich zu den Konzepten der klassischen Eignungsdiagnostik und des agilen Managements allgemein verhält, der (oder die) benötigt auch Teil I. Wer beides liest, dem mag das Buch an manchen Stellen etwas redundant vorkommen. Dies ist der Tatsache geschuldet, dass Teil I und Teil II auch für sich alleine schlüssig und verständlich sein müssen. Es hat aber auch einen didaktischen Zweck, denn auf diesem Weg wird das Modell spiralförmig, iterativ vermittelt und mit jeder Drehung konkreter greifbar und vertieft.

Wenn Sie also auch den Kontext der agilen Personalauswahl verstehen möchten, dann lassen Sie sich darauf ein und lesen das Buch von der ersten bis zur letzten Seite. Leitfragen am Ende jedes Kapitels ermöglichen Ihnen, Ihre eigene Praxis zu überprüfen und für sich neu zu justieren, wie Sie Ihren Weg hin zu einer agileren Form der Personalauswahl in Ihren eigenen Vorstellungsgesprächen und in Ihren Organisationen zukünftig gehen wollen. Kurze Zusammenfassungen am jeweiligen Kapitelende erleichtern zusätzlich die Orientierung und den Wissenstransfer. Sowohl die Leitfragen als auch die Zusammenfassungen können Sie als Arbeitshilfe online kostenlos herunterladen. Nähere Informationen dazu finden Sie am Ende dieses Buches.

Und noch eine Schlussbemerkung: Dieses Buch erfindet das Vorstellungsgespräch nicht neu. Viele Praktiker werden erkennen, dass sie viele Elemente einer agilen Personalauswahl bereits jetzt anwenden, ohne dass sie es bislang so genannt hätten. Manche Wissenschaftlerinnen werden sagen, dass einige Elemente der agilen Personalauswahl bereits heute Stand der Wissenschaft seien und keineswegs unbekannt. Neu ist aber die konzeptionelle Verbindung bereits bestehender Ansätze und Techniken zu einem stimmigen Modell. Und neu ist vor allem der Fokus. Denn in der agilen Personalauswahl geht es nicht mehr darum, Bestehendes und Bekanntes möglichst treffsicher zu reproduzieren. Es geht darum, wie wir unsere Personalauswahl anpassen müssen, wenn wir Neuland betreten wollen.

Teil I: Das Modell und sein Kontext

Beginnen wir wie besprochen damit, dass wir das Modell der agilen Personalauswahl zunächst erklären und in seinen Kontext einbetten. Der Kontext wird dabei, das liegt nahe, von drei Dimensionen bestimmt:

1. Was Literatur und Forschung zu Fragen der Personalauswahl (oder, organisationspsychologisch ausgedrückt, der Eignungsdiagnostik) herausgefunden haben und der Praxis empfehlen.
2. Wie die Auswählenden in den Unternehmen, NGOs und im öffentlichen Sektor dann diese Empfehlungen tatsächlich (mehr oder weniger) umsetzen.
3. Wie uns zunehmende Unübersichtlichkeit, Komplexität und Veränderungsgeschwindigkeit in unseren Arbeitsumgebungen dazu zwingen, unsere bewährten Methoden auch in der Personalauswahl zu überdenken und moderne Managementmethoden wie AGIL oder SCRUM hinsichtlich ihrer Übertragbarkeit in dieses Feld zu überprüfen.

Beginnen wir dabei in Kapitel 1 mit einer kurzen Ideengeschichte – von den Vorstellungsgesprächen 1.0 früherer Prägung über das aktuell in den Lehrbüchern vorherrschende Modell 2.0 hin zu einer agilen Form der Vorstellungsgespräche 3.0 –, bevor wir dann in Kapitel 2 das Modell der agilen Personalauswahl ausführlicher vorstellen.

1 Eine kleine Entwicklungsgeschichte der Eignungsdiagnostik

Warum wählen wir aus? Die Antwort scheint offensichtlich: Weil wir unter mehreren Bewerberinnen und Bewerbern diejenigen identifizieren möchten, die am besten auf eine Stelle passen. Im Auswahlgespräch versuchen wir darum Erkenntnisse über die Kandidaten zu gewinnen, die uns eine Prognoseentscheidung über das zukünftige Verhalten und die zukünftige Leistung der Person auf der Zielposition erlauben.

Hierfür benötigen wir allerdings eine Reihe von Informationen und wir müssen einige Annahmen treffen:

1. Wir müssen wissen, welche Anforderungen auf der Zielposition zu bewältigen sind und welche Fähigkeiten, Fertigkeiten und Eigenschaften man dazu benötigt.
2. Wir müssen uns fragen, anhand welcher Kriterien oder Verhaltensweisen wir im Auswahlprozess erkennen wollen, ob diese Fähigkeiten etc. vorhanden sind.
3. Wir müssen annehmen, dass diese Fähigkeiten usw. relativ stabil sind und nicht so einfach auf der Zielposition selbst erlernt werden können.
4. Und wir müssen schließlich die richtigen Fragen oder Aufgaben stellen, um damit ein realistisches und valides (d.h. vorhersagegenaues) Bild der vorhandenen Fähigkeiten, Fertigkeiten und Eigenschaften im Auswahlprozess zu erzeugen.

1.1 Vorstellungsgespräche 1.0: beliebig und intuitiv

In der frühen Phase der Personalauswahl und oft auch heute noch wurden und werden unstrukturierte und unvorbereitete Vorstellungsgespräche geführt, die eher einem persönlichen Kennenlernen als einer bewussten Evaluation der gesuchten Fähigkeiten etc. dienten. Man verlässt sich zunächst auf formale Qualifikationen (oder auch auf persönliche Empfehlungen) in Bezug auf die Eignung der Bewerber für die zu bewältigende Arbeit. Im Einstellungsgespräch versucht man dann lediglich, auf der Basis von allgemeiner Menschenkenntnis und Erfahrung ein Gefühl für die Integrität und für die menschliche Passung der Kandidaten zu gewinnen.

In der Praxis führt dies allerdings dazu, dass die Interviewer oft mehr reden als die Bewerber, dass die gestellten Fragen lückenhaft und ohne Bezug zur Zielposition sind, dass die Interviewer selber nicht wissen, warum sie bestimmte Fragen eigentlich stellen und dass die Auswahlentscheidung darum in der Regel unbewusst anhand sehr allgemein definierter Attribute wie »Angemessenheit der Reaktion auf die Interviewer (Responsiveness)«, »Zuverlässigkeit«, »Freundlichkeit« und »Emotionale Kontrolle« erfolgt (Dipboye et al., 2012). Letztlich haben die persönliche Chemie zwischen Interviewern und Kandidaten, Ähnlichkeitseffekte und oft auch Zufälle einen größeren Einfluss auf die Bewertung als die eigentlichen Kompetenzen und Potenziale der Bewerber. Die Validität, also die Prognosegenauigkeit solcher Gespräche in Bezug auf die spätere berufliche Leistung ist entsprechend gering.

1.2 Vorstellungsgespräche 2.0: strukturiert und objektiv

Um hier gegenzusteuern, entwickelte die Arbeits- und Organisationspsychologie seit den 1970er Jahren zunehmend ausgefeilte Konzepte, wie durch einen Zuwachs an Vorbereitung und Struktur die Treffsicherheit von Vorstellungsgesprächen erhöht werden kann. Hierzu gehört dann zum einen eine klare Ausrichtung der Fragen an einem im Vorfeld mit wissenschaftlichen Methoden generierten Anforderungsprofil. Darüber hinaus soll eine Standardisierung der Fragen (alle Kandidaten bekommen die gleichen oder fast die gleichen Fragen) genauso zu einer Vergleichbarkeit der Auswahlergebnisse beitragen wie eine Standardisierung der Antwortbewertungen (verschiedene Antwortalternativen werden im Vorfeld bewertet oder es werden zumindest Verhaltensbeschreibungen für die gewünschten Kompetenzen vorformuliert).

In diesem Kontext wurde und wird auch heute noch in der Wissenschaft diskutiert, ob z.B. Small Talk und ein bewusster Beziehungsaufbau (»rapport building«) mit den Kandidaten das Auswahlergebnis verfälschen, weil dann unstrukturiert gewonnene Eindrücke in die Bewertung einfließen. Auch ob individuelle Nachfragen der Interviewer – oder Rückfragen durch die Kandidaten – während des strukturierten Einstellungsgesprächs erlaubt sein sollen, obgleich sie doch die Vergleichbarkeit der Ergebnisse gefährden, ist in der Forschung noch umstritten (Levashina et al., 2014).

Die deutlich höhere Prognosekraft strukturierter Vorstellungsgespräche wurde inzwischen in so vielen Metaanalysen bestätigt, dass Autoren wie Hufcutt und Culbertson (2011) schon von »The Paramount Role of Structure« im Interviewprozess sprechen: »Wenn man eine Auswahl an Wissenschaftlern und Praktikern fragen würde, welche einzelne Entwicklung den größten Einfluss auf den Interviewprozess und seine Ergebnisse gehabt hat, dann würde eine Mehrheit ohne Zweifel antworten, dass es die Strukturiertheit des Vorstellungsgesprächs ist« (S. 194, eigene Übersetzung). Allerdings ist bis heute unklar, welche Elemente eines strukturierten Interviews die größte Relevanz für die Prognosegenauigkeit besitzen, und ob so viele Bestandteile wie möglich umgesetzt werden sollten, um eine möglichst hohe Validität zu erreichen. Hufcutt und Culbertson schreiben dazu: »Obgleich es keine magische Zahl an Komponenten der Strukturiertheit für ein ideales Vorstellungsgespräch gibt, und obwohl es unklar ist, welche, falls überhaupt, den größten Unterschied machen, darf man annehmen, dass es umso besser ist, je mehr Komponenten zum Einsatz kommen« (S. 195).

Natürlich gibt es auch in diesem Modell der Personalauswahl 2.0 Abstufungen in der Lehre. So enthält das Konzept des »Multimodalen Interviews« des deutschen Wissenschaftlers Heinz Schuler bewusst eine Kombination strukturierter und unstrukturierter Elemente. Die Validität des Vorstellungsgesprächs wird hier neben der Strukturiertheit des Prozesses durch die Verbindung verschiedener diagnostischer Zugänge erhöht (Schuler und Mussel, 2016, S. 53 ff.[2]). Sein Kollege Werner Sarges lehnt eine weitgehende Standardisierung des Interviews mit Verweis auf die Unterschiedlichkeit der Bewerber sogar vollständig ab und fordert stattdessen eine sehr individuelle und ausdifferenzierte biografische Fragetechnik im Vorstellungsgespräch ein, um damit auch die Facetten in den Stärken und Schwächen der Kandidatinnen diagnostisch sichtbar machen zu können (Sarges, 2013).

Allen Ansätzen gemein ist aber der Wunsch, eine möglichst hohe Reliabilität (Wiederholbarkeit) und Objektivität (Unabhängigkeit von den Interviewenden) im Prozess dadurch zu erzeugen, dass man die Subjektivität der Beobachter durch ein Mehr an Struktur zurückdrängt. Je mehr sich die Auswählenden an einen im Vorfeld definierten Prozess halten, so der Gedanke, und je besser sie sich vorab auf einen gemeinsamen Bewertungsmaßstab für die gesuchten Fähigkeiten etc. geeinigt haben, desto weniger wird sich ihre subjektive und emotionale Betrachtung der Kandidatinnen als »schmutzende Störquelle« (Obermann, 2013, S. 188) verfälschend auf ihre Auswahlentscheidung auswirken.

Dieses an sich schlüssige Motiv – und der damit einhergehende Kampf gegen die »sture Beharrung auf Intuition und Subjektivität« in der Praxis (Highhouse, 2008) – hat allerdings dazu geführt, dass die Nachteile von zu viel

---

2   Die drei bei Schuler gewählten Zugänge sind Eigenschaften (die man z.B. über psychometrische Tests untersuchen kann), Verhaltensweisen (die sich am einfachsten über Simulationen, d.h. Arbeitsproben oder zu lösende Szenarien auf der Zielposition erkennen lassen) und Ergebnisse (also biografisch dokumentierte frühere Tätigkeiten und Leistungen).

Struktur im Auswahlprozess in der Literatur kaum diskutiert werden. In dem Bestreben, die Interviewenden in den Unternehmen endlich von ihren »unstrukturierten Interviews der alten Couleur« abzubringen, deren Aussagekraft »kaum besser als ein Münzwurf« ist (Kanning, 2015a), wird alles vermieden, was den Eindruck erwecken könnte, dass sich eine starre Struktur in der Personalauswahl auch problematisch auswirken kann. Doch es gibt neben einigen methodischen Fragezeichen (vgl. z. B. Riedel, 2016, Dipboye et al., 2012 oder van Iddekinge et al., 2006) vor allem vier Gründe, die ein Umdenken oder zumindest ein Weiterdenken in Bezug auf das Thema Struktur in der Eignungsdiagnostik nahelegen:

1. Ein zentrales Defizit der Personalauswahl 2.0 ist zunächst, dass sich die Praxis schlicht nicht daran hält. Der oben bereits zitierte Osnabrücker Wirtschaftspsychologieprofessor Uwe Kanning, der sich viel mit der Praxis in der Personalauswahl befasst hat (Kanning 2015a, 2015b), beschrieb dies zuletzt in der Zeitschrift Human Resources Manager mit den Worten: »Pro Jahr erscheinen mehr als 700 wissenschaftliche Publikationen zum Thema Personalauswahl, von denen so gut wie nichts in der Praxis ankommt.« (Kanning, 2016).

   Die Frage, warum die Praxis aber von so viel Strukturiertheit im Einstellungsinterview nichts wissen will und warum sie auf ihr Bauchgefühl als wichtige Entscheidungshilfe beharrt, damit befasst er sich nicht. In zwei qualitativen empirischen Studien dazu (Apelojg, 2002, Kleebaur, 2007) wurde deutlich, dass die Gründe hierfür keinesfalls nur Trägheit und Ignoranz sind. Stattdessen widerspricht zum einen eine solch mechanistische und vergleichsweise starre Form der Gesprächsführung schlicht der Lebenswelt der Interviewenden. Wie alle Menschen möchten sie in einem Gespräch mit anderen Menschen (d. h. in diesem Fall den Bewerbern) diese in einem sozialen Prozess kennenlernen, also sich näher kommen und auch emotional wahrnehmen können. Nicht zuletzt ist es ja auch die Form – und die Kompetenz – des sozialen Austauschs, die später mitentscheidend für den Integrationserfolg auf der Zielposition sein wird.

   Zum anderen glauben die Interviewenden in den Unternehmen auch nicht daran, dass man in einem solch rigide geführten und ausgewerteten Vorstellungsgespräch wirklich zu valideren diagnostischen Erkenntnissen kommt. Ihre eigene Erfahrung lehrt sie etwas anderes, nämlich, dass auch Subjektivität und ein bewusster Beziehungsaufbau, dass auch Flexibilität und Emotionalität im Vorstellungsgespräch einen Wert haben, um die Persönlichkeit und die Kompetenzen der Kandidatinnen authentisch erlebbar (und damit bewertbar) zu machen. Nur wie sie diese Qualitäten in ihre Personalauswahl integrieren können, ohne damit wieder in die beliebigen und willkürlichen Kennenlerngespräche der Stufe 1.0 zurückzufallen, dafür fehlt ihnen ein schlüssiges Modell.

2. Der zweite wichtige und von der Literatur auch durchaus anerkannte Grund gegen ein hoch strukturiertes Auswahlverfahren ist die Tatsache, dass es von Kandidaten als nicht besonders attraktiv wahrgenommen wird (Chapman & Zweig, 2005). Nicht nur die Auswählenden treffen ja auf der Basis des Vorstellungsgesprächs eine Prognoseentscheidung über das vermutete spätere Verhalten der Kandidaten im Arbeitsalltag. Die Kandidaten tun dies auch in Bezug auf das Unternehmen. Und wer möchte schon in einer Organisation arbeiten, die keinen Beziehungsaufbau betreibt, kein Zwischenfeedback gibt, keine Emotionen zeigt, die keine Rückfragen zulässt und die eigenen Antworten auf der Basis eines Standardauswertungsbogens in taugliche oder weniger taugliche Ansätze unterteilt, ohne sich näher damit auseinanderzusetzen?

3. Der dritte Grund, der gegen ein hoch strukturiertes Auswahlverfahren spricht, und damit kommen wir dem Aspekt der Agilität in der Personalauswahl langsam näher, liegt in der Unterschiedlichkeit der Bewerberinnen. Sie kennen vielleicht die unten dargestellte Animation der vielen unterschiedlichen Tiere, die aus Gründen der vermeintlichen Fairness alle dieselbe Aufgabe bekommen, sie sollen auf einen Baum klettern.

Abb. 3: Gleichbehandlung und Gerechtigkeit in der Personalauswahl – wie gehen wir mit der Unterschiedlichkeit unserer Kandidaten um?

Gleiches trifft auf jede Personalauswahl zu. Wir werden der Vielfalt unserer Kandidatinnen und Kandidaten nicht gerecht, wenn wir sie alle demselben Auswahlverfahren unterziehen.

Nun werden Sie vielleicht sagen, dass das aber doch alternativlos ist, wenn es die Position am Ende eben erfordert, auf einen Baum klettern zu können. Das ist aber nur in Bezug auf das Anforderungsprofil richtig und nicht in Bezug auf das Verfahren. Wenn es im Anforderungsprofil zwingend ist, auf Bäume klettern zu müssen, dann kommen wir um diese Übung nicht herum. Wenn das Anforderungsprofil aber Geschicklichkeit verlangt oder wenn es nur darum geht, Früchte ernten zu können, dann sieben wir mit diesem Verfahren zu Unrecht alle Bewerber aus, die zwar nicht auf Bäume klettern können, die aber sehr gute Leitern besitzen.

Nehmen wir zur Illustration dieses Punktes ein Beispiel aus einem reellen Interviewleitfaden eines großen amerikanischen Testanbieters.[3] Um die strategischen Kompetenzen der Bewerber zu erfassen, schlägt dieser die Interviewfrage vor: »Bitte beschreiben Sie eine Situation, in der es Ihnen einmal nicht gelungen ist, wesentliche Faktoren wie Kosten, Risiken, Termine oder Interessen ausreichend in ihrer Strategie zu berücksichtigen?« Eine Kandidatin aus dem westlichen Kulturkreis, die mit dieser abstrakten biografischen Fragetechnik vertraut ist und für die Fehler und Misserfolge kein Gesichtsverlust, sondern eine Chance zur Verbesserung darstellen, kann sich hier vielleicht mit einem guten Beispiel hervortun: »Damals im Unternehmen X, da musste ich die Implementierung der Software Y steuern und habe die Faktoren A, B, und C alle berücksichtigt, aber die Veränderungsgeschwindigkeit des Marktes unterschätzt, sodass die Software zum Zeitpunkt der vollständigen Implementierung teilweise bereits überholt war. Daraus habe ich folgendes gelernt…«. Volle Punktzahl.

Eine Kandidatin, die mit solchen offenen Fragen weniger gut umgehen kann, oder für die ein Fehler aus ihrem kulturellen Hintergrund heraus grundsätzlich etwas ist, das man in der Öffentlichkeit nicht einfach so preisgeben sollte, wird auf diese Frage vielleicht nur ein unzusammenhängendes Stammeln hervorbringen können. »Was soll denn diese Frage?«, mag sie sich denken, und irgendetwas antworten in die Richtung von: »Es ist immer wichtig, alle relevanten Faktoren bei einer wichtigen Entscheidung zu berücksichtigen.« Aber ein passendes Beispiel wird sie vermutlich nicht finden. Geringe Punktzahl.

Aber das heißt ja nicht, dass Kandidatin A tatsächlich höhere strategische Kompetenzen hat als Kandidatin B. Bei Kandidatin A können wir beobachten, wie sie in ihrem Beispiel ihre Entscheidung getroffen hat, welche strategisch relevanten Kriterien berücksichtigt wurden und wie sie im Nachhinein ihre Entscheidung bewertet. Das kann dafür sprechen, dass sie über diese strategischen Kompetenzen verfügt. Vor allem spricht es aber dafür, dass sie die Zielsetzung der Frage richtig erfasst hat und dass sie — zufällig oder aufgrund guter Vorbereitung oder früherer ähnlicher Erfahrungen — über passende Beispiele verfügte und in ihrem biografischen Gedächtnis einfach darauf zugreifen konnte. Bei ihr müssen wir darum nun am konkreten Beispiel noch weiter in die Tiefe explorieren. Bei Kandidatin B können wir nichts

---

3   Aus Gründen der Wahrung des Copyrights kann der Name des Testanbieters an dieser Stelle leider nicht genannt werden; es handelt sich aber um ein der Praxis im Jahr 2015 entnommenes Beispiel.

von alledem beobachten; die Frage hat bei ihr schlicht nicht funktioniert. Wir müssen ihr also eine ganz andere Frage oder Aufgabe geben, die besser geeignet ist, um ihre strategischen Kompetenzen sichtbar zu machen. Stellen wir nun beiden Kandidatinnen gar keine ergänzenden Nachfragen oder bekommen beide dieselben ergänzenden Nachfragen, dann werden wir ihrer Unterschiedlichkeit nicht gerecht. Wir behandeln sie gleich und benachteiligen dadurch Kandidatin B.

4. Der vierte Aspekt, der für eine Weiterentwicklung des Themas Struktur in der Personalauswahl spricht, betrifft den Kernbereich des agilen Managements: In einer VUCA – Welt, geprägt von Volatilität, Unsicherheit, Komplexität und Ambiguität, kommen wir nicht mehr besonders weit, wenn wir uns nur an vorgefertigten Strukturen und den bereits etablierten Bewertungsmustern orientieren. Je unvorhersehbarer und unklarer unsere Umgebung ist, desto offener müssen wir werden für Lösungsansätze, die wir noch gar nicht kennen.

Es liegt aber in der Natur der Sache, dass wir diesen Bereich nicht in einem standardisierten und prädeterminierten Verfahren abprüfen können. Albert Einstein wird das Zitat zugeschrieben, man könne »keine anderen Ergebnisse erwarten, wenn man immer nur dieselben Dinge tut«. Entsprechend können wir auch in der Eignungsdiagnostik keine wirklich innovativen und neuen Ideen honorieren, wenn wir sie nur an dem bemessen, was wir immer schon positiv bewertet haben. Von Apple Gründer Steve Jobs wird behauptet, er habe einmal gesagt, dass er selbst in seinem eigenen Unternehmen vermutlich nie eingestellt worden wäre, weil er in die Apple-Schubladen für gute Mitarbeiter in keiner Weise passte.

Einer unserer Kunden aus der Telekommunikationsbranche hat diesen Ansatz zu einer eigenen Personalgewinnungsstrategie ausgearbeitet. Die bereits in die digitale Welt hineingeborenen »Millennials«, die Nerds und »Coder« unter den Programmierern, sind für den langfristigen Erfolg des Unternehmens von strategischer Bedeutung. Gleichzeitig passen aber gerade diese Bewerber oft überhaupt nicht mehr in die kommunikativen Muster, nach denen der Konzern bis dato seine Nachwuchskräfte ausgewählt hatte. Selbst die Führungskräfte und Recruiter wissen nicht mehr wirklich, welche kommunikativen Muster in dieser Kandidatengruppe stattdessen vorherrschen und wie sie innerhalb dieser Muster noch Qualitäten wie Leistungsbereitschaft, Zuverlässigkeit oder Loyalität erkennen sollen. Die Herausforderung in der Personalauswahl besteht nun also darin, mit Flexibilität und Offenheit im Vorstellungsgespräch auf diese Bewerbergruppe einzugehen, ohne dabei aber zu den unstrukturierten und beliebigen Kennenlerngesprächen der Sorte 1.0 zurückzukehren.

Wir brauchen darum heute mehr denn je eine Personalauswahl, in der wir im Extremfall auch die Potenziale einer Asperger-Bewerberin, eines

Videokünstlers oder einer südchinesischen Agrarwissenschaftlerin erkennen können, selbst wenn wir uns in deren Lebenswelt überhaupt nicht auskennen. Für diese Herausforderung reichen die vorgefertigten Instrumente der Personalauswahl der Variante 2.0 aber nicht mehr aus.

1.3 Vorstellungsgespräche 3.0: systemisch und agil

Um zu beschreiben, was nun eine agile Personalauswahl von Vorstellungsgesprächen der Sorte 1.0. und 2.0. konkret unterscheidet, greifen wir noch einmal auf die Ausgangsbedingungen der Pioniere des Agilen in der Softwareentwicklung zurück. Diese reagierten mit ihrem Konzept der Agilität im Jahr 2001 auf die zunehmende Schwierigkeit, mit dem bis dahin vorherrschenden linearen, arbeitsteiligen und in Phasen abgegrenzten Softwareentwicklungsprozess noch sinnvolle Ergebnisse produzieren zu können (Gloger und Marketich, 2014). Denn dieses lineare Model – wegen seiner kaskadenhaften Abfolge von oben nach unten auch »Wasserfallmodell« genannt (Abb. 1) – funktionierte in Anbetracht der zunehmenden Komplexität und Geschwindigkeit von Softwareentwicklungen immer schlechter.

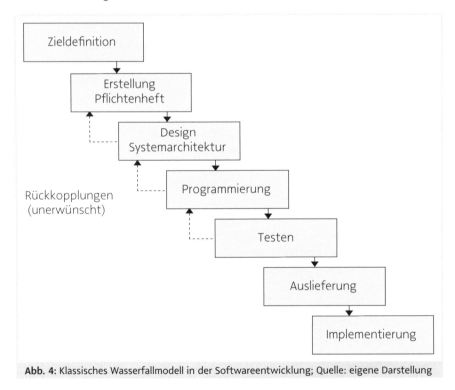

Abb. 4: Klassisches Wasserfallmodell in der Softwareentwicklung; Quelle: eigene Darstellung

In monatelangen Prozessen wurde seinerzeit (und auch heute noch oft genug) von den Auftraggebern ein umfangreiches Lasten- und Pflichtenheft mit den Anforderungen an die Software erstellt, das jedoch wegen der Unübersichtlichkeit und Komplexität großer Softwareprojekte in der Regel nie wirklich vollständig sein konnte und oft auch bereits im Moment der Verabschiedung schon veraltet war. Auf der Basis dieses Pflichtenheftes wurden dann von den Systemspezialisten detaillierte IT-Architekturen entworfen, die anschließend den Entwicklern übergeben wurden, die darauf aufbauend die eigentliche Programmierarbeit leisteten.

Nach Abschluss der Programmierarbeit, zuweilen mehrere Jahre nach Erstellung des Pflichtenheftes, wurde die Software an die Tester übergeben. Traten in der Testphase dann Fehler oder Dysfunktionalitäten auf, waren sie aufgrund der Komplexität des bereits entwickelten Gesamtsystems oft kaum noch oder nur mit enormen Investitionen wieder zu beheben. Nachforderungen oder Änderungswünsche seitens der Kunden konnten in dieser späten Phase entsprechend nur noch mit erheblichem Aufwand – wenn überhaupt – integriert werden. Projekte wurden in diesem Prozess oft deutlich teurer als geplant, sie überschritten regelmäßig die avisierten Zeitpläne und waren im Moment der Inbetriebnahme nicht selten weit von dem entfernt, was der Kunde zu dem Zeitpunkt dann eigentlich brauchte.

Als Antwort entwickelten die agilen Softwarespezialisten einen Prozess, den sie »Scrum« nannten. Mit Scrum (was eigentlich den Prozess im Rugby bezeichnet, wenn 16 Spieler eng umschlungen versuchen, den Ball zu ihren jeweiligen Mitspielern zu befördern) gaben sie die Antwort darauf, dass zu Beginn eines komplexen Softwareprojektes oft das Ziel noch gar nicht klar definiert sein konnte, und erst recht nicht der Weg und die Meilensteine dorthin. Einigermaßen klar waren und sind nur die Anforderungen des Kunden, wobei selbst diese oft nur ungefähr umrissen sind und sich im Laufe des Projekts aufgrund von Entwicklungen am Markt, im Budget, bei den Akteuren oder wegen erst im Prozess sichtbar gewordener neuer Erkenntnisse noch ändern können.

Der Scrum-Prozess zeichnet sich darum dadurch aus, dass er empirisch, inkrementell und iterativ aufgebaut ist (Gloger und Marketich, 2014). Empirisch heißt, dass er auf konkreten Erfahrungen und individuellen Zielen beruht, anstatt auf abstrakten Theorien und Modellen. Inkrementell bedeutet, dass im Prozess ein stetiger Wissenszuwachs über die Projektziele und -schritte erwartet und integriert wird. Iterativ meint, dass in kleinen Schleifen schrittweise immer wieder alle Projektphasen (im Fall der Softwareentwicklung also Anforderungen, Entwurf, Programmierung, Testung, ggf. Anpassung der Anforderungen, Anpassung des Entwurfs usw.) durchlaufen werden. Im Scrum-

Prozess wird also immer nur so weit und so detailliert geplant, wie man sehen kann. Und alle Projektverantwortlichen arbeiten im Scrum-Team vom ersten bis zum letzten Moment miteinander zusammen und tragen aus ihrer funktionsspezifischen Perspektive zum gesamten Projekterfolg bei.

Überträgt man das Scrum-Prinzip auf die Personalauswahl, kommt es auf die Details der ursprünglichen Scrum-Prozesse, wie z. B. die Rollen der Scrum Master und Product Owner oder die Funktion von Sprints, Retrospektiven oder Product Backlogs, nicht an. Entscheidend sind die Grundgedanken und Kernideen des Agilen in der Zusammenarbeit und Organisation, wie sie später dann in den sogenannten »Prinzipien« des »Agile Manifesto«[4] festgehalten wurden. Neben den oben bereits beschriebenen kurzen, iterativen und vernetzten Aktionszyklen im Scrum-Team sind dies vor allem eine ausgeprägte Kunden- und Anforderungsorientierung, Flexibilität, Einfachheit, eine enge und vertrauensvolle Zusammenarbeit, Selbstorganisation sowie Selbstreflexion und Selbstverbesserung.

Nun kann man fragen, ob die Bedingungen komplexer Softwareprojekte wirklich mit denen, die in der heutigen Personalauswahl herrschen, vergleichbar sind. Wissen wir nicht in der Regel relativ klar, wen wir auf einer bestimmten Stelle suchen und welche Fähigkeiten und Persönlichkeit diese Person mitbringen sollte? Können wir darum nicht unser »Pflichtenheft« (also das Anforderungsprofil für die Stelle) recht präzise vorab bestimmen, darauf aufbauend den Interviewprozess, die Übungen und den Gesprächsleitfaden (die »Architektur«) entwerfen, schließlich die Übungen und Vorstellungsgespräche entsprechend der Planung durchführen und bewerten (»programmieren«) und dann in der Probezeit »testen«, wie erfolgreich wir waren?

Solche Annahmen sind in einer komplexen, vielfältigen und sich ständig verändernden Umgebung, aber auch in der Personalauswahl nicht mehr zutreffend. Abgesehen davon, dass wir hier unsere Auswahlfehler natürlich in der »Testphase« (also der Probezeit) aus ethischen und wirtschaftlichen Gründen nicht mehr so einfach korrigieren können, wird auch jede der drei ersten Phasen des Auswahlprozesses immer weniger eindeutig planbar und vorhersagbar:

- Wir können zwar recht präzise benennen (wobei selbst das oft schwer genug fällt), ob und warum die Vorgängerin auf einer Stelle erfolgreich war oder nicht, und wir können aus den Anforderungen an die Position eine Vorstellung davon entwickeln, welche Qualitäten man zur Bewältigung dieser Anforderungen im Moment vermutlich benötigt. Wir wissen aber

---

4   www.agilemanifesto.org/principles.html

nicht, wie sich die Position in der Zukunft verändern wird und wir haben vor allem nur eine begrenzte Wahrnehmung dessen, wie man auch auf anderen Wegen und mit anderen Qualitäten den Herausforderungen begegnen könnte als mit denen, die wir bereits kennen (Anforderungsprofil).

- Wir können zwar einen Prozess aufsetzen, der es wahrscheinlich erreicht, dass die von uns gesuchten Fähigkeiten, Fertigkeiten und Eigenschaften im Auswahlverfahren sichtbar werden. Wir können uns aber nie sicher sein, ob der Prozess auch funktioniert. Können wir also eine gesuchte Fähigkeit im Vorstellungsgespräch nicht erkennen, muss das nicht zwingend bedeuten, dass die Fähigkeit nicht vorhanden ist. Eventuell hat auch einfach unser Prozess nicht funktioniert. Entsprechend müssen wir uns die Flexibilität bewahren, den Prozess anzupassen, wenn wir merken, dass wir mit dem ursprünglichen Plan nicht erfolgreich sind.
- Gleiches gilt natürlich auch, falls im Auswahlverfahren Fähigkeiten und Eigenschaften sichtbar werden, nach denen wir gar nicht gesucht haben, die aber für unsere Organisationen einen Mehrwert haben können. Je unterschiedlicher und volatiler dabei die Sichtweisen und Kontexte bei Bewerbern und Auswählenden sind, desto höher ist die Wahrscheinlichkeit, dass der vorhergesehene Ablauf im Prozess selbst noch angepasst werden muss (Prozessdesign).
- Im Auswahlverfahren selbst sind wir dann am meisten betroffen von der zunehmenden Vielfalt und Komplexität unserer Umgebung. Denn wenn wir die Passung der Bewerberinnen anhand eines vorab festgelegten Maßstabs bewerten wollen, dann setzt dies voraus, dass wir kennen, was wir bewerten wollen. Wenn wir aber in einer digitalen, hoch komplexen Welt unterwegs sind, wenn wir in kulturell fremden Umgebungen agieren, wenn wir bewusst vielfältiger und innovativer werden möchten oder wenn sich schlicht keine Kandidaten beworben haben, die so sind wie wir, dann helfen uns unsere vorab definierten Bewertungskriterien nur bedingt weiter. Wir müssen dann empirischer, inkrementeller und iterativer vorgehen, d. h. auf der Basis der im Vorstellungsgespräch gewonnenen Erkenntnisse den weiteren Verlauf und die Bewertung des Gesprächs immer wieder anpassen (Durchführung und Bewertung).

Es spricht also viel für die Anwendung agiler Prinzipien auch in der Personalauswahl. Aus dem oben skizzierten Kontext und aus der Historie des Agile Manifesto heraus lassen sich sechs Eckpfeiler einer agilen Personalauswahl herausbilden:

1. **Flexibilität**: Eine agile Personalauswahl muss natürlich die Zielposition eng im Blick haben und versuchen, Kandidatinnen und Kandidaten zu finden, die nach dem jetzigen Kenntnisstand die dort anzutreffenden Herausforderungen vermutlich am besten meistern werden. Sie muss aber auch of-

fen sein für neue, bislang unbekannte Wege, diese Herausforderungen zu bewältigen. Und sie muss offen sein für Kompetenzen und Potenziale, die vielleicht für die Zielposition bislang gar nicht im Vordergrund standen, die aber gegebenenfalls auch relevant werden können oder eventuell an anderer Stelle in der Organisation dringend benötigt werden.

2. **Iteration**: Eine agile Personalauswahl muss natürlich mit Blick auf die Zielposition neben dem Anforderungsbezug auch eine gewisse Struktur und Vergleichbarkeit der Vorstellungsgespräche sicherstellen. Dies umfasst zum einen, dass bestimmte auf der Zielposition wichtige Verhaltensbereiche und Anforderungen mit allen Bewerberinnen besprochen und diesbezügliche Lösungsansätze abgefragt werden. Das beinhaltet auch, dass verschiedene Fragen und Aufgaben in Form eines Interviewleitfadens schon im Vorfeld bereitgestellt werden, die sich in der Vergangenheit als besonders geeignet erwiesen haben, um bestimmte Persönlichkeitstypen, Werte, Verhaltensweisen und Kompetenzen sichtbar zu machen. Darüber hinaus zeichnet sich die agile Personalauswahl aber durch ein von Neugier geleitetes Explorieren aus, und nicht durch ein hierarchisch und starr aus der Vergangenheit entwickeltes und weitgehend standardisiertes Abfragen. Mit jeder Frage und jeder Antwort müssen die Interviewenden dabei iterativ evaluieren und nachjustieren, welchen diagnostischen Fortschritt sie bereits erzielt haben und welche Anpassungen im weiteren Interviewverlauf dadurch notwendig oder möglich werden.

3. **Einfachheit und Funktionalität**: Eine agile Personalauswahl bedarf ohne Zweifel einer sorgfältigen Erfassung der vermutlich relevanten Eigenschaften und Kompetenzen auf der Zielposition und einer diesbezüglichen Dokumentation der Zielparameter. Allerdings ist der Auswahlprozess so vielen sozialen, kognitiven, kulturellen, situativen und auch betriebswirtschaftlichen Dynamiken ausgesetzt, dass es nicht effizient ist, für diesen Punkt bereits im Vorfeld einen extrem hohen Validierungsaufwand zu betreiben. Das Gespräch wird sich ohnehin anders entwickeln, als wir dies erwartet haben. Und wichtig ist auch gar nicht so sehr, welche Persönlichkeit und welche Eigenschaften die Kandidaten im Kern besitzen, sondern welche Verhaltensweisen und welche Entwicklungspotenziale sie auf der Zielposition zeigen würden. Um diese zu erfassen, müssen wir gar nicht den Umweg einer detailliert ausgeklügelten und validierten Kompetenzmatrix gehen; wir konfrontieren die Kandidaten am besten auf vielfältige Weise mit dem, was sie auf der Zielposition erwartet, und lassen die Antworten, wie sie mit diesen Anforderungen umgehen würden, dann möglichst ergebnisoffen auf uns wirken.

4. **Selbstreflexion**: Eine agile Personalauswahl muss selbstverständlich bewerten, welchen Eindruck die Kandidatinnen und Kandidaten in Bezug auf ihre Fähigkeiten und Potenziale bei den Interviewenden hinterlassen. Sie muss aber auch

systemisch sein in dem Sinne, dass die Verantwortung für das Gelingen des Gesprächs nicht ausschließlich den Kandidaten aufgebürdet werden darf. Auch die Interviewenden tragen – durch die Energie, die sie in das Gespräch hineintragen, durch die Art ihrer Fragen, durch ihre intuitiven Reaktionen, und nicht zuletzt durch ihre eigenen Bewertungsmuster sowie ihre persönlichen und kulturellen Präferenzen – maßgeblich dazu bei, wie gut die Kommunikation miteinander funktioniert und welcher Eindruck bei ihnen entsteht.

Von daher müssen sich die Auswählenden nicht nur fragen, wie die Kandidatinnen und Kandidaten auf sie wirken, sondern sie müssen sich auch mit der Intention und Zielsetzung der Bewerber auseinandersetzen: Warum haben sie genau diese Antwort gegeben, was wollten sie damit erreichen? Haben sie unsere Frage oder unsere Erwartungshaltung eventuell falsch interpretiert oder folgen sie vielleicht einer kulturellen Logik, die wir nicht verstehen?

5. **Vernetzung**: Anstatt die Erstellung des Anforderungsprofils, die Kandidatenansprache, die Vorauswahl und die Endauswahl jeweils in streng unterteilte Phasen mit teilweise unterschiedlichen Akteuren voneinander abzugrenzen, sollten alle beteiligten Personen aus Fach- und Personalabteilung im gesamten Prozess und iterativen Zyklen in enger Abstimmung zusammenarbeiten. »Product Owner« – um wieder die Sprache der agilen Softwareentwicklung zu benutzen – wären dann vermutlich die Vorgesetzten auf der Zielposition, die gemeinsam mit allen Beteiligten zu jedem Zeitpunkt flexibel nachjustieren können, wenn sich dies aus dem Zusammenspiel von Kandidatenansprache, Bewerbungseingang und Vorstellungsgesprächen als sinnvoll herausstellt. Ansonsten vergehen schnell einige Monate, bis die Fachabteilung merkt, dass z.B. das angesetzte Gehaltsniveau für die gesuchten Kompetenzen nicht ganz reicht, weitere Wochen, bis sie es glaubt, und dann ein weiteres halbes Jahr, bis ein leicht angepasster Prozess erneut absolviert wurde. Eventuell waren aber bereits in der ersten Runde passende Bewerber dabei, denen lediglich deswegen abgesagt wurde, weil sie in den ursprünglich ausgegebenen Vergütungsrahmen nicht passten.

6. **Selbstorganisation, Vertrauen & Transparenz**: Natürlich haben die Auswählenden die Aufgabe, das Vorhandensein anforderungsrelevanter Fähigkeiten, Fertigkeiten und Eigenschaften im Auswahlprozess bei den Kandidaten zu überprüfen. Und natürlich muss man dabei davon ausgehen, dass die Bewerber hierbei nicht freiwillig alle Schwächen zugeben, ihre Stärken aber gerne etwa überzeichnen wollen. Diese Herausforderung bewältigen wir aber – zumindest auf dem Niveau der höher qualifizierten Wissensarbeiter und in einer von Komplexität und Vielfalt geprägten Umgebung – nicht dadurch, dass wir von einem Wissensvorsprung unsererseits ausgehen und hieraus einen Prüfungsprozess entwickeln, den die Bewerber (nur) dann bestehen, wenn sie unsere Erwartungshaltung am besten erfüllt haben. Sondern wir müssen

genau aus diesem Grund einen möglichst offenen, transparenten und vertrauensvollen Prozess kreieren, in dem die Kandidaten jede Frage und jede Aufgabe als Chance begreifen, sich in einem möglichst guten Licht darzustellen und sich positiv abzuheben. Haben sie dieses Vertrauen einmal gefasst und haben sie verstanden, welche Herausforderungen auf der Zielposition zu bewältigen sind, dann – und nur dann – werden sie uns ihr bestes Verhalten zeigen, das wir dann aus allen Perspektiven diagnostisch evaluieren können. Bringen sie uns dieses Vertrauen nicht entgegen, dann werden sie in erster Linie darum bemüht sein, Fehler zu vermeiden und sich nicht dadurch ins Abseits zu stellen, dass sie zu viel von ihrer Persönlichkeit preisgeben.

Vor dem Hintergrund dieser sechs Eckpfeiler können wir dann die oben bereits entwickelte Anpassung des »Agilen Manifest« auf die Personalauswahl noch einmal auf uns wirken lassen:

- **Die persönliche Begegnung und Interaktion mit den Bewerbern** hat Vorrang vor dem Befolgen hoch strukturierter Interviewabläufe (Austausch vor Abprüfen).
- **Die Nützlichkeit von Ideen und Lösungsansätzen der Kandidaten im konkreten Kontext der Zielposition** hat Vorrang vor einem abstrakten Zielprofil (Problemlösungsfähigkeit vor Persönlichkeit).
- **Das iterative Erforschen der Zielsetzung und Sinnhaftigkeit von Verhaltensweisen der Kandidatinnen aus ihrer eigenen Perspektive** hat Vorrang vor prädeterminierten Verhaltensbewertungen aus Sicht der Auswählenden (Explorieren vor Standardisieren).
- **Die Anpassung von Interviewleitfäden, Bewertungsmaßstäben und sogar Zielpositionen an die erst im Vorstellungsgespräch gewonnenen Erkenntnisse** hat Vorrang vor dem bloßen Abarbeiten vorab festgelegter Ziele und Verfahren (Flexibilität vor Planverfolgung).

Wir erkennen dabei sehr wohl den Wert der Dinge auf der rechten Seite an, wertschätzen jedoch die auf der linken Seite noch mehr.

In den folgenden Kapiteln dieses Buches werden die beschriebenen Eckpfeiler und Grundsätze nun zu einem stringenten eignungsdiagnostischen Modell der agilen Personalauswahl ausgearbeitet. In Kapitel 2 werden die Grundlagen und Funktionsweisen der agilen Personalauswahl zunächst umfassend dargestellt und beschrieben. In Kapitel 3 werden dazu jeweils konkrete Instrumente und Fallbeispiele aufgeführt, die unmittelbar in der Praxis angewendet werden können. Kapitel 4 schließlich beantwortet ergänzende Fragen für die Praxis, wie z.B. die nach der Verankerung eines agilen Auswahlprozesses in der Unternehmensorganisation, nach kulturellen Unterschieden oder nach der Integration von Kompetenzmodellen in das Konzept.

Die agile Personalauswahl beruht dabei auf den organisationspsychologisch entwickelten und validierten Grundlagen der Vorstellungsgespräche 2.0. Sie berücksichtigt und integriert die für ein konstantes und stabiles Umfeld geschaffenen herkömmlichen Modelle, wo immer dies möglich ist. In jedem der folgenden Abschnitte werden darum auch die bekannten Methoden der klassischen Eignungsdiagnostik kurz vorgestellt und dahin gehend überprüft, inwieweit sie auch für eine agile Personalauswahl angewandt und ggf. angepasst werden können.

Zusätzlich bietet eine agile Personalauswahl aber nun den Vorteil, dass sie eine volatile, unsichere, komplexe und mehrdeutige (VUCA-)Umgebung integrieren kann. Und nicht zuletzt bietet sie die Chance, die Praxis mit ihrem Wunsch nach mehr Flexibilität, Subjektivität und Bauchgefühl in der Personalauswahl (weshalb diese bislang weiterhin so häufig an den unstrukturierten Vorstellungsgesprächen der Sorte 1.0 festhält) mit den Forderungen der Wissenschaft nach Struktur und strengem Anforderungsbezug (wie es die Methode der Vorstellungsgespräche 2.0 verlangt) konzeptionell zu versöhnen.

Was wichtig ist: **!**

Vorstellungsgespräche der Version 1.0 – unstrukturiert, spontan, eher einem Kennenlernen dienend und ohne klaren Bezug zur Zielposition – sind nachweislich fast ohne Vorhersagekraft in Bezug auf die spätere Leistung einer Kandidatin.
Vorstellungsgespräche der Version 2.0 – hoch strukturiert und standardisiert in Bezug auf das Anforderungsprofil, den ausgewählten Fragenkatalog und die Bewertung der Antwortalternativen – sind der Versuch, subjektive und leicht verzerrbare Faktoren wie Sympathie, Ähnlichkeit, Chemie und Bauchgefühle aus der Personalauswahl herauszuhalten.
Trotz ihrer nachvollziehbaren und sinnvollen Zielsetzung haben Auswahlprozesse der Fassung 2.0 vier wesentliche Defizite:
1. Die Praxis weigert sich beharrlich, so auszuwählen, weil sie sich in ein zu starres und zu wenig menschliches Korsett gedrängt fühlt.
2. Bewerber empfinden solche Auswahlverfahren tendenziell als kalt und unpersönlich und sind skeptisch gegenüber Organisationen, die einen solchen Eindruck erwecken.
3. Ein Verfahren, das ungleiche Kandidaten alle gleichbehandelt, ist nicht fair, denn es bevorzugt diejenigen, die am besten zum ausgewählten Verfahren passen.
4. Ein Auswahlprozess, der das Zielergebnis vom ersten Schritt an starr vorgibt und keinen Raum für Anpassungen und Überraschungen lässt, kann nur das messen, was bereits im Vorfeld bekannt und definiert ist. Er ist damit kaum geeignet, um Vielfalt, Komplexität und schnelle Veränderungsbedarfe zu integrieren.

Auswahlgespräche 3.0 in der Form der agilen Personalauswahl verbinden Zielorientierung und Struktur mit Flexibilität und subjektivem Erfahrungswissen, indem sie sich an der Funktionalität der zu besetzenden Stelle orientieren – der »User Story« –, den Weg dorthin aber offen lassen.

Die folgenden Leitfragen sind keine Wissensfragen. Sie zielen nicht darauf ab, den Inhalt des ersten Kapitels zu rekapitulieren. Stattdessen sollen sie zur Reflexion und Diskussion darüber anregen, ob die agile Personalauswahl für Ihr Unternehmen, Ihre NGO oder Ihre öffentliche Einrichtung ein Ansatz sein könnte, der sie weiterbringt.

ARBEITSHILFE
ONLINE

Leitfragen zu Kapitel 1: Eine kleine Entwicklungsgeschichte der Eignungsdiagnostik

- Welches Modell der Personalauswahl ist in Ihrem Unternehmen, in Ihrer Organisation vorherrschend? Welche Mischformen haben Sie gewählt?
- Welche Historie hat dazu geführt, dass Sie bevorzugt auf dieses Modell bzw. diese Mischform setzen? Geschah dies bewusst und explizit, z.B. auch durch gezielte Workshops und Trainings, oder hat es sich von alleine so herausgebildet?
- Wie zufrieden sind Ihre Führungskräfte mit der Form und mit der Qualität Ihrer Personalauswahl? Und die Personalabteilung?
- Was müsste ggf. passieren – falls Sie hier Entwicklungsbedarf sehen – um dem Thema Personalauswahl mehr Zeit und Aufmerksamkeit zu widmen?
- Messen Sie die Ergebnisse Ihrer Personalauswahl (z.B. durch Kandidatenbefragungen, Verbleibstudien, externe Supervisionen oder kollegiales Feedback)?
- Wie sehr ist Ihre Organisation von der Vorstellung geprägt, die Kandidat/innen müssten zu Ihnen »passen«?
- Können Sie ggf. beschreiben, was genau mit dieser »Passung« gemeint ist, woran sie diese zu erkennen meinen und wo diese konkret relevant ist für die Qualität und die Ergebnisse Ihrer Arbeit?
- Wie stark beeinträchtigt der demografische Wandel die Fähigkeit Ihres Unternehmens, vakante Stellen adäquat nachzubesetzen und zu wachsen? Falls Sie in diesem Bereich Herausforderungen sehen: Inwieweit hat dies gegebenenfalls bereits Auswirkungen auf Ihre Personalauswahl?
- Wie gut sind Sie in Ihrer Organisation darin, auch neue, kulturell vielfältige, innovative Persönlichkeiten und Denkmuster zu gewinnen und zu integrieren?
- Welcher Stellenwert wird den Themen Globalisierung, Diversity, Innovationskraft oder Agilität in Ihrem Unternehmen beigemessen?
- Falls der Stellenwert hoch ist, warum wird das Thema als wichtig angesehen? Was tut Ihr Unternehmen bislang konkret, um hier besser, d.h. globaler, vielfältiger, innovativer oder agiler zu werden?

2 Eine Einführung in die agile Personalauswahl

Wie funktioniert also die agile Personalauswahl? Dieses Kapitel beschreibt das Modell und setzt es in Bezug zur klassischen Eignungsdiagnostik einerseits und zum Konzept des agilen Managements andererseits. Es gibt dabei insoweit praktische Beispiele, als diese erforderlich sind, um das Modell zu verstehen. Der eigentliche praktische Teil, mit vielen Beispielen und konkreten Instrumenten, folgt dann in Kapitel 3 im zweiten Teil des Buchs.

Die agile Personalauswahl ist keine Raketentechnologie, sie funktioniert in der Essenz wie jede andere Personalauswahl auch: Wir müssen wissen, wen wir suchen. Wir müssen einen Prozess gestalten, in dem wir den oder die Richtige erkennen können. Wir müssen hierfür geeignete Fragen und Aufgaben stellen. Und wir müssen schließlich bewerten, was wir beobachtet haben, und eine Prognoseentscheidung dazu treffen, ob uns dies vermutlich auf der Zielposition reichen wird. Der Unterschied liegt in der Qualität, wie wir dies tun.

Dabei ist ein Bewerbungsgespräch natürlich keine Einbahnstraße. Auch die Kandidaten treffen eine Prognoseentscheidung auf Basis ihrer Eindrücke, die sie im Jobinterview gewonnen haben. Nur wenn sie mögen, wen und was sie im Auswahlprozess kennenlernen, werden sie sich für ein Unternehmen entscheiden. In Zeiten des demografischen Wandels und der »Digital Natives« geht dies so weit, dass HR-Verantwortliche in Internet-Start-ups schon von der Konvertierung, also der »conversion rate« ihrer Bewerberinnen und Bewerber sprechen (Buchheim und Weiner, 2014). Wie viel Prozent derjenigen, die zu uns ins Gespräch kommen, können wir davon überzeugen, auch bei uns zu unterschreiben?

Der Auswahlprozess muss also in der Lage sein, die Kandidaten zwar einerseits in der Tiefe ihrer Stärken und Schwächen kennenzulernen, sie aber andererseits auch für das Unternehmen zu gewinnen. Forschungen haben aufgezeigt – was keine große Überraschung ist –, dass Letzteres am ehesten gelingt, wenn sich die Bewerber menschlich wertgeschätzt, ernsthaft geprüft und fair behandelt fühlen (Dipboye et al., 2012). Eine agile Personalauswahl darf sich also nicht dadurch auszeichnen, dass sie unstrukturiert oder beliebig ist. Sie muss genau für so viel Struktur und Fokus sorgen, dass sie in der Lage ist, mit einem Höchstmaß an Objektivität und Wiederholbarkeit das Wichtige zu erkennen. Gleichzeitig muss sie aber so flexibel, subjektiv und individuell gestaltet sein, dass sie für ein persönliches Kennenlernen, für Überraschungen und Unerwartetes offen ist und noch im Gespräch selbst integrieren und den Gesprächsverlauf daran anpassen kann, was sie dort über die Kandidaten lernt.

2.1 Das Anforderungsprofil: Problemlösungsfähigkeit vor Persönlichkeit, User Story statt Pflichtenheft

Orientieren wir uns nun im Einzelnen an der Chronologie eines Auswahlprozesses, um präziser zu beschreiben, wie eine agile Personalauswahl funktioniert. Am Anfang steht das Anforderungsprofil. Wen suchen wir eigentlich?

Wie erwähnt kranken Vorstellungsgespräche der ersten Generation meist daran, dass bereits über die gesuchten Fähigkeiten und Fertigkeiten keine Klarheit herrscht, zumindest keine explizite. Tatsächlich gesucht wird dann nach einer diffusen Passung, die aber extrem subjektiv von den Auswählenden abhängt. Denn jeder Interviewer hat ja in der Regel etwas andere Vorstellungen und Vorlieben dazu, wer zu ihm oder zu ihr oder zur Position oder zur Firma passt. Diesbezügliche Studien zeigen dabei regelmäßig auf, dass wir intuitiv fast immer diejenigen bevorzugen, die uns selber ähnlich sind (Sear und Rowe, 2003).

Hinzu kommt: Je weniger wir uns bewusst machen, wen wir eigentlich suchen, desto mehr wählen wir rein nach der persönlichen Sympathie und der gegenseitigen Chemie aus. Beides hat aber meist nur sehr wenig mit dem zu tun, was wir auf der Zielposition an Fähigkeiten und Potenzialen benötigen. Und oft sind die Auswählenden ja nicht einmal diejenigen, die später eng mit dem Kandidaten zusammenarbeiten, sodass es auf deren menschliche Passung eigentlich gar nicht ankommt.

Nicht zuletzt sind wir in unseren menschlichen Vorlieben viel stärker von momenthaften Einflüssen abhängig, als uns bewusst ist. So belegen Studien des Wirtschaftspsychologen Daniel Kahnemann (2011), dass wir z.B. unsere Umwelt positiver beurteilen, wenn die Sonne scheint, wenn wir vorher etwas Angenehmes getan oder gelesen haben oder wenn wir selber lächeln. Sogenannte »Priming«-Experimente haben gezeigt, dass unsere gefühlte Zufriedenheit mit unserem Leben signifikant von dem abhängt, woran wir gerade gedacht haben. Oder dass wir mehr Geld in eine auf Freiwilligkeit basierende Kaffeekasse legen, wenn hinter der Kaffeemaschine ein Foto mit einem streng aussehenden Gesicht hängt, als wenn das Gesicht lächelt.

So ist es fast schon unabdingbar, dass wir Kandidatinnen besser beurteilen, wenn wir das Gespräch mit einem uns sympathischen Kollegen zusammen führen, als wenn wir uns kurz vorher noch mit unserer Chefin gestritten haben. Oder dass wir einen Bewerber, der uns im ersten Moment sehr gut gefallen hat, dann auch im Rest des Gesprächs besser bewerten werden, selbst wenn seine Antworten dies im weiteren Verlauf des Gesprächs gar nicht mehr rechtfertigen. Ziel muss es aber ja sein, dass unsere Auswahlentscheidung so viel wie möglich von der Qualität der Kandidaten abhängt und nicht von unserer eigenen.

Wie wir dabei im Einzelnen zu unseren Bewertungen kommen und welche Schritte wir für eine möglichst unparteiische, aber trotzdem flexible und agile Urteilsbildung befolgen müssen, dazu kommen wir später noch ausführlich in den Kapiteln 2.4 und 3.4. Für den Moment ist es wichtig festzuhalten, dass uns ein explizit formuliertes Anforderungsprofil dabei hilft, ein auf der Leistungsebene für unsere Zielposition relevantes Auswahlgespräch zu führen.

Die klassische Personalauswahl der Variante 2.0 bietet uns zur Erstellung eines positionsspezifischen Anforderungsprofils verschiedene Methoden. Hierzu gehören z.B. die Auswertung schriftlicher Dokumente wie Stellenbeschreibungen oder Tarifverträge, Experteninterviews, Extremgruppenanalysen (erfolgreiche vs. erfolglose Stelleninhaber), eine Sammlung erfolgskritischer Verhaltensbeschreibungen (sog. critical incidents) oder auch quantitative Analysen durch Fragebögen (Schuler und Mussel, 2016). Auch wenn jede dieser Methoden in sich schlüssig ist und ganz sicher interessante Erkenntnisse liefert, erinnern diese Vorschläge ein wenig an die oben erwähnten umfangreichen Pflichtenhefte der Softwareentwicklung im Wasserfallmodell. Man möchte alle erfolgskritischen Faktoren für die Zielposition umfassend und abschließend im Vorfeld zusammenstellen, um darauf aufbauend der Softwarearchitektur (Stellenprofil und Suchstrategie) und dann den Programmierern (Recruitern) eine präzise und fehlerfreie Anleitung für die weitere Vorgehensweise zu liefern. Nur ist dieses Verfahren leider sehr aufwendig, es ist weitgehend an der Vergangenheit ausgerichtet und es ist beschränkt durch die mehr oder weniger ausgeprägte Vorstellungskraft der aktuellen Prozessbeteiligten. Vor allem aber wird ein großer Teil der damit verbundenen umfangreichen Vorarbeiten spätestens dann zur Makulatur, wenn man das allumfassende Anforderungsprofil am Markt gar nicht finden und die allumfassenden Zielkompetenzen in einem wirtschaftlichen Auswahlverfahren auch gar nicht alle abprüfen kann.

Die agile Softwareentwicklung setzt dem Pflichtenheft darum das Modell der »User Story« entgegen. Die User Story ist ausschließlich funktional und anwenderspezifisch an dem ausgerichtet, was die Software können muss (Cohn, 2004). Sie folgt dem simplen Aufbau »Als (Stakeholder) möchte ich (Funktionalität), um folgenden Nutzen zu erhalten« (Gloger und Marketich, 2014, S. 98). Auf die Personalauswahl übertragen definieren wir im Anforderungsprofil also nach Bezugsgruppen definierte Leistungsziele (und ihre Begründung) für die zu besetzende Position, ohne dass wir das »Wie«, d.h. mit welchen Eigenschaften, Kompetenzen oder Methoden diese Ziele erreicht werden müssen, bereits im Detail vorgeben.

Für einen Anwendungstechniker können solche Leistungsziele und Erklärungen also z.B. lauten:

1. Als Kunden erhalten wir vom A. kompetente technische Beratung und werden kommunikativ gut abgeholt, damit wir uns für das am besten zu uns passende Produkt entscheiden.
2. Als Entwicklungsabteilung benötigen wir vom A. nützliche Rückmeldungen, wie wir unsere Produkte weiter verbessern können und welche Funktionalitäten am Markt nachgefragt werden, damit wir unsere Produkte konsequent an den Kundenbedarfen ausrichten können.
3. Als Vertrieb erhalten wir vom A. technische Unterstützung und zuverlässige Zuarbeit in unseren Kundenterminen und bei der Angebotserstellung, damit wir unseren Kunden zeitnah die für sie nötige Qualität zu einem fairen Preis und mit einer guten Marge anbieten können.
4. Als Produktion erhalten wir vom A. hilfreiche Informationen über die Kunden und ihre Bedarfe, um Prioritäten im Produktionsprozess möglichst optimal im Sinne der Kunden zu setzen und eventuelle Verzögerungen möglichst frühzeitig kommunizieren zu können.

Der amerikanische Start-up Pionier Verne Harnish geht darum in seinem Buch »Scaling Up« sogar so weit, Bewerber anhand konkreter Ergebnisziele (einer Job-Scorecard) auszuwählen. Die User Story lautet dann entsprechend z.B. für einen Vertriebsmitarbeiter, 50 Anrufe am Tag zu tätigen, mindestens 10 Angebote pro Woche zu verschicken und im ersten Jahr mindestens 200.000 $ Umsatz zu generieren.

Auf fachlicher Ebene müssen wir dann nur noch definieren, wie viel spezifisches Wissen bereits vor der Arbeitsaufnahme vorhanden sein muss, um z.B. »kompetent zu beraten«, und wie viel wir bei entsprechender Lernfähigkeit on the job noch nachtrainieren müssen. Auf der Ebene der sozialen und kommunikativen Kompetenzen reichen diese User Storys für die Definition der Zielkandidaten bereits aus. Der Rest ist eine Angelegenheit guter Fragetechnik und reflektierter Bewertung.

Die Vorteile eines solchen an der »User Story« orientierten Verfahrens bei der Generierung des Anforderungsprofils liegen auf der Hand: Es geht schnell, ist zielgruppenspezifisch und anwendungsorientiert, ist leicht zu verstehen und lässt vor allem Spielräume für die Art und Weise, wie die formulierten Ziele erreicht werden können.

Präsentiert uns eine Kandidatin im Vorstellungsgespräch einen innovativen Ansatz, um z. B. einem Kunden ein Produkt schmackhaft zu machen, auf den im Vorfeld niemand gekommen wäre, dann gibt uns die User Story den Spielraum, die Vor- und Nachteile dieses Ansatzes ergebnisoffen zu diskutieren.

User Storys geben uns nicht vor, wie unsere Kandidaten sein müssen, sondern welche Aufgabe sie erfüllen sollen. Sie verstehen sich von daher im eigentlichen Sinne nicht mehr als Anforderung, sondern als Einladung zum Dialog (Cohen, 2004), um im »Scrum-Team« (also in unserem Fall zwischen HR, Fachabteilungen und ggf. sogar auch dem Kandidaten selbst) gemeinsam zu evaluieren, mit welcher Wahrscheinlichkeit die präsentierten Ideen und Lösungsansätze in der Lage sein können, die formulierten Leistungsziele zu erreichen.

Ein weiterer Vorteil der User Storys liegt schließlich darin, dass sie sich besonders einfach in die Interviewführung überführen lassen. Anstatt sich auf umfangreichen Umwegen über die gesuchten Kompetenzen abstrakte Fragen ausdenken zu müssen wie »Schildern Sie mir bitte eine Situation, in der Sie erfolgreich einen Interessenkonflikt gelöst haben!«, können wir gleich den direkten Weg nehmen: »Stellen Sie sich vor, Sie begleiten zwei Kunden bei der Auslieferung und Inbetriebnahme unserer Anlagen, die Produktion ist aber nicht in der Lage, beide Kunden gleichzeitig fristgerecht zu beliefern. Wie würden Sie mit der Situation umgehen?«.

In Kapitel 3.1 finden Sie weitere Beispiele, wie sich Stellenprofile exemplarisch in unterschiedlichen User Storys ausdrücken lassen.

2.2 Die Gesprächsatmosphäre: Austausch vor Abprüfen, Vertrauen statt Kontrolle

In den unstrukturierten Vorstellungsgesprächen der Qualität 1.0 ist die Atmosphäre des Vorstellungsgesprächs – was in der Natur der Sache liegt – so unterschiedlich, wie die Interviewenden selber unterschiedlich sind. Je nachdem, zu welchem Naturell die Interviewenden neigen, und wie sehr sie die Bewerber für ihr Unternehmen gewinnen wollen, verhalten sie sich mehr oder weniger freundlich und entgegenkommend.

Letztlich ist das in den Vorstellungsgesprächen 2.0 nicht anders. Wie oben erwähnt, gibt es in der eignungsdiagnostischen Literatur noch Befürworter der

These, man solle im Bewerbungsgespräch auf Small Talk und »Rapport Building« genauso verzichten wie auf individuelle Nachfragen oder ermutigende Rückmeldungen. Diese würden, so die Argumentation, die strukturiert gewonnenen Eindrücke des eigentlichen Gesprächs »kontaminieren« (Campion et al., 1996, S. 663). Da eine solche durchstrukturierte und beziehungsarme Art der Interviewführung bei den Kandidaten aus nachvollziehbaren Gründen aber nicht besonders gut ankommt, hält der überwiegende Teil der Forschung inzwischen einen angemessenen Beziehungsaufbau und eine wertschätzende Gesprächsatmosphäre für wichtig.

Eine bestimmte Art der Gesprächsführung oder eine spezifische Investition in die Gesprächsatmosphäre ist aber nicht konzeptioneller Bestandteil der bislang vorherrschenden Eignungsdiagnostik. Im Gegenteil, das Menschenbild der klassischen Personalauswahl geht davon aus, dass Bewerber sich durch sogenanntes »Impression Management« im Vorstellungsgespräch nach Möglichkeit positiv verstellen, ihre Stärken übertreiben und Lücken oder Schwächen zu verbergen suchen (Huffcutt und Culbertson, 2011). Zielsetzung der bisherigen Methoden im Bewerbungsgespräch ist es darum, hinter die von den Kandidaten errichtete Kulisse zu gelangen und den »wahren« Kern ihrer Persönlichkeit sowie ihrer Stärken und Schwächen zu erfassen. »Die Suche nach der verborgenen Wirklichkeit des Subjekts ist angesagt, der diagnostische und prognostische Blick auf die Realität hinter der Fassade, die Aufdeckung der individuellen Entwicklungspotenziale. Die Personalforscherin als Sherlock Holmes der Personalauswahl – und der Personalmanager als deren Dr. Watson?«, beschreiben dies kritisch die Sozialwissenschaftler Laske und Weiskopf (1996, S. 300).

Damit schließt die Personalauswahl 2.0 an die industriell, pyramidal und linear geprägte Managementphilosophie des 20. Jahrhunderts an, in der die Steuerung oben und die Kontrolle von innen nach außen organisiert ist. Das Menschenbild dieser Organisationsform geht davon aus, dass Menschen nicht freiwillig Ihr Bestes geben, sondern dass sie in der Regel extrinsisch geführt werden müssen durch Zielvorgaben und Anreizsysteme, oder auch durch Berichtspflichten und Kontrollmechanismen.

Das Menschenbild des agilen Manifests, geprägt von Komplexität, die sich nicht mehr zentral steuern lässt, und geschrieben von Wissensarbeitern mit einer exzellenten Ausbildung, sieht anders aus. »Baue Projekte um motivierte Individuen herum auf. Gib ihnen die Umgebung und die Unterstützung, die sie benötigen, und vertraue ihnen, dass sie ihre Arbeit machen werden,« heißt es in Nummer 6 der agilen Prinzipien (www.agilemanifesto.org/principles.html).

»Die besten Architekturen, Anforderungen und Programme entstehen durch selbst-organisierte Teams« (Nr. 11).

Gleiches gilt auch für die Kandidaten in der agilen Personalauswahl. Natürlich wollen sie sich möglichst positiv darstellen. Das erwarten wir ja auch von ihnen. Einen authentischen Zugang zu ihnen, in dem wir auch ihre unpolierten Ecken und Kanten kennenlernen, gewinnen wir aber nicht, indem wir versuchen, sie auszutricksen. Im Gegenteil, wir müssen ihr Vertrauen gewinnen und ihnen verständlich machen, dass wir sie genau wegen dieser Ecken und Kanten für unser Unternehmen gewinnen wollen.

Dafür müssen wir ihnen auf Augenhöhe begegnen und sie als Menschen kennenlernen wollen. Das heißt aber, dass wir uns auch selber als Menschen im Gespräch mit ihnen zu erkennen geben und maximal ehrlich und transparent sein müssen über das, was und warum wir es wissen wollen. Anders erreichen wir nicht, dass unsere Bewerber ihre Fassade fallen lassen und sich so zeigen, wie sie sich selber sehen. Warum sollten sie freiwillig preisgeben, was sie nicht so gut können, solange wir versuchen, sie in die Falle zu locken?

Entsprechend ist es die Aufgabe der Interviewenden in der agilen Personalauswahl, eine positive und wertschätzende Gesprächsatmosphäre auf Augenhöhe zu kreieren. Ziel muss es sein, dass die Bewerber Vertrauen aufbauen und sich öffnen, weil sie sich wohl und ernst genommen fühlen. Jede Frage und Aufgabe muss glaubhaft als Chance verstanden werden, sich von seiner bestmöglichen Seite zu zeigen, und nicht als Gefahr, mit einer »falschen« Antwort zu scheitern. Wird eine Frage als Bedrohung wahrgenommen, versuchen die Interviewten natürlich, dieser Bedrohung auszuweichen.

Dies gilt auf persönlicher wie auf fachlicher Ebene. Und es heißt nicht, dass wir nicht anspruchsvoll sein dürfen. Wir können im Gespräch und in Arbeitsproben, Simulationen, Präsentationen, Berechnungen oder Fachaufgaben deutlich machen, dass wir wissen wollen, auf welcher Ebene die Kandidaten inhaltlich versiert sind. Aber nur wenn wir dies in einem Klima von Offenheit, Transparenz, Wohlwollen und Vertrauen tun, wird es uns gelingen, dass die Bewerber sich dabei nicht verschließen.

Wie können wir dies erreichen? Es geht zunächst darum, bewusst eine Beziehung zu den Kandidaten aufzubauen, ihnen zu signalisieren, dass man sich freut, dass sie da sind und sich beworben haben. Ein bisschen Small Talk muss sein. Es ist wichtig, sich selbst und den Ablauf des Gesprächs vorzustellen, zu lächeln und einfach freundlich zu sein. Wir müssen versuchen, die Zielsetzung unserer Fragen gut zu erklären, gegebenenfalls auch mehrmals, und dabei deutlich zu machen, dass sich keine Falle dahinter verbirgt. Je besser die Interviewten verstehen – und uns auch das Recht zugestehen – warum wir etwas Bestimmtes wissen wollen, desto offener werden sie reagieren und desto größer wird entsprechend der diagnostische Gehalt ihrer Antworten sein.

Dabei ist es wichtig, Antworten positiv zu würdigen, selbst wenn sie nicht genau das getroffen haben, wonach man gesucht hat. Wir erleichtern es damit nicht nur den Bewerberinnen und Bewerbern, uns ihr Bestes zu zeigen, sondern wir machen uns auch selbst offener und wertschätzender für unerwartete, ungewohnte und innovative Gedankengänge. Gerade vor schwierigen Fragen steigert es die Authentizität der Antwort, wenn wir sie mit etwas Positivem einleiten, z. B. ein Kompliment machen im Stile von: »Das war ja eine beeindruckende Leistung, was Sie da in zwei Jahren bei XY aufgebaut haben, warum haben Sie denn danach das Unternehmen wieder gewechselt?«

Nicht zuletzt gehört zu einer vertrauensvollen Gesprächsatmosphäre, dass wir den Bewerbern zweite Chancen geben. Gerade wenn uns Lern- und Entwicklungspotenziale wichtig sind, dann ist es ja nicht entscheidend, dass die passende Antwort sofort kommt, sondern dass die Kandidaten den Weg dorthin finden. Zweite Chancen können dann verschiedene Formen annehmen:

- Wir erklären nach der Antwort den Hintergrund unserer Frage besser und stellen sie mit anderen Worten noch einmal.
- Wir spiegeln den Bewerbern, wie die Antwort bei uns ankam (»Ich habe ihre Antwort jetzt so verstanden, dass ..., wollten Sie das so sagen?«) und überprüfen damit, ob die Kandidatin oder der Kandidat das auch so gemeint hat.
- Wir geben den Kandidaten ein Feedback, wie wir die Antwort in unserer Logik bewerten würden (»Bei uns im Unternehmen würde man ein solches Verhalten so und so bewerten, wäre das bei Ihnen nicht so?«) und geben ihnen damit die Gelegenheit, die eigene Logik zu erklären und einen vorschnellen Fremdeindruck zu korrigieren.
- Wir zeigen die Schwachstellen einer Antwort auf (»In diesem Fall bestände aber das Risiko, dass – fällt Ihnen noch ein anderer Lösungsweg ein?«) oder geben ihnen ergänzendes Wissen an die Hand und bitten die Kandidaten dann, eine noch bessere Antwort zu finden.
- In Übungen, Rollenspielen oder Arbeitsproben bitten wir die Kandidaten, ihre eigene Leistung selbstkritisch zu reflektieren und Vorschläge dahin gehend zu machen, was sie das nächste Mal noch verbessern könnten.
- Auf Basis der eigenen Selbstreflexion, gegebenenfalls ergänzt durch Verbesserungsvorschläge seitens der Interviewenden, bitten wir die Kandidaten, die Übung, das Rollenspiel oder die Arbeitsprobe erneut zu absolvieren, um dann eine eventuelle Verbesserung zu beobachten.

Nun mag man erwidern, dass wir die Ergebnisse verfälschen, wenn wir die Zielsetzung unserer Fragen offen preisgeben, wenn wir so viele Chancen geben, wenn wir besonders nett sind und im Vorstellungsgespräch möglichst ohne Druck arbeiten. Die »richtige Welt« ist ja auch nicht so nett, könnte man argumentieren, und wir wollen doch sehen, wie die Kandidaten in der Realität klarkommen.

Der Preis dafür ist aber zu hoch. Wenn wir zu viel Druck im Gespräch haben (und ein bisschen Druck haben wir ja ohnehin immer), dann sehen wir vielleicht **eine** mögliche Variante, wie die Bewerber sich unter Stress verhalten. Aber sonst sehen wir nichts mehr. Der diagnostische Gehalt des Auswahlprozesses für ein Verhalten unter normalen Umständen geht dann gegen Null. Denn in einem normalen Unternehmen hilft man sich gegenseitig und man versucht, vertrauensvoll zusammenzuarbeiten. Man gibt sich zweite Chancen und man hält sich nicht für besser oder wichtiger als die anderen.

Wenn also in Ihrem Unternehmen vor allem mit Druck, externer Kontrolle und Misstrauen gearbeitet wird, dann mag eine eher abweisende, betont sachliche Art der Interviewführung ein probates Mittel sein. Wenn Sie aber eine normale Organisation mit einer mindestens durchschnittlichen Unternehmenskultur repräsentieren, dann interviewen Sie agil; also vertrauensvoll, wertschätzend, Chancen gebend und kooperativ. Nur dann können Sie auch das Verhalten bei Ihren Bewerbern sehen, das sie später in ihrem Unternehmen zeigen würden.

2.3 Die Fragetechnik: explorieren vor standardisieren, Iteration statt Wasserfall

In Bezug auf die richtigen Fragen im Vorstellungsgespräch müssen wir zwei Ebenen unterscheiden:
1. Wie stark standardisiert, wie vorstrukturiert arbeiten wir unsere Fragesysteme im Vorstellungsgespräch ab?
2. Welche Art von Fragen verwenden wir im Einzelnen innerhalb dieser Struktur?

2.3.1 Wie standardisiert können, wie strukturiert müssen Vorstellungsgespräche 3.0 geführt werden?

Die klassische Eignungsdiagnostik der Ebene 2.0 hat sich schwerpunktmäßig mit der ersten Frage beschäftigt. Die amerikanischen Organisationspsychologen Hufcutt und Arthur (1994) haben hierfür vier Niveaustufen der Strukturierung entwickelt: Das Fragesystem im Niveau 1 ist komplett unstrukturiert und beliebig, Niveau 2 sieht eine Vorstrukturierung der zu behandelnden Themengebiete vor, Niveau 3 gibt einen konkreten Fragenkatalog vor, aus dem die Interviewenden auswählen dürfen (vertiefende Nachfragen sind erlaubt), Niveau 4 schließlich schreibt den Interviewenden komplett die zu stellenden Fragen vor, alle Bewerberinnen bekommen dieselben Fragen und vertiefende Nachfragen sind nicht erlaubt. In Kombination mit drei korrelierenden Niveaustufen bei der Standardisierung der Antwortbewertung (mehr dazu in Kapitel 2.4) ergab die Studie von Hufcutt und Arthur dann eine deutlich höhere Validität, also Prognosefähigkeit, von strukturierten Gesprächen der Niveaustufen 3 und 4 (jeweils r = .56 bzw. .57 auf einer Skala von -1 bis +1) gegenüber dem Niveau 2 (r = .35) und Niveau 1 (r = .20).[5]

Nun haben die in dieser Metaanalyse ausgewerteten Vorstellungsgespräche fast alle in kulturell homogenen Umgebungen (meist in Nordamerika) stattgefunden (Schmitt und Sinha, 2011), zu einer Zeit, in der die Veränderungsgeschwindigkeit, die Komplexität und die Unübersichtlichkeit in den Unternehmen noch deutlich geringer waren als heute. Viele Fragen zu diesen Ergebnissen, z.B. welche Elemente der Strukturiertheit relativ zueinander welchen Mehrwert haben, oder wie sich die individuell unterschiedliche Validität zwischen einzelnen Interviewenden selbst in hoch strukturierten Interviews erklären lässt, sind darüber hinaus in der Forschung auch heute noch nicht im Detail beantwortet. Wir können aber ableiten, dass zumindest in einer berechenbaren und von Ähnlichkeit geprägten Umgebung ein gewisses Maß an Strukturiertheit der Qualität der Personalauswahl gut tut.

Um klarer zu sehen, welche Elemente und welches Ausmaß an Struktur wir benötigen, um auch in einer sich schnell verändernden, unsicheren, komplexen

---

5 Ist die Validität eines Auswahlprozesses (r) = 1, so reden wir von einer 100%-igen Übereinstimmung zwischen dem Messergebnis im Auswahlprozess und dem tatsächlich vorhandenen Leistungskriterium. Wurde also im Auswahlprozess z.B. eine hohe Durchsetzungsfähigkeit gemessen und bescheinigen später auch die Führungskräfte, Kollegen oder Kunden der Person eine hohe Durchsetzungsfähigkeit, war die Validität des Verfahrens hoch. Ist die Validität niedrig oder sogar negativ, dann hat der Auswahlprozess eine nur geringe oder gar nicht zutreffende Vorhersage des späteren Verhaltens ermöglicht.

und vieldeutigen VUCA-Welt valide auswählen zu können, hilft uns wieder der Rückbezug auf die agilen Grundsätze:

- Individuen und Interaktionen haben Vorrang vor Prozessen und Werkzeugen.
- Funktionierende Software hat Vorrang vor ausgedehnter Dokumentation.
- Zusammenarbeit mit dem Kunden hat Vorrang vor Vertragsverhandlungen.
- Das Eingehen auf Änderungen hat Vorrang vor strikter Planverfolgung.

Obwohl wir die Werte auf der rechten Seite wichtig finden, schätzen wir die Werte auf der linken Seite höher ein.

Während also ein strukturierter Fragenkatalog auf der Grundlage eines durchdachten Anforderungsprofils auch in der agilen Personalauswahl durchaus sinnvoll ist, dürfen wir uns nicht darauf beschränken, ihn dann bloß abzuarbeiten. Wir müssen stattdessen vielmehr

- aus der Beziehung zu unseren Kandidaten heraus,
- im Sinne der auf der Zielposition zu bewältigenden Aufgaben,
- auf Augenhöhe mit Bewerbern, HR, Hiring Managern und sonstigen Beteiligten,
- in einem iterativen und sich kontinuierlich selbst überprüfenden Prozess

diesen Fragenkatalog als Grundgerüst nehmen und bereit sein, ihn noch im Gespräch selbst anzupassen und weiter zu entwickeln, wo auch immer uns dies nötig erscheint.

Alle Kandidaten sind unterschiedlich, sie reagieren unterschiedlich auf unsere Fragen, sie haben unterschiedliche Qualitäten und Perspektiven (von denen wir vielleicht noch gar nicht wussten, dass es sie überhaupt gibt), sie kreieren mit uns eine einzigartige Gesprächsdynamik. In all dieser Individualität und Situativität können wir unmöglich vorab einen für alle Bewerber gleich passenden Fragenkatalog festlegen, der uns eine vergleichbare diagnostisch relevante Entscheidungsbasis beschert.

Jede Information, die wir im Gespräch über die Bewerberin erhalten, müssen wir umgehend prüfen in Bezug auf ihre Tauglichkeit für den Kontext der Zielposition und entsprechend den weiteren Verlauf des Gesprächs daran anpassen. Müssen wir die Frage vertiefen? Müssen wir sie mit anderen Worten wiederholen und noch einmal besser erklären? Sollten wir der Kandidatin bei der Frage eine zweite oder sogar eine dritte Chance geben? Haben wir ein Themengebiet ausreichend abgearbeitet und können zum nächsten Komplex übergehen? Haben wir etwas Unverhofftes getroffen, in dem wir Lösungswege erkennen, die wir vorher noch gar nicht auf dem Schirm hatten? Erkennen wir plötzlich Kompetenzen, die vielleicht gar nicht für diese, aber für eine andere Position in unserer Organisation relevant sind?

Nicht die Gleichförmigkeit der Fragen sichert also den Auswahlerfolg, sondern die Fähigkeit, auf der Basis unserer User Story so lange und so gezielt weiter zu fragen, bis wir die bestmöglichen Lösungskapazitäten für diese Story bei den Bewerbern erkennen konnten. Nicht die im Wasserfallmodell zu Beginn festgelegte Frage- und Aufgabenarchitektur ist maßgeblich für den diagnostischen Wert der Antworten, die wir bekommen, sondern die iterativ aufgebaute, schrittweise lernende und zielorientiert weiterentwickelte Gesprächsführung.

Die User Story liefert uns dafür die Herausforderungen, die auf der Zielposition zu bestehen sind. Sie liefert uns die Themengebiete und Kompetenzen, die wir im Gespräch behandeln müssen. Und sie liefert uns viele gut funktionierende Fragen (»Was würden Sie tun, um dieses oder jenes zu erreichen?«) gleich mit. Mehr Standardisierung brauchen wir nicht.

Eine Vorstrukturierung des Interviewverlaufs ist dennoch hilfreich,
- damit wir nichts vergessen oder übersehen,
- damit wir Prioritäten für den Gesprächsverlauf abbilden können,
- damit wir ein paar gut funktionierende Fragen pro Themengebiet auf Lager haben, die wir dann bei Bedarf hervorholen können und
- damit wir einige Fragen und Szenarien allen Kandidaten stellen können und so die Vergleichbarkeit der Bewerber untereinander erhöhen.

In dieser Weise als Hilfestellung verwendet, steigert eine solche Struktur in Form eines Interviewleitfadens die Qualität und Zuverlässigkeit unserer Auswahlprozesse deutlich.

2.3.2 Welche Fragetypen bieten sich in der agilen Personalauswahl an?

Für die Art der Fragen, die wir stellen sollten, macht die Literatur zur Personalauswahl 2.0 bemerkenswert wenige Vorgaben. Sie unterscheidet im Wesentlichen zwischen biografischen, auf die Handlungen, Erfahrungen und Leistungen der Vergangenheit ausgerichteten Fragen (Janz, 1982) und situativen, auf ein mögliches Verhalten in der Zukunft abzielenden Fragen (Latham et al., 1980).

Eine biografische Frage untersucht z.B., wie der Kandidat in seiner letzten Position eine bestimmte Aufgabe bewältigt hat. Idealerweise wird hierbei nach der sogenannten STAR-Methode (situation, task, action, result) hinterfragt, wie die Situation aussah, welche Aufgaben sich daraus ergaben, welche Handlungen der Bewerber unternommen hat und welches Ergebnis er dabei erreichte (Obermann, 2013, S. 163). Bewertet wird die Antwort dann danach, ob das in der Vergangenheit gezeigte Verhalten voraussichtlich auch im Kontext der Zielposition geeignet sein wird, die dort zu lösenden Aufgaben erfolgreich zu bewältigen.

Grundannahme der biografischen Fragen ist also die These, dass sich ein mögliches Verhalten in der Zukunft am besten danach vorhersagen lässt, welches Verhalten in der Vergangenheit gezeigt wurde. Der Vorteil dieses Ansatzes ist, dass man ein bereits konkret gezeigtes Verhalten bewerten kann. Der Nachteil ist, dass sich durch diese Methode eigentlich keine vergleichbaren Interviewfragen erstellen lassen (denn jeder Bewerber hat ja eine unterschiedliche Biografie). Zudem beschränkt diese Methode die Kandidaten auf das, was sie schon einmal gemacht haben, und lässt für mögliche Lernerfahrungen, Entwicklungsprozesse und zukünftige Potenziale wenig Raum. Denn entscheidend ist ja eigentlich nicht, was die Bewerber schon einmal gemacht haben, sondern wozu sie in der Zukunft und auf der Zielposition fähig sind.

Eine situative Frage stellt dagegen ein mögliches Verhalten in der Zukunft in den Vordergrund, indem sie ein Szenario skizziert (»Stellen Sie sich folgende Situation vor ..., was würden Sie tun?«) und die Bewerberin darum bittet, einen möglichen Lösungsweg zu entwickeln. Bewertet wird dann, als wie überzeugend der skizzierte Lösungsweg für den Kontext der Zielposition erscheint. Die situative Frage basiert also auf der Hypothese, dass sich ein mögliches Verhalten in der Zukunft am besten danach vorhersagen lässt, wie kompetent die Bewerber mögliche zukünftige Lösungswege entwickeln. Der Vorteil dieser Methode liegt darin, dass man allen Kandidaten die gleichen Szenarien stellen kann (wobei man in der Bewertung der Antwort natürlich berücksichtigen muss, dass man sie mit einschlägiger Erfahrung besser beantworten können müsste als ohne).

Vor allem ist dieser Ansatz deutlich potenzialorientierter; wir können hier erkennen, wie schnell und wie gut sich ein Mensch in eine neue Herausforderung hineindenken kann, selbst wenn er oder sie bislang noch gar nicht oder erst wenig damit zu tun hatte. Ihr Nachteil liegt dagegen darin, dass man natürlich nicht weiß, ob eine Person, wenn sie ein bestimmtes Verhalten zeigen wollen würde, dies dann auch tatsächlich so täte. Ein ausschließlich situativ geführtes Interview kann darüber hinaus die Bewerber auch verunsichern, da sich der Interviewraum beständig außerhalb der Komfortzone, auf unbekanntem Terrain bewegt, was meist anstrengender ist als eine biografische Frage.

In der Validitätsforschung ergeben sich dabei leichte Vorteile für den biografischen Ansatz, wobei auch situativen, szenarienbasierten Fragen eine gute Prognosefähigkeit bescheinigt wird (Levashina et al., 2014, Schuler und Mussel, 2016). Ganzheitliche Interviewansätze wie das Multimodale Interview nach Schuler (Schuler, 2014) empfehlen darum, im Interview beide Fragetechniken miteinander zu kombinieren.

Kaum Berücksichtigung findet in der klassischen Personalauswahl – außer in absichtlich erlebbar gestalteten Formaten wie Rollenspielen, Präsentationen oder Gruppendiskussionen – dagegen ein dritter diagnostischer Zugang, dem vor allem in der ursprünglichen Form der Personalauswahl 1.0 am meisten vertraut wurde: Die Begegnung mit den Kandidaten im Hier und Jetzt, im ganz konkreten sozialen Austausch. Die Eignungsdiagnostik 2.0 suggeriert ein wenig, als würde in einem hoch strukturiert geführten Auswahlgespräch der Erfolg der persönlichen Begegnung zwischen Kandidaten und Interviewern keine nennenswerte Rolle mehr spielen. Studien wie die oben bereits zitierten Arbeiten von Dipboye und anderen (Dipboye et al., 2012) zeigen aber, dass dies keineswegs der Fall ist. Auch in einem hoch standardisierten Vorstellungsgespräch bewerten wir unsere Kandidaten neben der inhaltlichen Qualität der Antworten ganz wesentlich danach, als wie gelungen wir die Kommunikation und das Mitschwingen auf einer menschlichen Ebene miteinander erlebt haben. Wie gut ist die Bewerberin auf uns eingegangen, wie präsent war sie, wie energievoll, motiviert und positiv wirkte sie, wie durchdacht waren ihre Antworten, wirkte sie selbstbewusst, ausgeglichen und souverän oder schüchtern und ausweichend oder gar arrogant und selbstgefällig? Und da diese sozialen Komponenten eines Verhaltens im seltensten Fall nur über den Verstand analysiert und ausgewertet werden, verlassen wir uns hierbei stark auch auf das emotionale und unbewusste Erfassen dieser vermeintlichen Passung der Bewerber.

Was aber sagt uns in diesem Kontext die agile Personalauswahl über die Art der Fragen, die wir stellen können oder stellen sollten? Welcher Zugang – biografisch aus der Vergangenheit, situativ aus einer hypothetischen Zukunft oder aus dem konkreten emotionalen Erleben der Bewerber im Hier und Jetzt – ist am ehesten mit dem Konzept der Agilität vereinbar? Die Antwort hierauf geben uns drei der oben dargestellten sechs Prinzipien der agilen Personalauswahl:

- Einfachheit & Funktionalität,
- Selbstreflexion sowie
- Vertrauen & Transparenz.

Einfachheit & Funktionalität
Das Prinzip der Einfachheit und Funktionalität legt uns eine simple Antwort nahe: Wir sollten die Fragen nehmen, die funktionieren, d.h. solche, die uns diagnostisch relevante Erkenntnisse verschaffen. Und da wir dies im Vorhinein

nicht wissen können, sollten wir verschiedene Frageformate parat haben, um auf diesem Weg spontan variieren zu können, je nach Nützlichkeit.

Eine zweite Antwort aus diesem Prinzip lautet, dass wir unsere Fragen so klar und einfach wie möglich halten sollten. Interviewratgeber empfehlen oft einen Typus biografischer Fragen, der bestenfalls mit abstrakt und allgemein beschrieben werden kann: Bitte geben Sie mir ein Beispiel, in welcher Situation Sie andere dazu bewegt haben, einen Unternehmenswert zu befolgen? Wie unterstützen Sie erfolgreiche Teamarbeit in Ihrer Organisation? Wenn Sie andere führen, wie wichtig ist es Ihnen, konstruktives Feedback zu geben? Können Sie mir eine Situation schildern, in der Sie Ihre eigenen Netzwerke effizient genutzt haben, um damit ein wichtiges Ergebnis zu erreichen?

Diese Fragen sind nicht erfunden, sondern stammen wörtlich aus einem Interviewleitfaden einer großen amerikanischen HR-Unternehmensberatung, die sich auf Persönlichkeitstests und Auswahlprozesse spezialisiert hat.

Die Logik solcher Fragen ist schlüssig: Wenn wir biografieorientiert fragen wollen und gleichzeitig standardisiert allen Kandidaten dieselben Fragen stellen, dann müssen wir auf dieser Flughöhe beginnen, da ja alle Kandidaten eine ganz andere Biografie mitbringen. Tatsächlich erreicht man auf diesem Weg aber oft keine wirklich relevante biografische Ebene bei den Kandidaten, da diese gar nicht genau verstehen, worauf die Frage abzielt. Oder man bevorteilt einseitig diejenigen Kandidaten, die entweder eine entsprechende Erfahrung bereits gemacht haben oder schlicht besonders schlagfertig und einfallsreich sind, um sich entsprechende Situationen zusammenzureimen. Die Gefahr besteht also bei diesem Ansatz, dass wir gar nicht die Kompetenz bewerten, nach der wir eigentlich suchen, sondern einen bestimmten biografischen Hintergrund oder einfache gedankliche Schnelligkeit.

Der Psychologe Werner Sarges (2011, 2013) gibt stattdessen konkrete Tipps, wie man biografische Fragen so stellt, dass die Kandidaten tatsächlich in ihr eigenes Leben biografisch eintauchen und mit einer emotionalen Involviertheit daraus berichten und es retrospektiv auch bewerten:

- Indem man nach Motiven fahndet
  »Was genau war für Sie (nicht an sich!) das Befriedigende daran?« oder: »Was speziell hat Ihnen (nicht einem!) das gegeben?« oder: »Was waren Ihre wichtigsten Lernergebnisse dabei?«
- Durch Kontrastieren und Differenzieren
  Kandidat: »... hat mir sehr gut gefallen«, Interviewer daraufhin: »... und was hat Ihnen gar nicht gefallen?« oder »Was war denn besonders schön?«

- Indem Ähnlichkeiten und Vergleiche gesucht werden
  Interviewer: »... gab es ein ähnliches Verhalten (eine ähnliche Situation) früher (später) schon (noch) einmal?« oder »Welches Ihrer bisherigen Unternehmen hat Sie als Entwickler am meisten geprägt?«
- Durch gedankliches Experimentieren
  Kandidat: »... das war mir dann zu viel, sodass ich gegangen bin.« Interviewer daraufhin: »Was hätte Ihr Chef denn tun müssen, damit Sie noch geblieben wären?« oder »Was hätten Sie denn tun können, um die Situation zu entschärfen?«
- Durch das Erkunden von Kausalattributionen
  Interviewer: »Worauf führen Sie das zurück?« oder »Wie erklären Sie sich das?«
- und durch das Erkunden von Zielen
  Interviewer: »Zu welchem Zweck haben Sie das in Angriff genommen?« oder »Was wollten Sie damit erreichen?«

Anstatt nur herauszufinden, was ein Kandidat gemacht hat, kommt es darauf an zu rekonstruieren, wie er es gemacht hat, wie er es damals und heute bewertet und welche Lehren er im Nachhinein daraus zieht. Das funktioniert aber natürlich nicht in einem hoch standardisierten Verfahren.

Die einfachste und funktionalste Fragetechnik ist aber letztlich, einfach die Komponenten der User Story heranzuziehen und die Bewerber hierzu entweder biografisch oder situativ zu befragen: Als Vertriebsleiter werden Sie in diesem Unternehmen ein Produkt verkaufen, dass um 20 % teurer ist als die meisten Wettbewerbsprodukte. Haben Sie so etwas schon einmal gemacht? Wie ist es Ihnen gelungen? Noch nicht? Wie würden Sie es denn machen? Dabei steht im Business Plan, dass wir in den nächsten 12 Monaten zwei neue Key Accounts gewinnen, d.h. Kunden mit einem Umsatzpotenzial von mehr als 1 Mio. Euro. Wie wollen Sie das erreichen?

Selbstreflexion

Das zweite agile Prinzip, die Selbstreflexion, gibt uns vor allem eine Antwort auf die Frage, inwieweit wir die dritte diagnostische Ebene aus dem Hier und Jetzt als eigenes Frageformat verstehen dürfen: Wir dürfen, ja wir müssen unsere Wahrnehmungen aus dem Hier und Jetzt in der Begegnung mit den Bewerberinnen und Bewerbern in unsere Bewertung einfließen lassen, denn wir können gar nicht anders. Wir beurteilen, ob wir das Verhalten unserer Bewerber uns gegenüber als sozial angemessen und als angenehm empfinden, egal, ob wir das wollen oder nicht. Wir müssen dies jedoch reflektiert tun.

Mehr noch als bei situativen oder biografischen Fragen müssen wir in der Bewertung des unmittelbaren Verhaltens unserer Bewerber versuchen, unsere Beobachtung und unsere Bewertung zu trennen. Bevor wir unserem unbewussten Urteil trauen, müssen wir unseren Verstand um Unterstützung bitten: Warum hat ein bestimmtes Verhalten, ein Blick, eine Geste, eine Reaktion bzw. eine bestimmte Bewertung bei uns ausgelöst? Welche eigenen Erfahrungen, welche persönliche oder kulturelle Prägung hat zu diesem Eindruck und zu dieser Bewertung geführt? Wie hätte man es noch interpretieren können, wie hat es auf die anderen Beobachter gewirkt? Wie war die mögliche Logik der Bewerber, was könnte ihre Intention bei dieser Antwort oder dieser Geste gewesen sein?

Erst, wenn wir uns auf diese Weise bewusst gemacht haben, warum ein bestimmtes Verhalten auf eine bestimmte Art und Weise auf uns gewirkt hat, erst dann können wir daraus Schlussfolgerungen dahin gehend ziehen, was eine mögliche Leistungsebene auf der Zielposition betrifft.

Vertrauen & Transparenz

Das dritte agile Prinzip, das unsere Fragetechnik beeinflussen sollte, ist das Prinzip von Vertrauen & Transparenz. Solange wir davon ausgehen, dass uns unsere Kandidaten gerne etwas vorenthalten oder eine nicht vorhandene Kompetenz vorgaukeln wollen, solange werden wir versuchen, sie durch raffinierte Fragen zu überlisten. Wir werden ihnen nicht genau sagen, worauf wir mit unserer Frage hinaus wollen, um sie nicht gezielt in diese Richtung zu locken. Und wir werden ihre Antwort daran messen, wie »richtig« sie ist, d.h., wie nah sie unserer Musterantwort kommt.

Nehmen wir beispielhaft die abstrakte biografische Frage: Wann haben Sie einmal erfolgreich einen Konflikt gelöst, an dem Sie selber beteiligt waren? Wenn dann ein Beispiel gegeben wird, in dem die Bewerberin und eine andere Person unterschiedliche Interessen verfolgten, beide Seiten aber dann offen und transparent ihre Zielsetzungen und Bedürfnisse verglichen und einen Kompromiss aushandelten, der weitgehend beide zufriedenstellte, dann bekommt die Kandidatin vielleicht eine hohe Punktzahl. Wenn ihr aber kein rechtes Beispiel einfällt, weil sie, wie sie selber sagt, eigentlich Konflikte nicht mag, weil sie eher harmoniebedürftig sei und im Zweifel oft nachgibt, dann bekommt sie bei Konfliktfähigkeit vielleicht eine schlechte Bewertung. Wir haben in diesem Beispiel aber ja noch gar nichts darüber erfahren, wie die zweite Kandidatin damit umgehen würde, wenn sie ihre Interessen bedroht sieht, also wenn sie aus ihrer eigenen Sicht wirklich einen Konflikt hätte. Stattdessen haben wir etwas über ihr Sozialverhalten gelernt (Harmoniebedürfnis), das je nach Kontext mal eine Schwäche, manchmal aber auch eine Stärke oder zumindest in einem Team auch manchmal nützlich sein kann.

Für das geeignete Frageformat folgt daraus einerseits, dass wir die Zielsetzung unserer Fragen transparent machen müssen, wenn wir eine diagnostisch verwertbare Antwort erhalten wollen. Zum anderen sollten wir Fragen wählen, die nicht zu offensichtlich nach einer Kompetenz fahnden, sondern die das Gespräch öffnen und ein vertrauensvolles Kennenlernen ermöglichen. Es gibt ja im sozialen Kontext eigentlich auch keine absoluten Stärken oder Schwächen, es gibt nur Verhaltenspräferenzen (z.B. gerne schnell zu entscheiden oder gerne im Mittelpunkt zu stehen), die sich aber je nach Kontext manchmal als eher hilfreich, manchmal aber auch als eher kontraproduktiv herausstellen können. Erst wenn wir so viel und so facettenreich wie möglich gesehen haben, was einen Bewerber ausmacht und wozu er oder sie fähig ist, erst dann können wir uns ein Urteil erlauben, ob dies vermutlich reicht auf der Zielposition bzw. bei welchem der Kandidaten es am ehesten oder am besten reicht.

Wir sollten unsere Fragen in der agilen Personalauswahl also leiten lassen von Vertrauen, Offenheit, Einfachheit, Flexibilität und Neugier, anstatt auf der Basis eines standardisierten Interviewskriptes verschiedene Kompetenzbereiche mit einer Notenskala in der Hand einfach nur abzuhaken. Alle drei diagnostischen Zugänge – aus der Vergangenheit und aus früheren Erfahrungen der Bewerber, aus dem Hier & Jetzt in der Begegnung mit den Auswählenden oder situativ und szenariobasiert anhand der Herausforderungen in der User Story – sind dabei grundsätzlich mit dem agilen Ansatz vereinbar und sollten idealerweise kombiniert genutzt werden.

2.4 Die Bewertung: Flexibilität vor Planverfolgung, Perspektivenwechsel statt prädeterminierter Verhaltensanker

Kommen wir zum chronologisch letzten und vermeintlich wichtigsten Abschnitt der Personalauswahl: der Bewertung und Entscheidung.

In den Vorstellungsgesprächen 1.0 einer früheren Prägung erfolgt diese Bewertung wie schon beschrieben auf der Basis eines intuitiv getroffenen Gesamturteils. Da kein explizites Anforderungsprofil vorliegt und entsprechend auch keine leistungsrelevanten Parameter strukturiert abgefragt werden, erfolgt die Entscheidung anhand eines stark von der persönlichen Chemie gefärbten Gesamteindrucks: Er oder sie passt oder passt eben nicht zu uns.

Die Personalauswahl 2.0 setzt dieser Beliebigkeit eine schon im Vorfeld festgelegte Liste mit notwendigen (oder wünschenswerten) Fähigkeiten und Kompetenzen entgegen, welche die Kandidaten im Auswahlprozess zeigen sollen. Um dabei Transparenz zwischen den verschiedenen Interviewern herzustellen und sich auf möglichst vergleichbare Bewertungsmaßstäbe zu einigen, werden diese Fähigkeiten und Kompetenzen in konkreten Verhaltensbeschreibungen – sogenannten Verhaltensankern – operationalisiert, d.h. beobachtbar gemacht.

Die Kompetenz der **Ergebnisorientierung** wird z.B. bei Obermann (2013, S.179) für eine Gruppendiskussion entsprechend definiert als »Treibt die Lösungsfindung unter Berücksichtigung aller relevanten Aspekte voran«, was anhand spezifischer Verhaltensbeschreibungen sichtbar werden soll. Solche Verhaltensbeschreibung lauten z.B.: »Strukturiert aktiv das Gespräch (steuert selbst, benennt Themen, fasst zusammen, stellt Fragen)«, »Analysiert/arbeitet Hintergründe heraus«, »Trifft klare Vereinbarungen, konkrete Aktivitäten (wer, was, wann)«, »Strukturiert Teilschritte, die insgesamt das Problem beheben können.« Je nach Grad der Strukturiertheit eines Interviews differenziert die oben bereits erwähnte Klassifizierung von Hufcutt & Culbertson aus dem Jahr 1994 dabei drei Niveaus:
1. Komplett unstrukturiert, d.h. bewertet wird nur auf der Basis eines pauschalen Gesamturteils,
2. teilweise strukturiert, d.h. die Bewertung erfolgt entlang im Vorfeld definierter verschiedener Verhaltenskriterien,
3. hoch strukturiert, d.h., jede einzelne Frage wird anhand vordefinierter Antwortoptionen bewertet.

In der Literatur wurde dabei eine gestiegene Validität, also Prognosegenauigkeit des Auswahlverfahrens festgestellt, wenn Bewertungsskalen anhand von vordefinierten Verhaltensankern genutzt wurden (Obermann, 2013, S.170ff.; Levashina et al., 2014, S.273ff.).

Heißt das also, dass wir auch in agil geführten Vorstellungsgesprächen der Ebene 3.0 mit Bewertungsrastern arbeiten sollten, in denen gesuchte Fähigkeiten und Kompetenzen durch Verhaltensbeschreibungen leichter beobachtbar und vergleichbar gemacht werden? Die Frage ist nicht einfach zu beantworten, will man nicht den einschlägigen quantitativen Studien absprechen, dass es eine gestiegene Validität tatsächlich aufgrund dieser Skalen gab. Und wenn wir uns vergegenwärtigen, wie individuell unterschiedlich wir z.B. Konfliktfähigkeit, Prozessstärke oder Teamorientierung definieren können, dann scheint es sinnvoll, diese Subjektivität in der Bewertung einzelner Fähigkeiten durch solche Verhaltensanker etwas vereinheitlichen zu wollen.

Gleichzeitig sind solche Skalen aber das Gegenteil von »agil«, denn sie prädeterminieren in einer sehr frühen Phase des Prozesses ein mehr oder weniger »richtiges« Zielverhalten und engen darum kollektiv die Perspektive ein, mit der wir uns einer anderen Person nähern. Was ist, wenn uns eine Kandidatin begegnet, die sich dadurch **ergebnisorientiert** zeigt, dass sie sehr sorgfältig zuhört, gründlich dokumentiert und sich Notizen macht und sehr strukturiert Prioritäten setzt. Gleichzeitig ist sie aber vielleicht etwas schüchtern, sodass sie in der Gruppendiskussion kaum zu Wort kommt und nur ein oder zwei marginale aktive Beiträge bringt. Nach den oben zitierten Verhaltensbeschreibungen von Obermann bewertet, würde sie als wenig ergebnisorientiert beurteilt.

Das Dilemma ist also, dass wir uns mit solchen Verhaltensankern zwar einerseits ein sinnvolles Instrument an die Hand geben, um unsere Bewertungsmaßstäbe zu synchronisieren und besser vergleichbar zu machen. Andererseits machen wir uns damit aber selber unfrei und unflexibel, um andere Formen, in denen sich die gesuchte Fähigkeit oder Kompetenz auch zeigen könnte, überhaupt noch zu sehen, geschweige denn positiv wertzuschätzen.

Das Dilemma löst sich aber auf, wenn wir uns an User Storys statt an Anforderungsprofilen orientieren, um das gesuchte Zielverhalten zu beschreiben. Stellen wir uns dafür den Aspekt der Mitarbeiterführung bei einer Werksleitung vor. In einer User Story ausgedrückt hieße dies dann z. B.: »Als Ingenieure und Facharbeiter erwarten wir von der Werksleitung Wertschätzung für und Feedback auf unsere Leistung, um unsere Arbeit bestmöglich machen und kontinuierlich verbessern zu können.« Diese Beschreibung ist zielgerichtet, eindeutig und transparent, sie hat nichts Beliebiges. Gleichzeitig ist es für die Beobachter aber völlig offen, ob die Werksleitung diese User Story eher durch eine sehr analytisch klare und strukturierte Arbeits- und Argumentationsweise erfüllt, eher durch ein ruhiges und reifes Verhalten oder eher durch ein sympathisches, beziehungsorientiertes und humorvolles Auftreten. Alle diese Wege sind möglich, um Wertschätzung auszudrücken und um ein gutes und nützliches Feedback zu geben. Entscheidend ist nicht, wie gut oder schlecht ein bestimmtes Verhalten in unsere persönliche Definition von »richtig« oder »falsch« passt, sondern wie wahrscheinlich es ist, ob damit vermutlich das Ziel erreicht werden kann. Die vermutete Funktionalität des gezeigten Verhaltens ist relevanter als die Übereinstimmung mit einem im Vorfeld definierten Musterkorridor.

Für die Bewertungs- und Entscheidungsprozesse in einem agil geführten Vorstellungsgespräch heißt das:

1. Die User Story ist nicht nur für das Anforderungsprofil und die Ausgestaltung der Fragen von Bedeutung, sondern sie gibt auch das Bewertungsschema vor: In welcher Ausprägung (z. B. auf einer 5er oder einer 7er Skala) hat die Antwort der Bewerberin dokumentiert, dass sie »Ingenieuren und Facharbeitern Wertschätzung für und Feedback auf ihre Leistung so geben kann und wird, dass diese ihre Arbeit bestmöglich machen und kontinuierlich verbessern können.«?

2. Wichtig für diese Form der Bewertung ist darum eine sehr ergebnisoffene Dokumentation der eigenen Beobachtungen. Da die Beobachter ja im Vorfeld noch nicht wissen können, welche Antwort und welche Verhaltensweise letztlich welche Relevanz für die Lösung der User Story haben wird, sollten sie so viele und so beschreibende Notizen machen wie möglich. Erst im Nachhinein, in der gemeinsamen Auswertung mit den anderen Interviewenden (zur Not auch mit sich selbst, wenn es ein Einzelinterview war), werden die Aufzeichnungen dann herangezogen, um zu belegen, warum man die Wahrscheinlichkeit für das Erfüllen der User Story in diesem Punkt eher auf einer 3 oder auf einer 6 sieht. Diese subjektive Einschätzung kann und soll dann selbstverständlich von anderen Beobachtungen hinterfragt oder konterkariert werden, sodass im Auswertungsprozess eine Diskussion nicht um die Persönlichkeit der Bewerber, sondern um die vermutete Lösungsfähigkeit ihrer Antworten in Gang kommt. Natürlich stellt dies höhere Anforderungen an die Beobachter, als wenn man ihnen im Vorfeld aufgibt, auf konkrete Verhaltensanker zu achten wie: »Beherrscht Sandwich-Regel beim Feedback, beginnt mit etwas Positivem«, oder »Führt regelmäßige strukturierte Leistungsbeurteilungsgespräche mit ihren Mitarbeitern.« Das Leben und Arbeiten in einer von Komplexität, Vielfalt und Veränderung geprägten VUCA-Welt stellt aber nun einmal höhere Anforderungen an uns, wenn wir die besten Lösungswege erkennen wollen. Natürlich ist es einfacher, im Vorfeld eindeutig zu definieren, welcher Weg von Führung absolut gesehen am besten ist. Dieser Weg wird aber leider immer vielschichtiger, je vielschichtiger die Kontexte von Führung werden. Wir sollten in der Personalauswahl nicht so tun, als könnten wir diese Komplexität ignorieren.

3. Die Frage der »Passung« verliert in diesem Ansatz dann ihre Bedeutung, soweit sie nicht Teil der User Story geworden ist. Passung ist ja ohnehin ein unscharfer Begriff: Wünscht man sich Bewerber, die identisch sind zu einem selbst (»so wie wir«) oder wünscht man sich komplementäre Kandidaten (»ergänzt uns gut«) (Kersting, 2015)? Wenn es also zur User Story gehört, beispielsweise als Marketingleitung eines Modelabels auch selber elegant oder originell angezogen zu sein (was vielleicht fragwürdig ist, aber es mag ja so sein), dann müssen alle Beteiligten im Vorfeld auch begründen können, inwiefern dies die Stelleninhaber

erfolgreicher macht. Oder wenn in einer NGO ein bestimmtes altruistisches Wertegefüge wichtig ist für das Bekleiden einer Position im Fundraising, dann muss dies in der User Story ebenfalls so formuliert werden. Wenn ich z. B. eine User Story habe wie: »Als Spender erwarte ich von der Fundraiserin, dass sie mich auch emotional vom Anliegen der NGO und dem Sinn meiner Spende überzeugen kann«, dann wird dies schwer zu erfüllen sein, ohne eine gewisse persönliche Identifikation mit den Zielen der NGO. Ein Minus an eigener Überzeugtheit kann aber gegebenenfalls durch ein Plus an allgemeinen sozialen Kompetenzen, an Flexibilität, an Vertriebsstärke oder auch an schauspielerischem Talent ausgeglichen werden – oder?

Diese Form der Bewertung in der agilen Personalauswahl rüttelt ein wenig an den Grundfesten unserer bisherigen Personalauswahl. Denn wir meinen doch zu wissen, wie ein Mensch beschaffen sein muss, der zu uns passt, und der sich erfolgreich auf der zu besetzenden Stelle behaupten können wird. Tatsächlich wissen wir dies in einer VUCA-Welt nur noch sehr unscharf. Je enger wir dies aber im Vorfeld trotzdem festlegen, desto häufiger entgehen uns wertvolle Talente, weil wir sie schlicht nicht als solche erkennen.

Natürlich steht es jeder Organisation weiterhin frei, bestimmte Grundhaltungen wie »Wir gehen respektvoll und wertschätzend miteinander um« oder »Wir handeln proaktiv und packen mit an« in ihre User Storys für jede Position aufzunehmen. Für eine Führungsposition könnten wir formulieren: »Behandelt die eigenen Mitarbeiter respektvoll und wertschätzend«. Oder für eine Projektleitung könnten wir erwarten: »Unterstützt die Kollegen/innen im Projekt auch operativ, wenn es erforderlich ist«.

Aber mal ehrlich, welchen Mehrwert haben solche Formulierungen? Welcher Kandidat wird sich aus seiner oder ihrer eigenen Sicht absichtlich respektlos verhalten, wer würde »nicht anpacken« und wer würde den Kolleginnen boshaft die eigene Unterstützung verweigern? Natürlich zeigen Menschen dieses Verhalten auf unterschiedliche Art und Weise und sie setzen vor allem unterschiedliche Prioritäten, erst recht unter Druck. Es handelt sich aber hierbei nicht um funktionsspezifische Handlungen, die man mit einer unterschiedlichen Qualität bewältigen kann und die entsprechend geeignet sind, gute von schlechten Bewerbern zu unterscheiden. Stattdessen geht es hier wohl eher um wenig trennscharfe Beschreibungen eines allgemeinen Sozialverhaltens, das wir von allen Mitarbeitern im Unternehmen erwarten. Die Gefahr besteht, dass wir nur deswegen an solchen Definitionen von »zu uns passenden« Bewerbern festhalten, damit wir weiterhin mit einer vermeintlich guten Begründung Menschen bevorzugen dürfen, die sich genauso verhalten wie wir.

In einer agilen Organisation ist es aber das Ziel, dass wir uns davon befreien, Dinge nur deswegen auf eine bestimmte Art zu tun, weil sie schon immer so getan wurden, weil wir es gewohnt sind, sie so zu tun, oder weil an irgendeiner früheren Stelle im Prozess festgeschrieben wurde, dass sie so getan werden müssen. Wir messen das beobachtete Verhalten daran, ob es geeignet ist für die Aufgaben auf der Zielposition und nicht daran, ob es uns ähnlich ist. Diese Aufgaben können dabei selbstverständlich auch nicht-materielle Aufgaben sein, wie motivierend zu führen, Frieden zu stiften oder kreativ zu sein. Aber wenn wir agil sind, dann ist uns die Problemlösungsfähigkeit wichtiger als die Persönlichkeit, der Nutzen wichtiger als der Plan, Veränderungsfähigkeit wichtiger als Buchstabentreue und die Beziehung wichtiger als der Prozess. Entsprechend bringt uns die agile Personalauswahl dazu, zukünftig »Passung« wesentlich offener, funktionaler und vielseitiger zu definieren als bislang.

Für die Bewertung unserer Bewerber in den Vorstellungsgesprächen 3.0 ist es – neben der konsequenten Ausrichtung auf die User Story – entsprechend wichtig, dass wir uns freimachen von dem Glauben, wir würden alle infrage kommenden Musterantworten bereits kennen. Im Gegenteil, wir befragen unsere Bewerber, um weitere, neue Antworten kennenzulernen. Darum suchen wir in jeder Antwort nach der Logik, warum die Kandidaten diese Antwort gegeben und diesen Lösungsweg genommen haben. Wir geben uns nicht damit zufrieden, wie die Antwort auf uns wirkt, und ordnen sie dann einer Schublade zu. Wir möchten verstehen, warum sie aus der Sicht unserer Kandidaten sinnvoll sind. Eventuell ist ja auch für uns eine neue Erkenntnis dabei.

Wir sind darum darauf vorbereitet und freuen uns darüber, überrascht zu werden. Wenn wir bemerken, dass sich ein Urteil in uns verfestigt, bemühen wir uns absichtlich, es zu verstören und auf gegenteilige Indizien zu achten. Wir bewerten den Inhalt einer Antwort stärker als die Form, denn Ausdrucks- und Präsentationsformen lassen sich leicht trainieren. Wir suchen ressourcenorientiert nach dem, was eine Antwort bringt, anstatt nur defizitgeleitet darauf zu achten, was fehlt.

Auf diesem Weg kann es uns gelingen, auch das wirklich Neue und Innovative in unsere Organisation zu lassen, von dem wir jetzt vielleicht noch keine Ahnung haben, wie es aussehen mag.

Was wichtig ist: !

Die Personalauswahl 2.0 verfolgt eine konsekutive Abfolge: Definition Anforderungsprofil → Übersetzung des Anforderungsprofils in beobachtbare Verhaltensbeschreibungen → Entwicklung eines Interviewleitfadens → Abfrage entlang des

Interviewleitfadens → Bewertung auf der Basis der vorab definierten Verhaltensbeschreibungen. Demgegenüber verfolgt die agile Personalauswahl einen iterativen, flexibleren und selbstlernenden Prozess.

Die »User Story« ersetzt dabei das klassische Anforderungsprofil. Anstatt im Vorfeld zu definieren, welche Kompetenzen auf der Zielposition vorhanden sein müssen und wie diese beobachtbar werden, steht die Funktionalität im Vordergrund: Was möchte der »Nutzer« (also z.B. die Führungskraft oder der Kollege) mit dem Kandidaten auf der Zielposition erreichen?

In der Gesprächsatmosphäre legt die agile Personalauswahl Wert auf einen vertrauensvollen, wertschätzenden und ressourcenorientierten Umgang mit den Bewerbern auf Augenhöhe. Nicht Abfragen auf der Basis von Musterantworten ist das Ziel, sondern sich kennenzulernen und Antworten auf die Frage zu finden, was die Kandidaten mit ihren speziellen Fähigkeiten und Erfahrungen zum Erfolg auf der Zielposition beitragen können.

Auch in der Fragetechnik folgt die agile Personalauswahl der User Story. Gefragt wird nach dem, was auf der Zielposition erreicht werden soll. Dabei sind die Fragen nicht standardisiert: Alles, was im Gespräch über die Bewerber und über ihre Perspektive auf eine Situation gelernt wird, fließt unmittelbar in die Formulierung der weiteren Fragen ein. »Zweite Chancen« für die Kandidaten, also die Möglichkeit, eine Antwort zu erklären, aus Feedback zu lernen und sich im zweiten Anlauf weiter zu entwickeln, prägen den Gesprächsverlauf.

Die Bewertung der Bewerberinnen und Bewerber erfolgt in der agilen Personalauswahl offen und reflexiv. Maßgeblich ist allein, ob das Ziel (die »User Story«) voraussichtlich erreicht werden kann. Der Weg dorthin ist flexibel. Entsprechend ist die subjektive Logik der Bewerber für eine Problemlösungsstrategie genauso wichtig wie der Ansatz, den die Auswählenden im Vorfeld für naheliegend gehalten haben. Eventuell ist die Herangehensweise der Kandidaten ja sogar besser?

Ich möchte Sie nochmals daran erinnern: Die folgenden Leitfragen sind keine Wissensfragen. Sie zielen nicht darauf ab, den Inhalt des zweiten Kapitels zu rekapitulieren. Stattdessen sollen sie zur Reflexion und Diskussion darüber anregen, inwieweit Sie intuitiv bereits einzelne Methoden der agilen Personalauswahl anwenden, und wo Sie in diese Richtung für Ihr Unternehmen, Ihre NGO oder Ihre öffentliche Einrichtung Entwicklungsbedarf sehen.

Leitfragen zu Kapitel 2: Eine Einführung in die agile Personalauswahl

ARBEITSHILFE
ONLINE

- Wie genau wissen Sie im Vorfeld eines Interviews, wonach Sie eigentlich suchen? Gibt es einen strukturierten Prozess für die Erstellung eines Anforderungsprofils?
- Inwieweit gibt Ihr Anforderungsprofil (egal ob explizit ausformuliert oder nur ungefähr in Ihrem Kopf vorhanden) ein Ziel vor, was auf der zu besetzenden Position erreicht werden soll, oder schreibt es auch den Weg vorab fest, wie dieses Ziel zu erreichen ist?
- Gibt es in Ihrem Unternehmen Vorgaben dazu, welche Gesprächsatmosphäre in Ihren Vorstellungsgesprächen herrschen soll? Falls es keine Vorgaben gibt: Ist es Ihnen egal oder hat bloß niemand die Notwendigkeit gesehen, sie aufzuschreiben?
- Stellen Sie sich vor, wie es war, als Sie das letzte Mal in einem Vorstellungsgespräch der Kandidat oder die Kandidatin waren. In welchem Gespräch haben Sie sich am ehesten so zeigen können (und wollen), wie Sie wirklich sind, wann waren Sie am authentischsten? Wie wurde dieses Gespräch seinerzeit geführt, was war so besonders daran, dass Sie sich nicht mehr verstellen mussten?
- Welche Art von Fragen stellen Sie am liebsten: Fragen zur Vergangenheit (biografisch), in die Zukunft (szenariobasiert, situativ) oder arbeiten Sie mit Eindrücken aus dem Hier & Jetzt, z.B. mit Rollenspielen? Welche Vor- und welche Nachteile hat jeder dieser drei Ansätze?
- Woher wissen Sie, ob Ihre Kandidaten verstanden haben, worauf Sie mit einer Frage abzielen, wonach Sie suchen?
- Stellen Sie sich eine Frage vor, die Sie sehr gerne und häufig stellen. Haben Sie dafür eine Musterantwort im Kopf? Falls ja, warum finden Sie genau diese Antwort besser als andere? Denken Sie gegebenenfalls, dass die Kandidaten spüren, dass es eine bestimmte Antwort gibt, nach der Sie suchen?
- Wie gehen Sie damit um, wenn Ihre Bewerber beim ersten Versuch keine befriedigende Antwort auf Ihre Frage geben oder wenn die Antwort aus Ihrer Sicht keinen Sinn ergibt?
- Haben Sie schon einmal im Vorstellungsgespräch einer Kandidatin ein Feedback gegeben wie »Ihre Antwort überrascht mich, weil ...«, »Ich hätte bei Ihrem Lösungsweg die Sorge, dass ...« und sie dann darum gebeten, ihre Antwort noch einmal zu erklären oder sie gegebenenfalls auch zu überdenken?
- Wie stark haben Sie Ihr Anforderungsprofil im Vorfeld bereits operationalisiert, d.h. mit Verhaltensbeschreibungen konkret definiert, wie sich ein idealer Kandidat benehmen sollte?
- Auch falls Sie keine expliziten Verhaltensbeschreibungen erstellt haben, inwieweit haben Sie implizit und unbewusst einen bestimmten Persönlichkeitstypus im Kopf, der Ihnen am besten gefällt? Warum ist dieser besser geeignet als andere, um auf der Zielposition gute Ergebnisse zu erzielen?
- Wenn Ihnen eine Bewerberin gegenübersitzt, die aus einer ganz anderen Lebenswelt (Kultur, Generation, sozialer Hintergrund o.ä.) kommt als Sie, wie können Sie trotzdem erkennen, ob sie die Herausforderungen auf der Zielposition voraussichtlich meistern kann?
- Wie finden Sie heraus, ob Ihr Kandidat eventuell sogar bessere Ideen zur Lösung einer Aufgabe hat als Sie?

Teil II: Die Anwendung

Kommen wir zum praktischen Teil dieses Buches. Wie wählen wir agil aus? In Kapitel 3 werden die wichtigsten Instrumente hierfür vorgestellt und zahlreiche Beispiele gegeben. Kapitel 4 beantwortet ergänzend wichtige Einzelfragen zur Umsetzung der agilen Personalauswahl in der Praxis, die sich nicht automatisch aus dem Modell selbst heraus beantworten.

3 Vorstellungsgespräche in der agilen Personalauswahl: Aufbau und Instrumente

Beginnen wir ganz konkret: Sie haben eine Stelle zu besetzen und einige Bewerberinnen und Bewerber zum Vorstellungsgespräch eingeladen. Nehmen wir an, es handelt sich um eine Position als Produktionscontroller; oder als Vertriebsingenieur; oder als Leiter der Personalentwicklung. Wie gehen Sie nun vor?

3.1 Wen suchen wir? So generieren wir User Storys und übertragen sie in die Struktur eines Auswahlgesprächs

In Kapitel 2.1 haben wir beschrieben, warum wir in der agilen Personalauswahl »User Storys« als Grundlage für das Vorstellungsgespräch heranziehen. Um zu wissen, wonach wir eigentlich auswählen – denn es soll ja nicht allein um Sympathie und den Nasenfaktor gehen – beschreiben wir in einfachen Leitsätzen die Aufgaben, die auf der Zielposition erfüllt und die Ziele, die dort erreicht werden sollen. Nicht der Weg dorthin wird festgeschrieben und auch nicht die Kompetenzen, die man vermeintlich braucht, um die Aufgaben zu bewältigen. Unterschiedliche Menschen werden unterschiedliche Wege bevorzugen und unterschiedliche Kompetenzen einsetzen, um ihre Ziele zu erreichen. Es wäre nicht agil, diese Varianten im Vorfeld bereits auszuschließen. Es geht im Vorstellungsgespräch einzig und alleine um eine Wahrscheinlichkeitsprognose, die uns auf Grundlage der erhaltenen Antworten annehmen lässt, ob der oder die Kandidatin auf der Zielposition erfolgreich sein wird.

Die dafür entwickelten User Storys haben eine einfache Form und sie können in kleinen Referenzgruppen auf der Basis von Erfahrung und gesundem Menschenverstand entwickelt werden. Das Muster lautet: »Als (Stakeholder) möchte ich (bestimmte Funktionalität), um folgenden Nutzen zu erhalten.« User Storys bezeichnen also immer eine Handlung, ein für eine Funktion wichtiges Verhalten und keine Eigenschaften, Motive oder Werthaltungen. Aus Gründen der Praktikabilität sollten maximal 4 bis 6 User Storys pro Position definiert werden. Diese sollten idealerweise unterschiedliche Aspekte der Position abbilden, also z.B. fachliche, methodische und soziale Herausforderungen gegenüber unterschiedlichen Zielgruppen (innen – außen, oben – unten – gleiche Ebene).

Deklinieren wir dies exemplarisch für vier idealtypische Zielpositionen durch:

ARBEITSHILFE
ONLINE

User Stories für vier idealtypische Zielpositionen

Produktionscontroller

- Für mich als Werksleiter werden vom P. die relevanten Kennzahlen regelmäßig und verständlich aufbereitet, sodass ich Fehlentwicklungen oder Verbesserungsfelder im Produktionsprozess schnell und übersichtlich erkennen kann.
- Als Ingenieurin oder Facharbeiter werde ich vom P. in meiner Arbeit in der Produktion begleitet, indem er oder sie mir erklärt, welche Daten ich über welche Arbeitsschritte erfassen soll und wofür diese Daten hilfreich sind.
- Für mich als Finanzleiterin erstellt der P. alle relevanten Daten in zuverlässiger Art und Weise und wirkt daran mit, diese Kennzahlen und Berichte qualitativ und quantitativ weiterzuentwickeln.
- Für mich als Werksleiter oder Einkaufsleiterin bereitet der P. wichtige Investitionsentscheidungen vor, indem er Amortisationsberechnungen anstellt und Alternativszenarien berechnet.
- Für mich als Supply-Chain- und Logistikmanager agiert der P. als Sparringspartner, um Lagerbestände und Beschaffungsprozesse gemeinsam zu überwachen (»monitoring«) und zu optimieren.
- Als Serviceleiterin werde ich vom P. unterstützt, indem die Wartungsintervalle, Reparaturkosten, Ersatzteilbeschaffungen sowie eventuelle Neuinvestitionen der Anlagen und Werkzeuge kostenseitig transparent gemacht und eventuelle Verbesserungspotenziale dadurch sichtbar werden.

Vertriebsmitarbeiterin im Außendienst

- Als Kunde werde ich von der V. regelmäßig über für mich relevante Änderungen im Produktprogramm informiert und ggf. auch proaktiv und motivierend dazu angeregt, meine Bedarfe und eventuelle Verbesserungspotenziale durch diese Produkte zu überprüfen.
- Als Kunde habe ich das Gefühl, dass die V. auf mich eingeht und einen guten, angenehmen Kontakt zu mir hält, ohne lästig oder aufdringlich zu agieren.
- Als Vertriebsleiter werde ich von der V. zuverlässig unterstützt, indem die vereinbarten Kunden oder Kundengruppen kontaktiert und gegebenenfalls besucht werden und ich zuverlässig über die Ergebnisse informiert werde.
- Für mich als Vertriebsleiter entwickelt die V. mit meiner Unterstützung Vertriebs- und Maßnahmenpläne, um nach Produkt- und Kundengruppen oder nach Regionen getrennt den größtmöglichen Umsatzerfolg mit der höchstmöglichen Marge und einer möglichst nachhaltigen Marktdurchdringung zu erzielen.
- Mit mir, einer Mitarbeiterin des Vertriebsinnendienstes, stimmt sich die V. gut über Kundenanfragen und Angebotsprozesse ab und trägt das ihrige dazu bei, dass jedes Kundeninteresse optimal bearbeitet wird.
- Als andere Vertriebsmitarbeiter im Außendienst tauschen wir uns mit der V. regelmäßig über Entwicklungen am Markt, über eventuell gemeinsam betreute Großkunden sowie über gut oder weniger gut funktionierende Maßnahmen,

Techniken und Strategien aus, um bestmöglich voneinander zu lernen und uns bei Engpässen gegenseitig unterstützen zu können.

- Als Händler oder Distributionspartner werde ich von der V. zuverlässig begleitet und unterstützt, ich bekomme transparentes Feedback und werde über Zielsetzungen, mögliche Konkurrenzen, Produktwechsel oder eventuelle Veränderungen im Stammhaus rechtzeitig und fair informiert.

Personalleitung

- Für die Geschäftsleitung stellt die P. sicher, dass die Mitarbeiterinnen und Mitarbeiter im Unternehmen im Sinne der Unternehmensstrategie in optimaler Zahl, Qualität und Motivation zu angemessenen Kosten ihre Arbeit erledigen und dass eventuelle Fehlentwicklungen oder Defizite in dieser Hinsicht proaktiv kommuniziert und bearbeitet werden.
- Für die anderen Bereichsleiter ist die P. ein wichtiger und respektierter Sparringspartner, um bereichsspezifische Bedarfe in allen Aspekten der Personalarbeit (Planung, Verwaltung, Recruiting, Entwicklung, Führung, Vergütung, Controlling, Trennung) frühzeitig zu erkennen und gemeinsam wirksame Maßnahmen hierfür zu entwickeln.
- Für die Führungskräfte im Personalbereich ist die P. eine fachliche und menschliche Bereicherung, um in und mit ihren jeweiligen Teams bestmögliche Arbeitsergebnisse zu erzielen. Zudem sorgt sie für ein vertrauensvolles und motivierendes Arbeitsklima im Bereich.
- Für die Arbeitnehmervertretung ist die P. ein verlässlicher Ansprechpartner, mit dem in einem fairen und transparenten Prozess kollektive und individuelle Fragestellungen ausgehandelt und Lösungen im Sinne der Beschäftigten und des ganzen Unternehmens gefunden werden.
- Für die Finanzabteilung ist die P. ein wichtiger Sparringspartner, um Kostenstrukturen und -entwicklungen im Personalbereich transparent abbilden sowie eventuelle Risiken frühzeitig erkennen zu können.
- Externen Partnern (Beratungen, Hochschulen, Verbände, Medien) tritt die P. professionell, fair und glaubwürdig im Sinne der Werte und Prinzipien des Unternehmens gegenüber.

Systemadministrator

- Für die IT-Leitung ist der S. eine kompetente Fachperson, um die spezifische IT-Infrastruktur (Server, Software, Netzwerk, Anwendungen etc.) im Unternehmen zu installieren, zu betreiben, Nutzer zu beraten, Störungen zu beheben und die IT-Landschaft graduell weiterzuentwickeln.
- Als Anwender/Nutzer werde ich vom S. freundlich und hilfsbereit unterstützt, um möglichst zeitnah die erforderliche IT-Infrastruktur so bereitzustellen, dass ich meine Arbeit optimal erledigen kann.
- Mit mir als Kollege/Kollegin stimmt sich der S. gut ab, um die vorhandenen Ressourcen bestmöglich zu nutzen, Kommunikationsdefizite an Schnittstellen zu vermeiden und um die Nutzer optimal zu begleiten. Dabei unterstützen wir uns gegenseitig, indem wir »Best practice«-Lösungen teilen und uns gegenseitig bei Engpässen aushelfen.

- Als IT-Leiterin wünsche ich mir vom S., dass er/sie aufgeschlossen auf Veränderungen und Verbesserungspotenziale zugeht und sein Fachwissen nach Möglichkeit auch selber proaktiv einbringt, um Optimierungschancen im System zu erkennen und zu nutzen.
- Für den anderen IT-Fachbereich (Entwicklung, Sicherheit, Web, Mobile o. ä.) agiert der S. als entgegenkommender Sparringspartner, um neue Softwarevarianten, Releases, Upgrades, Integrationen o. ä. mit möglichst geringem Aufwand und minimalen Reibungen planen und umsetzen zu können.

Diese User Storys erheben natürlich keinen Anspruch auf Vollständigkeit und sie bedürfen der unternehmensspezifischen Konkretisierung. Hinzu kommt auch immer die allgemeingültige User Story zur Wechselmotivation: Eine Bewerbung muss in der individuellen Biografie und Lebensplanung einer Kandidatin Sinn ergeben. Sonst ist sie nicht nachhaltig.

Was die oben formulierten User Storys dabei verdeutlichen sollen, ist das folgende Prinzip: Sie legen fest, was auf einer bestimmten Position erreicht werden soll. Sie schreiben aber nicht vor, auf welchem Weg diese Ziele zu erreichen sind. Und sie lassen auch völlig offen, welche Kompetenzen in welcher Definition hierfür erforderlich sind. Ein Trainee wird seine Ideen anders einbringen als eine Entwicklungsleiterin. Der eine mag sich durch gutes Zuhören, Beobachten und passgenaue kleinere Veränderungsvorschläge auszeichnen, die andere durch brillante Ideen und den großen gestalterischen Wurf. Beide sind auf ihrer Weise wichtig für die Innovationskraft eines Unternehmens und es wäre schade, sich vorschnell auf einen der beiden Wege zu beschränken.

Natürlich wird trotzdem jede Auswählende eine Idee davon haben, was man bereits wissen, können und gemacht haben muss, um eine bestimmte Aufgabe erfolgreich zu bewältigen. Dadurch, dass das Ziel in dieser Weise in den Vordergrund gestellt wird, lassen die User Storys aber von Beginn an mehr Offenheit dafür zu, dass die eigenen Annahmen eventuell nicht zutreffen oder zumindest nicht das ganze Spektrum abbilden könnten. Sie lassen mehr Raum für die Option, dass man bestimmte Kompetenzen eventuell doch gar nicht so sehr benötigt wie zunächst gedacht, dass man diese Kompetenzen vielleicht ja auch »on the job« noch erlernen kann oder dass sich andere, neue und innovative Ansätze und Kompetenzen als viel relevanter herausstellen können für die Zielerreichung.

Dies gilt einerseits für die Frage, welche Kompetenzen für eine Aufgabe benötigt werden. Und es gilt noch mehr für die Frage, wie sich diese Kompetenzen dann im Vorstellungsgespräch vermitteln und woran wir sie zu erkennen meinen. In hoch strukturierten Interviews schreiben wir ja oft explizit fest, wie eine bestimmte Form z. B. von Teamfähigkeit auszusehen hat. In unstrukturierten Interviews tun wir dies implizit auf der Basis unserer eigenen persönlichen und kulturellen Prägungen auch. Teamfähigkeit heißt für uns dann z. B., dass wir regelmäßig und präzise informieren, dass wir auf eine gute und klare Absprache achten, dass wir andere unterstützen, wenn wir um Hilfe gebeten werden und dass wir andere im Rahmen ihrer Aufgaben in Ruhe arbeiten lassen. Teamfähigkeit kann aber ja auch heißen, gerade in anderen Kulturräumen, dass wir uns über persönliche Themen austauschen, dass wir uns nicht offen gegenseitig kritisieren, dass wir uns um den anderen kümmern, wenn er krank ist oder wenn die Schwester sich um ein Stipendium bemüht. Auch diese Form von Teamfähigkeit kann ja nützlich sein für ein Team, für das Klima der Zusammenarbeit und für die Erfüllung unserer Aufgaben. Sobald wir nur unsere Definition von Teamfähigkeit als Maßstab heranziehen, werden wir andere Formen von Teamfähigkeit eventuell gar nicht mehr wahrnehmen oder wir werten sie sogar als unpassend ab. Indem wir uns in der User Story auf das funktionale Ziel beschränken (»kommt im und mit dem Team zu guten Arbeitsergebnissen«, »harmoniert«), öffnen wir uns für unterschiedliche Präferenzen und Varianten, wie wir dorthin kommen können.

Die User Story wirkt in diesem Sinne einerseits hochgradig strukturierend auf das Vorstellungsgespräch ein. Sie fokussiert ausschließlich auf den funktionalen Erfolg. Gleichzeitig ermöglicht sie aber maximale Offenheit und Flexibilität im Interview, denn wir geben nicht mehr in dem engen Korridor unserer eigenen persönlichen und kulturellen Vorlieben vor, wie die Bewerber sich konkret zu verhalten haben. Verdeutlichen wir dies noch einmal am obigen Beispiel der User Story zur Personalleitung.

Hier hieß es: »Für die anderen Bereichsleitungen ist die P. ein wichtiger und respektierter Sparringspartner, um bereichsspezifische Bedarfe in allen Aspekten der Personalarbeit frühzeitig zu erkennen und geeignete Maßnahmen zu entwickeln.«

Dieser Aspekt der User Story beinhaltet natürlich, dass die Personalleitung ihre Führungskräfte auch fordern und den einen oder anderen Konflikt durchstehen muss. Ob sie dies aber auf einer klaren, sachlichen, direkten und eher fachlich-konfrontativen Weise tut oder indem sie eine positive, begeisternde und unterstützende Beziehung zu den Bereichsleitungen aufbaut, ist in keiner Weise vorgegeben. Letztlich ist es ja gleichgültig, ob die Führungskräfte die Personalleitung respektieren, weil sie Konflikte direkt anspricht oder weil sie ihr einfach menschlich vertrauen. Beides kann ja funktionieren. Wenn wir also eine bestimmte Art von Konfliktfähigkeit als Auswahlkriterium für die

Personalleitung vorgeben, dann entgehen uns Kandidaten, die ihre Konflikte anders lösen oder vielleicht sogar ohne Konflikte die gleichen Ziele erreichen.

Sicherlich wird sich am Ende trotzdem die Frage der persönlichen Sympathie in die Bewertung unserer Kandidaten einschleichen. Wie wir damit in der agilen Personalauswahl umgehen, wird in Kapitel 3.4 dieses Buches zur Frage des Bauchgefühls noch diskutiert werden. Aber dadurch, dass wir die Brille, durch die wir auf die Bewerber schauen, von vornherein öffnen und viele Wege zum Ziel zulassen, sinkt die Gefahr, dass wir Kandidaten nur deshalb ablehnen, weil sie andere Lösungswege wählen als wir.

Heißt das also, dass wir eine bestimmte Passung zum Team oder auch zur Unternehmenskultur in der agilen Personalauswahl gar nicht mehr in das Anforderungsprofil aufnehmen? Wie berücksichtigen wir dann die Tatsache, dass ein schnell wachsendes E-Commerce Start-up in Berlin einen anderen »Typ« Mitarbeiter sucht als vielleicht ein Industriekonzern aus dem Ruhrgebiet oder ein Wohlfahrtsverband? Die Frage hat drei Dimensionen, die sich auch durch das Konzept der User Story auflösen lassen.

Die eine Dimension ist die der kulturellen Ähnlichkeit. Wenn z.B. ein Controller, wie in der oben skizzierten User Story formuliert, erklären können muss, »welche Daten die Kollegen über welche Arbeitsschritte erfassen sollen und wofür diese Daten hilfreich sind,« dann muss er oder sie das auf eine Weise tun können, die von den Adressaten verstanden und akzeptiert wird. Ob dies aber nur funktionieren kann, wenn er auch genauso tickt und spricht und aussieht wie die Kollegen, mit denen er zusammenarbeitet, das muss jedes Unternehmen für sich selbst entscheiden. Sicher ist das Maß an Vielfalt, das man einem Team und einer Organisation zumuten kann, in der Regel größer, als es zunächst den Anschein hat.

Die zweite Dimension ist die der unternehmerischen Freiheit, Flexibilität und auch Geschwindigkeit – Aspekte, die oft in kleinen und jungen Unternehmen ausgeprägter sind als in großen und etablierten. Dies lässt sich in der User Story abbilden, indem man z.B. im Start-up formuliert: »Als Vertriebsleitung werde ich vom Controller proaktiv unterstützt, indem er/sie unternehmerisch mitdenkt, eigenständige und zeitnahe Analysen durchführt und sich aus eigenem Antrieb mit den Kollegen zu diesen Fragen austauscht.« Im Konzern kann dies entsprechend lauten: »Als Vertriebsleitung werde ich vom Controller unterstützt, indem er/sie die geforderten Auswertungen zuverlässig und detailsicher durchführt und sich dazu im Rahmen der etablierten Prozesse regelmäßig mit den Kollegen austauscht.«

Die dritte Dimension ist die der Werte eines Unternehmens. Gehen wir einmal davon aus, dass bestimmte menschliche Grundwerte wie Respekt, Fairness, gegenseitige Unterstützung oder persönliche Entfaltung zumindest in der Außendarstellung von allen Organisationen geteilt werden, dann bleiben trotzdem Unterschiede in den Unternehmenswerten, die durch den spezifischen Daseinszweck der Unternehmung vorgegeben werden. Eine Non-Profit-Organisation in der Entwicklungszusammenarbeit hat in der Regel altruistisch eingestelltere Mitarbeiter als ein Fleischhersteller und ein Modelabel legt mehr Wert auf Ästhetik und Kreativität als ein Maschinenbauunternehmen. Hierfür gilt aber das Gleiche wie für die Dimension 1 zur kulturellen Passung: Solange eine bestimmte Werthaltung nicht in der Funktionalität einer Aufgabe und damit in der User Story verankert ist (beispielsweise in der überzeugenden Außendarstellung gegenüber Kunden), stellt sich die Frage nach dem Maß an Vielfalt, das eine Organisation verkraften kann und möchte.

Muss auch eine Controllerin im Modelabel wirklich modisch gekleidet sein, um einen guten Job zu machen? Muss auch ein Systemadministrator in der NGO ein weltverbesserndes eigenes Anliegen haben? Und falls ja, welche Vorgaben in Bezug auf »Weltverbesserung« wollen wir machen, was lassen wir dafür gelten und was nicht? Die User Story hilft uns dabei im Vorfeld, um klarer zu unterscheiden zwischen dem, was eine Aufgabe und ein Unternehmenszweck wirklich erfordern, und dem, was wir nur darum gerne hätten, weil es uns ähnlich ist.

3.2 Wie suchen wir? Praktische Tipps, um das Gespräch so zu führen, dass man authentische Antworten bekommt

In der agilen Personalauswahl glauben wir nicht mehr daran, dass wir schon im Vorfeld genau wissen können, wonach wir suchen. Entsprechend haben wir auch keinen eindeutigen Wissensvorsprung mehr vor den Bewerbern. Es reicht also nicht mehr, bloß abzuprüfen, zu wie viel Prozent sie unseren eigenen Maßstäben bereits entsprechen. Wir lassen uns stattdessen auf das ein, was die Kandidaten uns anbieten und versuchen dann im Anschluss, möglichst ergebnisoffen zu bewerten, für wie vielversprechend wir diese Angebote halten. Somit geht es weniger um das Abprüfen bestimmter Eigenschaften, Kompetenzen oder Fertigkeiten, weniger um die Kontrolle und das Messen von im Vorfeld definierten Leistungsparametern, sondern vielmehr um das bestmögliche Erkennen von Potenzialen in einem vertrauensvollen und gleichberechtigten Gespräch. Je transparenter, wertschätzender, offener und ressourcenorientierter wir mit den Bewerbern ins Gespräch kommen, desto umfassender werden wir erkennen können, inwieweit und mit welchen Ansätzen sie die Aufgaben auf der Zielposition werden bewältigen können.

Also versuchen wir nicht, durch ein ausgefeiltes und durchstrukturiertes Verfahren die Kandidaten dazu zu bringen, etwas von sich preiszugeben, was sie eigentlich nicht zeigen wollen. Stattdessen gestalten wir das Interview so, dass sich die Bewerber gar nicht verstellen **wollen**. Denn wir wissen ja im Vorfeld noch gar nicht abschließend, was sich letztlich als mehr oder weniger relevant und wertvoll für die Zielposition herausstellen wird. Darum versuchen wir, alle Ressourcen und Potenziale der Kandidaten zu erkennen, ohne vorschnell auszusortieren, was wir davon vielleicht brauchen können und was nicht. Da die Interviewten dadurch das Gefühl bekommen, dass wir alles, was sie uns zeigen, wichtig und relevant finden, werden sie uns authentischer und offener antworten, als sie es vielleicht geplant hatten. Je eher sie dagegen spüren, dass es eine richtige und mehrere falsche Antworten gibt, desto stärker werden sie versuchen, entweder die **richtige** Antwort zu erraten, oder dieser Bedrohung auszuweichen, indem sie sich möglichst wenig festlegen.

Wie gelingt es uns also konkret, ein Gespräch so auf Augenhöhe zu führen, dass sich unsere Kandidaten möglichst authentisch, offen und unverstellt zeigen? Hierzu gehören eine vertrauensvolle Gesprächsatmosphäre, Transparenz in den Fragen, Komplimente und wertschätzendes Feedback sowie zweite Chancen im Gesprächsverlauf.

Viele Interviewende führen in der Praxis ihre Vorstellungsgespräche bereits heute in dieser Form, weil es für sie einfach intuitiv der bessere, weil der menschlichere Weg ist. Er ist aber nicht nur angenehmer und attraktiver für beide Seiten, er bringt auch die diagnostisch relevanteren Ergebnisse zutage.

3.2.1 Investitionen in eine vertrauensvolle Gesprächsatmosphäre

Fangen wir ganz einfach an. Wie kreieren wir eine vertrauensvolle Gesprächsatmosphäre im Vorstellungsgespräch? Manches davon mag Ihnen trivial und selbstverständlich erscheinen, aber glauben Sie mir, das ist es keineswegs. Der Alltag bei vielen deutschen Vorstellungsgesprächen sieht anders aus.

Achten Sie auf ein ansprechendes Äußeres. Wie ist die Atmosphäre im Raum, wie ist das Licht? Sitzt man bequem, gibt es Bilder, Blumen? Was bieten Sie zu trinken an? Gibt es Kekse? Ich habe noch fast niemals einen Bewerber im Vorstellungsgespräch einen Keks essen sehen; aber dass es Kekse gibt, trägt zu einer vertrauensvollen Atmosphäre bei.

Kommen Sie pünktlich. Beginnen Sie mit ein bisschen Small Talk, erkundigen Sie sich nach der Anreise, suchen Sie nach Gemeinsamkeiten. Waren Sie schon einmal in der Heimatstadt der Kandidatin oder kennen Sie wenigstens die dortige Fußballmannschaft? Small Talk ist gerade bei Bewerbern aus beziehungsorientierteren Kulturen essenziell, um sich wohl und willkommen zu fühlen. Aber auch deutschen Kandidaten helfen ein paar einleitende unverbindliche Fragen, um zu entspannen und in das Gespräch zu finden. Nicht zuletzt möchten Sie ja herausfinden, was für ein Mensch Ihnen gegenübersitzt. Entsprechend müssen auch Sie sich als Mensch zeigen und das Muster vorgeben. Sie gehen sozusagen mit gutem Beispiel voran.

Stellen Sie sich selber vor und erläutern Sie den ungefähren Gesprächsverlauf. Weisen Sie darauf hin, dass im zweiten Teil des Gesprächs auch die Kandidatin ihre Fragen wird stellen können, sodass beide Parteien sich ein fundiertes Bild voneinander machen können. Auf diese Weise unterstreichen Sie den gleichberechtigten Charakter des Gesprächs: Nicht nur die Kandidaten bewerben sich bei Ihnen, auch Sie bewerben sich mit Ihrem Unternehmen bei den Kandidaten. Nicht nur Sie wollen wissen, wer Ihnen gegenübersitzt, auch die Bewerber haben ein Recht darauf.

Seien Sie freundlich, lächeln Sie. Machen Sie auch mal eine scherzhafte Bemerkung, auch auf das Risiko hin, dass die Bewerber ihren Humor nicht teilen. Sie werden spüren, dass Sie um eine Auflockerung der Atmosphäre bemüht sind und dankbar dafür sein. Geben Sie positive Energie in das Gespräch hinein und sie werden positive Energie und Offenheit herausbekommen. Je wohler und vertrauter sich die Bewerber fühlen, desto eher werden Sie auch schwierige Fragen im Verlauf des Gesprächs nicht als Bedrohung, sondern als berechtigtes Interesse und als Chance zur Profilierung begreifen.

3.2.2 Transparenz in den Fragen/Fragen als Chancen vermitteln

Elementar für den Erfolg Ihres Vorstellungsgesprächs – übrigens nicht nur in der agilen Personalauswahl – ist es, dass die Kandidaten den Sinn und die Zielsetzung Ihrer Fragen richtig verstehen. Sie wollen ja nicht herausfinden, wie gut die Bewerber mehr oder weniger zufällig Ihre Intentionen erraten, sondern Sie wollen gezielt die mit der Frage verbundenen Lösungswege kennenlernen. Dies kann nur gelingen, wenn die Kandidaten wissen, worauf Sie hinauswollen. Erklären Sie darum, was Sie wissen wollen, und warum Sie es wissen wollen. Damit steigern Sie den diagnostischen Gehalt der Antwort, und Sie reduzieren die Gefahr, dass Ihre Kandidaten nervös werden und nicht mehr ihre vollen Potenziale abrufen können.

Anstatt also z.B. nur zu fragen, ob es auf der früheren Position auch Konflikte gab, und wie die Bewerberin gegebenenfalls damit umgegangen ist, machen Sie den Hintergrund und die Motivation der Frage transparent: Auf der Zielposition gibt es z.B. einen strukturellen Interessenkonflikt zwischen Einkauf und Produktion. Oder es gibt in dem Team auf der Zielposition die Herausforderung, dass einige alteingesessene Kolleginnen und Kollegen mit viel Seniorität und Erfahrung oftmals die Vorschläge aus der sehr viel jüngeren Marketingabteilung aus Prinzip zunächst ablehnen, sodass die Kommunikation dort nicht immer optimal ist. Ob es denn auf einer der früheren Positionen des Bewerbers auch einmal einen solchen Konflikt gab? Und wie war der seinerzeit gelagert? Welche Rolle hat der Kandidat dabei gespielt, auf welcher Seite stand er oder sie? Ist es gelungen, die Kommunikationsfähigkeit zwischen den Beteiligten zu erhöhen, und wenn ja wie? Was hat er oder sie im Nachhinein daraus gelernt? Was würde er denn vorschlagen, wie man auf der Zielposition vorgehen müsste, um die Arbeitsfähigkeit im Team möglichst hoch zu gestalten?

Mit einer solchen Vorgehensweise erreichen Sie zum einen, dass Ihre Frage eindeutig beantwortet werden kann; die Gefahr von Missverständnissen wird reduziert. Zum anderen machen Sie es den Bewerbern leichter, auch über schwierige Situationen in früheren Positionen ehrlich zu sprechen, weil Sie zugeben, dass so etwas in Ihrem eigenen Unternehmen auch vorkommt. Sie verlangen also nicht, dass die Kandidaten etwas potenziell Negatives zugeben, sondern Sie laden sie ein, auch über die schwierigen Seiten ihrer früheren Arbeit zu sprechen, weil diese normal sind und überall vorkommen. Die Frage wird dadurch von einer Gefahr, etwas potenziell Falsches oder schlecht Bewertetes preiszugeben, zu einer Chance, auch knifflige Herausforderungen zu meistern und sich selbst dabei zu beweisen.

Ähnlich können Sie vorgehen, wenn Sie die Wechselmotivation der Kandidaten hinterfragen. Oft ist es nicht leicht für die Bewerber, über die Motive zu sprechen, warum sie gerne ihr aktuelles Unternehmen verlassen wollen. Sie befinden sich dadurch in einem Loyalitätskonflikt, denn sie wollen einerseits ihr aktuelles Unternehmen nicht bloßstellen und anderen gegenüber schlecht machen. Andererseits sollen sie aber eine schlüssige und ehrliche Antwort geben. Sie können es hier Ihren Kandidaten wesentlich leichter machen, indem Sie diesen inneren Konflikt ansprechen und Ihre eigene Motivation bei der Frage erhellen: »Ich will jetzt gar nicht, dass Sie schlecht über ihren jetzigen Arbeitgeber reden, und wie es genau in dem dortigen Unternehmen aussieht, ist gar nicht wichtig für mich. Es geht mir aber darum, Sie kennenzulernen, zu erfahren, was Ihnen wichtig ist und welche Ihrer Ziele und Erwartungen oder auch Ihrer Werte dort nicht so erfüllt wurden, wie Sie sich das im Vorhinein erwartet hatten. Ich muss ja auch für unser Unternehmen schauen, ob wir diesbezüglich besser zu Ihnen passen als Ihr jetziges. Vielleicht können Sie mir darum also doch einmal in groben Linien skizzieren, ohne in Details zu gehen, was Sie sich bei Ihrem jetzigen Arbeitgeber erhofft hatten und welche Ihrer Wünsche oder Ziele nicht so erfüllt wurden?«

Wenn Sie so vorgehen, können Sie daran anknüpfend auch noch mehr darüber herausfinden, wie die Kandidatin mit solchen persönlichen Herausforderungen umgeht. Hat sie angesprochen, dass sie nicht zufrieden ist? Wem gegenüber und in welcher Form? Hätte sie im Vorhinein schon herausfinden können, dass das jetzige Unternehmen nicht das Richtige ist? Wenn sie nochmals vor der Wahl stünde, zum jetzigen Unternehmen zu wechseln, würde sie es wieder tun? Warum oder warum nicht?

3.2.3   Komplimente und wertschätzendes Feedback

In der klassischen Eignungsdiagnostik wird von ermutigenden Rückmeldungen an die Bewerber während eines Vorstellungsgesprächs eher abgeraten, weil sie die Kandidaten zu einer sozial erwünschten Antwort motivieren könnten. Je neutraler wir als Interviewende demnach eine Antwort aufnehmen – so die Theorie –, ohne uns anmerken zu lassen, ob die Antwort in die gewünschte Richtung geht, desto geringer sei die Gefahr der sozialen Verfälschung und desto höher entsprechend der Wahrheitskern der Antwort.

In der Praxis sieht das jedoch anders aus. Wenn wir auf etwas, was wir sagen, keinerlei Rückmeldung bekommen, wirkt dies verunsichernd. Ein gutes Gespräch verläuft im richtigen Leben mit gegenseitiger Rückbestätigung. Wir brauchen als Menschen eine Würdigung dessen, was wir tun und sagen, sonst wissen wir nicht mehr, woran wir sind und werden nervös. Diese Würdigung muss gar nicht beinhalten, ob wir einverstanden sind mit dem Gesagten oder ob wir gar die gleiche Meinung haben. Eine Wertschätzung im übertragenen Sinne von »Ich habe Ihre Antwort mit Interesse gehört und bedanke mich dafür« reicht völlig aus. Das kann manchmal auch nur ein Nicken oder »mmmh« sein oder ein kurzes »Danke für diese Ideen« oder auch eine kleine Anerkennung wie »Danke, man sieht, dass Ihnen das Thema nicht neu ist«.

Hinzu kommt, dass wir in der agilen Personalauswahl ja tatsächlich offen und dankbar sind für jede Antwort, da es ja »richtige« und »schlechte« Antworten im früheren Sinne gar nicht mehr gibt. Wir versuchen, alle Antworten ergebnisoffen zu würdigen und entgegenzunehmen und uns ihre Logik erklären zu lassen. Ob sie für den Kontext und für die User Story unserer Zielposition dann nach unserer Einschätzung etwas taugen, bewerten wir ja so weit wie möglich erst am Ende in der Zusammenschau.

Entsprechend muss und darf es unser Ziel sein, alles zu tun, damit die Bewerber sich wohl und willkommen fühlen, damit sie sich öffnen und uns ihr gesamtes Reservoir an Fähigkeiten und Verhaltensweisen zeigen. Wir können uns dafür nach jeder Antwort bedanken für das Gesagte und für die darin gezeigten interessanten Lösungsansätze. Wir können auch unser Erstaunen zum Ausdruck bringen und interessierte, neugierige Nachfragen stellen. Wir können Komplimente machen und Nachfragen stellen für eine besondere Leistung, für eine prestigeträchtige Auszeichnung oder für ein erfolgreiches Ergebnis. Selbst wenn einmal etwas nicht geklappt hat, können wir die gute Absicht oder den Mut hinter einer Entscheidung würdigen und wir können das Positive im Ergebnis – z.B. eine bestimmte Lernerfahrung – hervorheben. Wir können sogar grundlose Komplimente machen, z.B. zu einer Tasche oder zu einem besonders gelungenen CV-Design. In anderen Kulturkreisen gehören gegenseitige Komplimente ohnehin viel mehr zu einem wertschätzenden sozialen Miteinander als in Deutschland. Solange wir das Gefühl haben, dass eine positive Rückmeldung dazu beiträgt, dass die Bewerber sich sicher und wertgeschätzt fühlen, können und sollten wir sie geben.

Das heißt nicht, dass wir auf kritische Nachfragen verzichten müssen, im Gegenteil. Wenn wir bei einer bestimmten Antwort Gefahren oder Defizite sehen, dann ist es eine zweite Chance und Gelegenheit für die Kandidaten, wenn wir sie darauf hinweisen und nach ihrer Meinung dazu fragen: »Wenn ich mir Ihren Lösungsweg ansehe, den ich durchaus interessant finde, dann hätte ich die Befürchtung, dass es vonseiten der Kollegen in der Logistikabteilung Widerstand geben könnte, weil sie nicht gefragt wurden. Wie sehen Sie das? Haben Sie mit Absicht nicht gefragt oder war das für Sie so selbstverständlich, dass Sie es gar nicht erst erwähnt haben?« Natürlich ist es wahrscheinlich, dass einige Kandidaten – aber sicher nicht alle – dann uns zuliebe sagen werden, dass sie die Kollegen in der Logistikabteilung natürlich auch gefragt hätten. Hier müssen wir dann nachfragen: »Zu welchem Zeitpunkt hätten Sie sie gefragt, mit welchen Informationen? Hätten Sie alles gesagt oder manches weggelassen? Warum? Und vermutlich hätten die Kollegen ja »nein« gesagt, wie wären Sie dann damit umgegangen? Wie hätten Sie die Kollegen dazu bringen können, dass sie mitziehen? Und so weiter ...

Es geht nicht darum, allen Bewerbern das Gefühl zu vermitteln, sie seien die besten aller Kandidaten, auch wenn wir schnell das Gegenteil erkennen. Das wäre von unserer Seite nicht mehr authentisch und glaubhaft. Und es geht auch nicht darum, komplett weich gespülte Gespräche zu führen, in denen wir unsere Kandidaten nicht fordern und keine relevanten Lösungsansätze und Fertigkeiten von ihnen erwarten. Das können wir uns nicht leisten und es wäre zudem nicht authentisch und glaubhaft. Was zählt, ist die menschliche Wertschätzung und Ermutigung im Gespräch, dass wir ein ehrliches Interesse an ihnen haben und ihre bestmöglichen Verhaltensweisen sehen wollen. Nur wenn wir das Signal senden, dass wir uns auf Augenhöhe mit unseren Bewerbern sehen, um zu verstehen, was sie mit ihrer spezifischen Biografie, mit all ihren Erfahrungen und Kompetenzen, mit ihren individuellen Perspektiven und Ansätzen zum Erfolg unseres Unternehmens beitragen können, erst dann werden sie uns auch alles zeigen, was sie zu bieten haben.

3.2.4 Zweite Chancen

Als letzten Aspekt zur Gestaltung der Gesprächsatmosphäre in der agilen Personalauswahl wurden in Kapitel 2.2 bereits sechs Varianten vorgestellt, wie wir den Bewerbern »zweite Chancen« im Gespräch geben können:

- Wir erklären nach der Antwort den Hintergrund unserer Frage besser und stellen sie mit anderen Worten noch einmal.
- Wir spiegeln den Bewerbern, wie die Antwort bei uns ankam (»Ich habe ihre Antwort jetzt so verstanden, dass…; wollten Sie das so sagen?«) und überprüfen damit, ob die Kandidatin oder der Kandidat das auch so gemeint hat.
- Wir geben den Kandidaten ein Feedback darüber, wie wir die Antwort in unserer Logik bewerten würden (»Bei uns im Unternehmen würde man ein solches Verhalten so und so bewerten, wäre das bei Ihnen nicht so?«) und geben ihnen damit die Gelegenheit, die eigene Logik zu erklären und einen vorschnellen Fremdeindruck zu korrigieren.
- Wir zeigen die Schwachstellen einer Antwort auf (»In diesem Fall bestände aber das Risiko, dass – fällt Ihnen noch ein anderer Lösungsweg ein?«) oder geben ihnen ergänzendes Wissen an die Hand und bitten die Kandidaten dann, eine noch bessere Antwort zu finden.
- In Übungen, Rollenspielen oder Arbeitsproben bitten wir die Kandidaten, ihre eigene Leistung selbstkritisch zu reflektieren und Vorschläge dahin gehend zu machen, was sie das nächste Mal noch verbessern könnten.
- Auf der Basis der eigenen Selbstreflexion, gegebenenfalls ergänzt durch Verbesserungsvorschläge seitens der Interviewenden, bitten wir die Kandidaten, die Übung, das Rollenspiel oder die Arbeitsprobe erneut zu absolvieren, um dann eine eventuelle Verbesserung zu beobachten.

Mit dieser Methode verfälschen oder beschönigen wir nichts. Aber wir machen sichtbarer, welche Vielfalt an Ressourcen und Potenzialen in unseren Bewerbern steckt, als wenn wir erwarten, dass gleich die erste Antwort sitzt.

Es geht uns ja nicht darum, herauszufinden, welche Kandidaten auf unsere Fragetechnik am besten vorbereitet sind, oder wer schlicht am ehesten so tickt wie wir. Wir möchten die Bewerber in ihrer optimalen Leistungsfähigkeit beobachten und vergleichen und dafür müssen wir ihnen optimale Gelegenheiten bieten.

Nicht zuletzt haben wir ja auch im richtigen Leben meistens mehr als nur eine Chance und vor allem haben wir immer die Möglichkeit, uns zu entwickeln und zu lernen. Und in der agilen Personalauswahl, in einem Umfeld von Komplexität, Vielfalt und Veränderung, kommt es uns auf diese Lern- und Entwicklungsfähigkeit besonders an.

3.3   Wie fragen wir? Beispielhafte Interviewleitfäden für eine wirkungsvolle Fragetechnik

Wie in Kapitel 2.3 entwickelt, geht es bei der der Befragung der Bewerberinnen und Bewerber in der agilen Personalauswahl um einen möglichst einfachen, iterativen, transparenten, vertrauensvollen und an der User Story ausgerichteten Austausch auf Augenhöhe. Solange wir klar vor Augen haben, was die Kandidaten auf der Zielposition für Aufgaben, Ziele und Herausforderungen haben werden, können wir sie ziemlich einfach und konkret dazu interviewen, wie sie diese Aufgaben bewältigen, diese Ziele erreichen und diese Herausforderungen meistern wollen und können. Wir können sie fragen, ob sie Ähnliches bereits erlebt haben, oder wie sie hypothetisch auf der Zielposition damit umgehen würden. Den Umweg über abstrakte biografische oder persönlichkeitsorientierte Fragen mit einer für die Bewerber schwer zu durchschauenden Zielsetzung benötigen wir gar nicht mehr.

Einen Interviewleitfaden brauchen wir in dem Sinne nur als Erinnerungshilfe, um alle wichtigen Bereiche der User Story abzudecken und um bestimmte »gute Fragen« nicht zu vergessen. Szenariobasierte Fragen oder Arbeitsproben können mit allen Kandidatinnen und Kandidaten genutzt werden, wodurch wir eine gewisse Vergleichbarkeit der Antworten zumindest in Ausschnitten des Vorstellungsgesprächs herstellen. Ein starres und hoch standardisiertes Festhalten am Interviewskript und der Verzicht auf individuelles und iteratives Nachfragen und Vertiefen der Themenfelder sind aber nicht das Ziel. Denn wir wollen ja zum einen der Unterschiedlichkeit der Bewerber auch durch unterschiedliche Fragen gerecht werden können. Zum anderen möchten wir auch das, was wir im Interview erst über die Kandidaten gelernt haben, noch im Gespräch selbst verarbeiten und in die Folgefragen integrieren können.

Im Folgenden finden Sie einen in diesem Sinne gestalteten exemplarischen Interviewleitfaden zu jeder der vier in Kapitel 3.1 dargestellten Zielpositionen mit ihren jeweils 4 bis 6 User Storys. Der Interviewleitfaden versteht sich selbstverständlich nur als **eine** mögliche Umsetzung der bisherigen Erkenntnisse dieses Buches und damit als Anregung und mögliche Ressource für Praktikerinnen und Praktiker der Personalauswahl. Er bedient sich aller drei möglichen diagnostischen Zugänge für die Beurteilung der Bewerber:

1. biografisch aus der Vergangenheit (wie haben Sie etwas Ähnliches in ihrer bisherigen Karriere gelöst?),
2. situativ aus der Zukunft (wie würden Sie so etwas bei uns lösen?)
3. konkret aus der Interaktion mit den Beobachtern im Hier und Jetzt (wie lösen Sie etwas im Rollenspiel oder im Antwortverhalten jetzt in diesem Moment mit mir als Interviewendem?).

Dabei liegt es in der Natur der biografischen Frage, dass sie erst in Kenntnis der konkreten individuellen Biografie der Bewerber sinnvoll entwickelt werden kann, darum kommt dieser Ansatz im nachfolgend skizzierten allgemeinen Interviewleitfaden etwas kurz. Und natürlich sind sowieso auch andere Fragen denkbar und potenziell ebenso wirksam.

Exemplarische Interviewfragen

ARBEITSHILFE ONLINE

Produktionscontroller

- Für mich als Werksleiter werden vom P. die relevanten Kennzahlen regelmäßig und verständlich aufbereitet, sodass ich Fehlentwicklungen oder Verbesserungsfelder im Produktionsprozess schnell und übersichtlich erkennen kann. Über welche Kennzahlen haben Sie in ihrer letzten Position berichtet? Wie waren Ihre Berichte strukturiert? Waren Sie damit zufrieden? Welche Kennzahlen sind aus ihrer Sicht am relevantesten, um die Effizienz ihres Produktionsprozesses abzubilden? Woher wissen Sie, ob Sie alle relevanten Kennzahlen erfasst haben? Wie würden Sie damit umgehen, wenn Sie merken, dass Ihre Werksleitung ihre Kennzahlenberichte gar nicht wirklich liest?
- Als Ingenieurin oder Facharbeiter werde ich vom P. in meiner Arbeit in der Produktion begleitet, indem er oder sie mir erklärt, welche Daten ich über welche Arbeitsschritte erfassen soll und wofür diese Daten hilfreich sind. Was tun Sie, wenn die Kollegen in der Produktion z.B. ihre Produktionszeiten nicht richtig ins ERP-System eingeben? Haben Sie das schon einmal erlebt? Stellen Sie sich vor, Sie entdecken in der Produktion mehrere kleine »Nebenlager«, die es laut SAP gar nicht geben sollte; wie gehen Sie damit um? Wie stellen Sie sicher, dass auch Aushilfen und Leiharbeiter ihre Arbeitsschritte ausreichend dokumentieren?
- Für mich als Finanzleiterin erstellt der P. alle relevanten Daten in zuverlässiger Art und Weise und wirkt daran mit, diese Kennzahlen und Berichte qualitativ und quantitativ weiterzuentwickeln.

Wie war ihre Rolle in ihrer letzten Position, welche Erwartungen wurden vom Stammhaus an Sie gerichtet, welche vom lokalen Management? Gab es da sich widersprechende Erwartungen? Falls ja, wie haben Sie diese gelöst? Welche Konsequenzen hatte es auf ihrer letzten Position, wenn Sie mal vor dem Abgabetermin der Berichte krank geworden sind? Angenommen, ein bestimmter Standardbericht an die Finanzleitung bindet über 20% ihrer Ressourcen, bringt aber aus ihrer Sicht relativ wenig; wie gehen Sie damit um? Wie gelingt es Ihnen, in Ihren Berichten nicht nur die Vergangenheit abzubilden, sondern auch für die Zukunft planen zu können? Wenn es Ihr ERP-System mit vertretbarem Aufwand hergeben würde, welche Kennzahl würden Sie gerne erheben?

- Für mich als Werksleiter oder Einkaufsleiterin bereitet der P. wichtige Investitionsentscheidungen vor, indem er Amortisationsberechnungen anstellt und Alternativszenarien berechnet.
  Haben Sie schon Investitionsentscheidungen vorbereitet und wie sind Sie da vorgegangen? Falls nein, wie würden Sie berechnen, ob wir eine Maschine für 500.000 Euro anschaffen sollen? Würden Sie ggf. eher kaufen oder leasen? Angenommen, wir würden mit dem Gedanken spielen, die Bewirtschaftung unseres Zentrallagers outzusourcen, welche Kalkulationen würden Sie anstellen?
- Für mich als Supply-Chain- und Logistikmanager agiert der P. als Sparringspartner, um Lagerbestände und Beschaffungsprozesse gemeinsam zu überwachen (»monitoring«) und zu optimieren.
  Wie würden Sie die Effizienz ihrer Beschaffungsprozesse überprüfen? Woran erkennen Sie, ob es noch Einsparpotenziale im Einkauf und in der Produktions-Supply-Chain gibt? Angenommen, ihr Produktionsleiter legt ein höheres Zielniveau in den Lagerbeständen für eine Vielzahl von Werkstücken fest als der Logistikmanager und es gibt einen internen Konflikt; wie sehen Sie gegebenenfalls Ihre eigene Rolle und Aufgabe dabei? Was würden Sie tun, wenn Sie selber Einsparpotenziale in der Supply Chain sehen, aber der Logistikleiter, ein erfahrener Manager der alten Schule, lehnt ihre Vorschläge ab, ohne sich wirklich damit zu beschäftigen?

Vertriebsmitarbeiterin im Außendienst

- Als Kunde werde ich von der V. regelmäßig über für mich relevante Änderungen im Produktprogramm informiert und ggf. auch proaktiv und motivierend dazu angeregt, meine Bedarfe und eventuelle Verbesserungspotenziale durch diese Produkte zu überprüfen.
  Worin sehen Sie denn die wichtigsten Vorteile und den entscheidenden Kundennutzen unserer Produkte (ggf. ein exemplarisches Produkt herausgreifen)? Denken Sie an ihre letzte Tätigkeit: Mit welchen Argumenten konnten Sie damals die meisten Kunden zum Kauf bewegen? Angenommen, Ihr Produkt ist nicht wirklich besser als das der Konkurrenz, wie gelingt es Ihnen trotzdem, zu Verkaufserfolgen zu kommen? Wer war in ihrer letzten Position ihr wichtigster Kunde? Wie oft hatten Sie mit ihm Kontakt und wie haben sich mit ihm die Umsatzzahlen entwickelt?
- Als Kunde habe ich das Gefühl, dass die V. auf mich eingeht und einen guten, angenehmen Kontakt zu mir hält, ohne lästig oder aufdringlich zu agieren.

Woher wissen Sie, was Ihr Kunde wirklich braucht oder brauchen könnte? Stellen Sie sich vor, Sie wollten mir einen neuen Staubsauger verkaufen, wie würden Sie vorgehen? Können wir das mal in einem kleinen Rollenspiel simulieren? Woher wissen Sie, wie viele Besuche im Jahr Ihr Kunde gut findet und wann es ihm zu viel wird? Woran merken Sie, dass es sich wirklich nicht lohnt, Ihren Kunden weiter zu bearbeiten? Stellen Sie sich mal unser Vorstellungsgespräch vor, das ist ja auch eine Art Verkaufsgespräch (in beide Richtungen); woran würden Sie erkennen, ob ich ernsthaft Interesse an Ihnen habe oder nicht?

- Als Vertriebsleitung werde ich von der V. zuverlässig unterstützt, indem die vereinbarten Kunden oder Kundengruppen kontaktiert und gegebenenfalls besucht werden und ich zuverlässig über die Ergebnisse informiert werde.
  Was denken Sie im Bezug auf unsere Produkte mit einem Volumen von im Schnitt vielleicht 20.000 Euro Umsatz pro Kunde pro Jahr. Wie viele Telefonate und Kundenbesuche pro Woche durch Sie sind realistisch? Welche CRM-Software haben Sie zuletzt genutzt? Was haben Sie zu einem Kundenbesuch oder -anruf vermerkt und wie lange hat das gedauert? Bei der Neukundenakquise: Wie viel Zeit haben Sie mit der Recherche vor einem ersten Telefonat im Schnitt verbracht? Was denken Sie: Wie genau sollte ich als Vertriebsleiter über ihre Termine, Pläne und Ergebnisse Bescheid wissen? Wie oft würden Sie mich idealerweise sehen und worüber würden Sie mir berichten?

- Für mich als Vertriebsleiter entwickelt die V. mit meiner Unterstützung Vertriebs- und Maßnahmenpläne, um nach Produkt- und Kundengruppen oder nach Regionen getrennt den größtmöglichen Umsatzerfolg mit der höchstmöglichen Marge und einer möglichst nachhaltigen Marktdurchdringung zu erzielen.
  Wie gewöhnt sind Sie es, Ihre Kunden zu klassifizieren nach A-, B- oder C-Kunden? Welche Kriterien haben Sie dafür bislang angelegt/würden Sie anlegen und mit welchen Konsequenzen? Wie oft im Jahr legen Sie Ihre Vertriebs- und Maßnahmenpläne fest und was steht drinnen? Angenommen, Sie sollen die Profitabilität des Unternehmens in Ihrem Vertriebsgebiet erhöhen, was würden Sie tun? Stellen Sie sich vor, Ihre Konkurrenz erhöht die Preise um 12 %, was heißt das für Sie?

- Mit mir, einer Mitarbeiterin des Vertriebsinnendienstes, stimmt sich die V. gut über Kundenanfragen und Angebotsprozesse ab und trägt das ihrige dazu bei, dass jedes Kundeninteresse optimal bearbeitet wird.
  Wie gestalten Sie idealerweise die Schnittstelle zum Vertriebsinnendienst? Ab welchem Punkt im Verkaufsprozess übergeben Sie ein Projekt an den Innendienst? Angenommen, ein Kunde ruft Sie auch nach der internen Übergabe eines Projektes immer wieder an, weil er denkt, dass Sie ihm am besten weiterhelfen können, womit er auch Recht hat. Beantworten Sie ihm seine Fragen und kümmern sich um sein Anliegen oder verweisen Sie ihn an den Innendienst? Stellen Sie sich vor, Ihre Kundenanfragen werden immer nachrangig bearbeitet, weil ihr Vertriebskollege einfach schon länger da ist und etwas beliebter ist, sodass Ihnen schon zwei größere Aufträge abhandengekommen sind; was würden Sie tun?

- Als andere Vertriebsmitarbeiter im Außendienst tauschen wir uns mit der V. regelmäßig über Entwicklungen am Markt, über eventuell gemeinsam betreute

Großkunden sowie über gut oder weniger gut funktionierende Maßnahmen, Techniken und Strategien aus, um bestmöglich voneinander zu lernen und uns bei Engpässen gegenseitig unterstützen zu können.

In unserem Unternehmen treffen sich alle sechs Kolleginnen und Kollegen des Vertriebsaußendienstes einmal im Monat, um sich zu aktuellen Kunden, Projekten und Maßnahmen auszutauschen. Was denken Sie, was sollte auf diesen Meetings passieren und wie lange sollten sie dauern? Hatten Sie schon einmal Streit mit einem Kollegen, weil dieser ihnen eine Kundenanfrage aus Ihrem Vertriebsgebiet geklaut hat, nur weil er zufällig im Büro war? Falls nein, was würden Sie tun, wenn das passiert? Alle Vertriebler im Unternehmen stehen ja auch ein bisschen in Konkurrenz zueinander; wenn Sie Vertriebsleiter wären, was würden Sie tun, damit trotzdem alle gut zusammenarbeiten? Und als Kollegin/Kollege, was können Sie tun für eine gute und kooperative Zusammenarbeit? Angenommen, ein eher fauler Kollege verschlampt drei Mal nacheinander eine bedeutende Kundenanfrage; ab wann würden Sie zum Vertriebsleiter gehen und »petzen«?

Personalleitung

- Für die Geschäftsleitung stellt die P. sicher, dass die Mitarbeiterinnen und Mitarbeiter im Unternehmen im Sinne der Unternehmensstrategie in optimaler Zahl, Qualität und Motivation zu angemessenen Kosten ihre Arbeit erledigen und dass eventuelle Fehlentwicklungen oder Defizite in dieser Hinsicht proaktiv kommuniziert und bearbeitet werden.

  Inwiefern war ihre Arbeit als P. in ihrer letzten Position mit der Unternehmensstrategie verzahnt? Wie stellen Sie sich das auf der Position bei uns vor? In Ihrer letzten Position haben Sie ja sicher erfolgreich gearbeitet; woher wissen Sie das, woran merken Sie, ob Sie als P. erfolgreich sind? Angenommen, Sie stellen einen großen Trainingsbedarf bei den Führungskräften fest, Ihre Geschäftsleitung will aber weder die Zeit noch das Budget für entsprechende Maßnahmen investieren. Was tun Sie? Was würden Sie in den ersten 100 Tagen im Amt bei uns tun? An welchen Kennzahlen würden Sie nach einem Jahr erkennen, dass Sie einen guten Job gemacht haben?

- Für die anderen Bereichsleiter ist die P. ein wichtiger und respektierter Sparringspartner, um bereichsspezifische Bedarfe in allen Aspekten der Personalarbeit (Planung, Verwaltung, Recruiting, Entwicklung, Führung, Vergütung, Controlling, Trennung) frühzeitig zu erkennen und gemeinsam wirksame Maßnahmen hierfür zu entwickeln.

  Wie sehen Sie Ihre Rolle gegenüber den anderen Bereichsleitern, was können und was sollten Sie gegenseitig voneinander erwarten? HR ist ja nicht immer so wahnsinnig hoch angesehen – wie gelingt es Ihnen, den Respekt und das »Buy in« zu Ihren Vorschlägen von den Fachbereichen zu gewinnen? Angenommen, Sie merken, dass die Qualität der Auswahlgespräche in den Fachabteilungen sehr bescheiden ist, was die Fachabteilung aber mit Verweis auf gute Verbleibsquoten anders sieht. Wie überzeugen Sie die Kollegen davon, in Interviewtrainings zu investieren?

- Für die Führungskräfte im Personalbereich ist die P. eine fachliche und menschliche Bereicherung, um in und mit ihren jeweiligen Teams bestmögliche

Arbeitsergebnisse zu erzielen. Zudem sorgt sie für ein vertrauensvolles und motivierendes Arbeitsklima im Bereich.

Wie gelingt es Ihnen, ein engagiertes, motiviertes und erfolgreich zusammenarbeitendes HR-Team zu formen? Angenommen, die amtierende Leiterin PE hätte sich auch auf die Stelle beworben, wurde aber für zu wenig durchsetzungsstark erachtet. Nun verhält sie sich sehr reserviert Ihnen gegenüber, fast schon ein bisschen feindselig. Was tun Sie? Angenommen, Sie hätten eine attraktive Weiterbildung zu vergeben: Würden Sie sie eher an einen sehr guten Mitarbeiter mit viel Potenzial vergeben, der aber ein bisschen schwankend ist in der Motivation, oder an einen sehr loyalen und zuverlässig hart arbeitenden Kollegen mit eher wenig Entwicklungspotenzial?

- Für die Arbeitnehmervertretung ist die P. ein verlässlicher Ansprechpartner, mit dem in einem fairen und transparenten Prozess kollektive und individuelle Fragestellungen ausgehandelt und Lösungen im Sinne der Beschäftigten und des ganzen Unternehmens gefunden werden.

  Angenommen es gäbe keine Betriebsräte in unserem Unternehmen, wie würde sich ihre Arbeit verändern? Wie gehen Sie damit um, wenn der Betriebsrat nur aus Gründen der eigenen Profilierung gegenüber der Belegschaft eine wichtige Maßnahme blockiert, an der für einen Fachbereich viel Geld hängt? Würden Sie versuchen, die Betriebsratswahlen zugunsten eines Ihnen angenehmen Kandidaten zu beeinflussen?

- Externen Partnern (Beratungen, Hochschulen, Verbände, Medien) tritt die P. professionell, fair und glaubwürdig im Sinne der Werte und Prinzipien des Unternehmens gegenüber.

  Mit welchem unserer Unternehmenswerte können Sie sich am meisten identifizieren, welcher sagt Ihnen am wenigsten? Angenommen, Sie arbeiten mit einer Unternehmensberatung zusammen, um unsere Führungskräfte auszubilden. Woran würden wir erkennen, dass Sie professionell und fair zusammenarbeiten? Wenn Sie einen Vortrag über unser Unternehmen vor dem Arbeitgeberverband halten würden, was wäre Ihnen dabei wichtig?

Systemadministrator

- Für die IT-Leitung ist der S. eine kompetente Fachperson, um die spezifische IT-Infrastruktur (Server, Software, Netzwerk, Anwendungen etc.) im Unternehmen zu installieren, zu betreiben, Nutzer zu beraten, Störungen zu beheben und die IT-Landschaft graduell weiterzuentwickeln.

  Bitte stellen Sie uns zunächst Ihre Fragen, damit wir entscheiden können, ob Sie sich mit unserer IT-Architektur überhaupt ausreichend auskennen, um hier anzufangen. Wo wären für Sie die Grenzen Ihrer Kompetenz, d. h., bei welcher Infrastruktur würden Sie gegebenenfalls abwinken und Ihrerseits absagen? Wenn Sie ganz weit voraus, also sagen wir in die nächsten 3 bis 5 Jahre schauen, welche IT-technischen Veränderungen werden wir in Angriff nehmen? Angenommen, Sie würden die Projektleitung für die Eröffnung eines neuen Standortes in Belgien bekommen, welche Aufgaben kämen in welcher Reihenfolge auf Sie zu?

- Als Anwender/Nutzer werde ich vom S. freundlich und hilfsbereit unterstützt, um möglichst zeitnah die erforderliche IT-Infrastruktur so bereitzustellen, dass ich meine Arbeit optimal erledigen kann.

  Systemadministratoren gelten ja oftmals als etwas mürrisch und schweigsam. Teilen Sie dieses Vorurteil? Würden Sie das für sich auch so sehen? Welchen Ruf hatten Sie in Ihrem früheren Unternehmen inne? Würden Sie auch eine Kollegin einstellen, die kommunikativ etwas karg agiert, aber fachlich einen sehr guten Job macht? Angenommen, Sie haben Kinokarten mit Ihrer Freundin/Ihrem Freund und müssen dringend los, da kommt um 19.00 Uhr ein Kollege, weil ein Drucker ausgefallen ist und er noch ein wichtiges Angebot rausschicken muss. Helfen Sie ihm noch?

- Mit mir als Kollege/Kollegin stimmt sich der S. gut ab, um die vorhandenen Ressourcen bestmöglich zu nutzen, Kommunikationsdefizite an Schnittstellen zu vermeiden und um die Nutzer optimal zu begleiten. Dabei unterstützen wir uns gegenseitig, indem wir »Best practice«-Lösungen teilen und uns gegenseitig bei Engpässen aushelfen.

  Wie war in Ihrem früheren Unternehmen die Zusammenarbeit im Team der Systemadministratoren organisiert? Wer war wofür zuständig und wie haben Sie die Kommunikation an den Schnittstellen sichergestellt? Was davon hätten Sie gerne verbessert? Angenommen, ein Kollege macht kurz vor Feierabend einen großen Fehler und muss darum noch drei Stunden nacharbeiten; Sie selber wollten eigentlich ins Fitnessstudio. Unter welchen Umständen würden Sie noch bleiben, um ihm zu helfen? Was würden Sie tun, wenn Sie neu in unser IT-Team kämen und viele Verbesserungsvorschläge hätten, aber die Kollegen blocken alles ab?

- Als IT-Leiterin wünsche ich mir vom S., dass er/sie aufgeschlossen auf Veränderungen und Verbesserungspotenziale zugeht und sein Fachwissen nach Möglichkeit auch selber proaktiv einbringt, um Optimierungschancen im System zu erkennen und zu nutzen.

  Wenn Sie auf das letzte Jahr zurückblicken, welche technischen Neuerungen haben Sie implementiert? Wenn Sie die Ressourcen zur Verfügung gehabt hätten, welche hätten Sie gerne implementiert? Als Systemadministrator müssen Sie den von Ihnen betreuten Mitarbeitern ständig Veränderungen zumuten; wie gehen Sie damit um, wenn sich mal jemand weigert, die Neuerungen anzunehmen? Haben Sie sich auch schon einmal geweigert, Neuerungen anzunehmen? Welche IT-Magazine oder welche Blogs lesen Sie, um auf dem neuesten Stand zu bleiben? Wie müsste ein Unternehmen aussehen, das für Sie IT-technisch vorbildhaft ist? Was zeichnet dieses Unternehmen aus?

- Für den anderen IT-Fachbereich (Entwicklung, Sicherheit, Web, Mobile o.ä.) agiert der S. als entgegenkommender Sparringspartner, um neue Softwarevarianten, Releases, Upgrades, Integrationen o.ä. mit möglichst geringem Aufwand und minimalen Reibungen planen und umsetzen zu können.

  Angenommen, die IT-Sicherheit möchte die Prozesse für die Anmeldung neuer Nutzer komplexer gestalten und die Fristen für die Erneuerung der Passwörter von 12 auf 3 Monate herabsetzen. Sie ahnen, dass sich damit ihre Arbeitszeit signifikant erhöhen wird. Was tun Sie? Wenn ein neues Upgrade für die Projectcontrollingsoftware eingespielt werden muss, was kommt dann auf Sie zu? Welche Rolle sehen Sie hierfür bei sich, welche beim eigentlich zuständigen ERP-Team?

Motivation

Nicht zuletzt erwarten wir von allen Bewerberinnen und Bewerbern, dass ihre Bewerbung durchdacht ist und Sinn ergibt und dass sie im Erfolgsfall lange im Unternehmen bleiben werden. Auch dies müssen wir durch geeignete Fragen überprüfen.

Sie arbeiten ja aktuell in einem spannenden Unternehmen/auf einer spannenden Position; warum wäre denn die Position bei uns für Sie eine sinnvolle Weiterentwicklung? Falls es Gründe gibt, warum Sie ihr aktuelles Unternehmen verlassen wollen: Ohne hier Interna von Ihnen hören zu wollen, sondern nur, um Ihre Motivation und Zielsetzung besser verstehen zu können, was erhoffen Sie sich bei uns, was besser ist als bei Ihrem aktuellen Arbeitgeber? Haben Sie versucht, die Umstände in Ihrem aktuellen Unternehmen positiv zu verändern, und was war gegebenenfalls das Ergebnis? Was genau reizt Sie an unserem Unternehmen und an der von uns ausgeschriebenen Position? Sie haben ja bislang relativ regelmäßig alle drei Jahre das Unternehmen gewechselt; was müssten wir denn tun, damit Sie bei uns länger bleiben? Verfolgen Sie eine längerfristige Karriereplanung und falls ja, wie sieht diese aus? Nur um einen Eindruck davon zu gewinnen, wie Sie Ihre Ziele verfolgen: Auf wie viele Stellen haben Sie sich denn beworben und waren das alles ähnliche Stellen? Oder welche Optionen verfolgen Sie zurzeit?

3.4 Wie entscheiden wir? Eine beispielhafte Vorgehensweise, um flexibel zu bewerten, ohne beliebig zu werden

Kommen wir zur abschließenden Aufgabe jeder Personalauswahl, der Bewertung der Kandidaten. Sie haben im Vorfeld ihre User Storys definiert, Sie haben eine vertrauensvolle und wertschätzende Gesprächsatmosphäre kreiert, gute und wirkungsvolle Fragen gestellt, und nun stehen sie vor der Frage, wie sie die Antworten beurteilen. Kommt die Bewerberin in die engere Auswahl für die Stelle oder ist sie nicht geeignet?

In der agilen Personalauswahl folgen wir hierfür, wie unten die Abbildung 5 zeigt, einem 5-stufigen Prozess, um vorschnelle Festlegungen aufgrund unserer eigenen üblichen Muster und Vorlieben zu vermeiden:

1. Beobachten,
2. Fühlen,
3. Zuschreiben,

4. Verstehen,
5. Zusammenfassend bewerten.

Zu 1. »Beobachten«: Zunächst versuchen wir, so wertneutral und offen wie möglich zu beschreiben, was wir bei den Kandidaten beobachtet haben.

Zu 2. »Fühlen«: Dann machen wir uns bewusst, wie es uns emotional damit ging und welches Bauchgefühl dazu durch welches Verhalten der Bewerber bei uns erzeugt wurde.

Zu 3. »Zuschreiben«: Dann benennen wir, welche spontanen und intuitiven Bewertungen und Zuschreibungen durch unsere Beobachtungen und durch unser Bauchgefühl in uns entstanden sind.

Zu 4. »Verstehen«: Im vierten Schritt wechseln wir die Perspektive und stellen – insbesondere bei vermeintlich schlechten Antworten – Hypothesen dazu auf, welche Logik die Kandidaten vermutlich mit ihrem Antwortverhalten verfolgt haben und welche anderen Interpretationen ihres Verhaltens auch denkbar sein könnten.

Zu 5. »Zusammenfassend bewerten«: Erst im fünften und letzten Schritt bringen wir alle vier Phasen zusammen und beurteilen in der Zusammenschau, mit welcher Wahrscheinlichkeit die Antworten und Problemlösungsansätze der Bewerber vermutlich dazu geeignet sein werden, die mit den User Storys auf der Zielposition verbundenen Herausforderungen zu meistern. In dem Sinne ist genau genommen Schritt 1, die Beobachtung der Kandidaten, die empirische Grundlage für einen dann folgenden mehrschichtigen 4-stufigen Bewertungsprozess.

Auf den folgenden Seiten werden alle fünf Phasen im Einzelnen beschrieben und konkretisiert. Im fünften Schritt wird dabei auch eine konkrete Vorgehensweise vorgestellt, wie Sie ihre Beobachtungen, ihr Bauchgefühl, ihre spontanen Bewertungen und ihre Reflexion zur Logik der Kandidaten in einer praktikablen Form und mit vertretbarem Aufwand festhalten und in ein reflektiertes Gesamturteil integrieren können.

Beobachten	• Was kann ich beobachten? Wie kann ich ohne Bewertung beschreiben, was ich wahrnehme?
Fühlen	• Welche Emotionen werden bei mir dadurch geweckt, welches Bauchgefühl entsteht?
Zuschreiben	• Welche Bewertung, welche Zuschreibung löst die Antwort in mir intuitiv aus? Wie ist mein spontaner Bewertungsimpuls?
Verstehen	• Perspektivenwechsel: Was wollte die andere Seite aus ihrer Sicht erreichen? Wie sieht die Logik der Kandidaten für ihre Antwort aus?
Zusammen-schau	• Zusammenfassende Beurteilung: Wie wahrscheinlich wird es mit den gezeigten Verhaltensweisen und Lösungsansätzen gelingen, die User Storys auf der Zielposition zu erfüllen?

Abb. 5: Ein 5-stufiger Prozess zur Bewertung der Kandidaten in der agilen Personalauswahl; Quelle: eigene Darstellung

3.4.1 Beobachten

Kernprozess der agilen Personalauswahl ist die Beobachtung. Da wir uns in einem Umfeld von Komplexität und Vielfalt nicht mehr nur auf uns vertraute und vorab definierte Bewertungsmuster verlassen möchten, kommt der Qualität unserer Beobachtung eine noch zentralere Aufgabe zu, als dies ohnehin in jeder Personalauswahl der Fall ist.

Wichtig ist es darum, sich so viele Notizen wie möglich während des Gesprächs zu machen und diese Notizen so konkret wie möglich auf beobachtbare Inhalte und Verhaltensweisen zu beschränken. Dabei ist es natürlich herausfordernd, gleichzeitig etwas aufzuschreiben und dabei den Kandidaten weiterhin die nötige Aufmerksamkeit in der Gesprächsführung entgegenzubringen. Dies ist zum einen eine Frage der Übung. Zum anderen ist es vor allem dann einfacher, wenn mehrere Interviewende gleichzeitig das Gespräch führen. Im Assessment-Center, wenn wir verschiedene Kandidaten gleichzeitig beobachten, empfiehlt es sich darüber hinaus, den Beobachtern einzelne »Schwerpunktkandidaten« zuzuordnen, auf die sie vor allem ihre Aufmerksamkeit richten.

In unseren Notizen ist es elementar, auf Bewertungen so weit wie möglich zu verzichten. Denn ob ein Verhalten gut oder schlecht, nützlich oder weniger zielführend in Bezug auf eine Zielposition ist, das können wir zu diesem Zeitpunkt ja noch gar nicht beurteilen. Unwillkürlich formen wir dazu natürlich Hypothesen und unser Gehirn macht uns kontinuierlich Bewertungsvorschläge auf der Basis unseres Erfahrungswissens. Wichtig ist es aber, diesen intuitiven Kategorisierungsimpulsen an dieser Stelle nicht zu folgen, sondern stattdessen erst recht wertneutral und offen einfach nur zu protokollieren, was wir verbal und non-verbal wahrnehmen.

Gut geeignet hierfür sind z.B. wörtliche Zitate. Je deskriptiver wir einfach nur notieren, was ein Bewerber wann genau gesagt hat, umso mehr Material haben wir später in der eigentlichen Bewertungsphase zur Verfügung, um unser Urteil bewusst herauszubilden und aus verschiedenen Perspektiven zu überprüfen.

In der Beschreibung von non-verbalem Verhalten können wir dafür z.B. objektive Maßstäbe nutzen (macht eine Pause von 2 Sekunden, lehnt sich fast 1 Meter nach vorne, dreht sich zur Seite, unterbricht X, lächelt Y an). Oder wir verwenden relationale Beschreibungen (spricht lauter als Z, bewegt sich sparsamer als ich es tun würde, gestikuliert mehr als in Deutschland üblich). Diese können wir dann später für unser Urteil heranziehen und mit den Bewertungen der anderen Beobachter vergleichen: »Auf mich hat das vergleichsweise laute Lachen verlegen gewirkt, ein bisschen überfordert vielleicht von der Situation.« »Wirklich? Ich fand das ganz entspannt, die war doch total souverän und selbstbewusst mit ihrem Lachen und hatte das Gespräch im Griff in diesem Moment.« »Ja, dafür spricht auch, dass ihre Antwort in dem Moment ziemlich differenziert war, als sie gesagt hat: ...« Je genauer die Beobachtungen sind, desto besser können sie später zu anderen Beobachtungen in Bezug gesetzt werden, desto gezielter lassen sie sich auf verschiedene Interpretationsmöglichkeiten hinterfragen und desto differenzierter wird entsprechend das Bild der Bewerber, das sich in Bezug auf die User Storys der Zielposition am Ende herauskristallisiert.

Schwierig sind in der Beobachtungsphase vermeintliche Beschreibungen, denen aber bereits eine unbewusste Bewertung innewohnt, wie z.B. »redet leise und zurückhaltend«, »wirft den Kopf selbstbewusst nach hinten«, »schnaubt arrogant«, »gestikuliert laut und aufdringlich«, »kommt X zu nahe«, »verschränkt abweisend die Arme vor dem Körper«. Auch wenn wir die Bewertung in diesen Beobachtungen natürlich leicht erkennen und gegebenenfalls später auch wieder revidieren können, führt uns diese Form der »bewertenden Wahrnehmung« doch dazu, dass sich diese ersten Urteile bei uns bereits neuronal verfestigen. Je mehr wir uns hingegen bewusst dazu anhalten, jede Beobachtung erst einmal wertfrei anzunehmen und nur zu beschreiben, ohne sie unmittelbar einer inneren Schublade zuzuordnen, desto besser wird es uns gelingen, tatsächlich offen und gleichermaßen wertschätzend auch für uns unvertraute Verhaltensweisen und Lösungsansätze zu bleiben.

Ganz verzichten sollten wir während der Beobachtung auf rein bewertende Notizen, die sich anschließend keiner Diskussion aus verschiedenen Blickwinkeln mehr zugänglich machen lassen. Vermeiden Sie deshalb Stichpunkte wie beispielsweise:

- Fasst das Gruppenergebnis hervorragend zusammen.
- Ist sich in der früheren Position zu schade, das Projekt selbst zu übernehmen.
- Wirkt abweisend und desinteressiert.
- Macht einen selbstgefälligen und besserwisserischen Eindruck.
- Stellt die Vorteile des Produktes überzeugend vor.
- Kann sich nicht gut verkaufen.
- Lässt sich von X die Butter vom Brot nehmen.
- Knickt ein, als B widerspricht.
- Setzt sich in der Gruppendiskussion durch.
- Passt in der Körpersprache nicht zu uns.
- Wirkt dynamisch und anpackend.

Solche Formulierungen erscheinen dem Betrachter zwar zunächst logisch und stimmig. Sie bestehen aber aus Interpretationen, die unter Umständen mehr über die Prägungen und Präferenzen des Beobachters aussagen, als dass sie die Sinnhaftigkeit der von den Kandidaten gezeigten Lösungsansätze auf der Zielposition belegen oder widerlegen könnten. Entscheidend für die Bewertung der Kandidaten ist im Anschluss aber, was **genau** hervorragend war an der Zusammenfassung, wodurch er **konkret** selbstgefällig wirkte, was **im Einzelnen** bei der Produktpräsentation überzeugend war, durch welches **spezifische** Verhalten er sich selbst scheinbar nicht gut verkaufen konnte, wie dieses »Sich-die-Butter-vom-Brot-nehmen« **im Detail** aussah usw.

Nur, wenn wir diese Einzelheiten der Beobachtung bei der zusammenfassenden Beurteilung am Ende noch wissen, können wir erstens die verschiedenen Eindrücke vergleichen und diskutieren und zweitens mit einer gewissen Substanz noch darüber sprechen, wie sich diese Verhaltensweisen dann vermutlich in Bezug auf die User Storys in der Zielposition auswirken würden. Sobald wir aber innerlich sofort in die Haltung der Bewertung springen und nur diese notieren, können wir uns zum einen im Nachhinein meist gar nicht mehr an die genauen Formulierungen und Beobachtungen erinnern. Zum anderen manövrieren wir uns damit im Gespräch selbst zunehmend in einen kognitiven Tunnelblick hinein, in dem sich unser positiver oder negativer Ersteindruck immer mehr verfestigt, sodass es gegenläufige Wahrnehmungen kaum noch in unser Bewusstsein schaffen.

3.4.2 Fühlen

Die klassische Personalauswahl der Version 2.0 suggeriert uns, wir könnten ohne oder gar gegen unser Bauchgefühl auf der Basis von »objektiv« bei den Kandidaten »gemessenen« Eigenschaften und Kompetenzen eine Auswahlentscheidung treffen (Kanning, 2015a und 2016).

Die Praxis will davon aber nichts wissen, sie misst dem Bauchgefühl allen wissenschaftlichen Empfehlungen zum Trotz eine entscheidende Bedeutung zu. In quantitativen Studien (z.B. Nachtwei et al., 2013) gestanden rund 75% der Befragten ihrer Intuition (was dem Bauchgefühl als vergleichbarem »irrationalem« Einflussfaktor ja sehr nahe kommt) in der Personalauswahl einen hohen oder sehr hohen Einfluss zu. In einer eigenen Befragung (Riedel, 2015) gaben 74% der Befragten an, dass sie bei einem Bewerber zwar die erforderlichen Kompetenzen beobachten müssen, aber dass zusätzlich auch ihr Bauchgefühl passen müsse. 19% vertrauen im Zweifel bereits dann ihrem Gefühl, wenn sie die erforderlichen Kompetenzen noch gar nicht beobachten konnten. Nur 6% würden gegen ihr Bauchgefühl eine Auswahlentscheidung treffen.

Qualitative Arbeiten wie die von Benjamin Apelojg (2002) oder Carolin Kleebaur (2007) beschreiben detailliert, wie sich in der Praxis »zwei gegensätzliche Positionen in der Personalauswahl [begegnen]: Einerseits die eignungsdiagnostisch geprägte Personalauswahl, die Emotionen keinen Raum lässt und suggeriert, Personalauswahl könne frei von Emotionen und objektiv vonstattengehen. Andererseits die lebensweltliche Perspektive der Personalauswählenden, in die Emotionen in unterschiedlicher Art und Weise als fester Bestandteil von Auswahlprozessen einfließen.« (Apelojg, 2002, S. 200).

Und tatsächlich beweisen uns die gar nicht mehr so aktuellen Befunde aus der Neurologie, dass die Praxis zunächst Recht hat in ihrer Beharrlichkeit. »Es gibt keine Fakten ohne Emotionen«, beschreibt der Hirnforscher Elger (2013, S. 87 ff.). Immer, wenn wir etwas erleben, speichern wir die damit verbundene Emotion (Zufriedenheit, Ärger, Freude, Angst usw.) zusammen mit der Erinnerung an das Erlebnis ab. Erleben wir dann etwas ähnlich Erscheinendes erneut, dann signalisiert uns unser in dieser Weise im Gehirn emotional markiertes Erfahrungswissen, ob wir diese Erfahrung eher suchen oder eher meiden sollen. Antonio Damasio (2012) entwickelte hierfür den Begriff der »somatischen Marker«. Diese markieren einen kognitiven Prozess mit einer bestimmten emotional aufgeladenen Bewertung und geben uns dadurch einen starken Denk- und Entscheidungsimpuls an die Hand:

»Die somatischen Marker funktionieren nach einem einfachen Prinzip. Die negativen somatischen Marker warnen vor möglichen negativen Konsequenzen einer Entscheidung. Die positiven somatischen Marker erzeugen ein Vorstellungsbild positiver Konsequenzen. Man kann sich das ganze wie Start- und Stop-Signale vorstellen, die der automatischen Bewertung von Vorhersagen dienen« (Damasio, 2012, S. 239).

Man darf sich dies natürlich nicht als einen bewusst ablaufenden Prozess vorstellen. Wir erleben uns selbst in Momenten wie einem Vorstellungsgespräch ja meist als komplett sachlich, logisch und rational. Unsere emotionale Reaktion findet eher unbewusst statt und wird für uns erst in der intuitiven Zusammenschau, im Anschluss an das Gespräch, als »Bauchgefühl« kognitiv greifbar.

Das Problematische daran ist, dass dieses Bauchgefühl letztlich nichts anderes ist als unser somatisch markiertes Erfahrungswissen aus der Vergangenheit. Damasio nennt dies eine Reaktivierung der emotional verknüpften Zonen: Der Körper erstellt das gespeicherte Gesamtbild mit der ganzen »körperlichen Landkarte« (Puls, Hautwiderstand, Blutdruck, Atmung, Schweiß ...) erneut und nutzt diese Erfahrungen für seine Entscheidungen. Wir stecken die Kandidaten emotional in die Schubladen, die unser Erfahrungswissen für uns bereithält, ohne kognitiv zu hinterfragen, ob diese Schubladen in dieser konkreten Situation heute überhaupt passen.

»Bei der emotionalen Bewertung eines Ereignisses kommt es gar nicht darauf an, dass uns diese Ereignisse aus der Vergangenheit, die bestimmte emotionale Spuren hinterlassen haben, bewusst werden. Wir haben in bestimmten Situationen oder bei bestimmten Personen einfach nur ein gutes oder ein schlechtes Gefühl« (Elger, 2013, S. 118).

Lächelt z.B. ein Kandidat kaum im Vorstellungsgespräch, erinnert uns dies eventuell an andere Situationen, in denen wir nicht angelächelt wurden, und es weckt die mit der damals gemachten Erfahrung verknüpften emotionalen

Signale. Wenn nun aber der Kandidat nur deshalb nicht lächelt, weil wir selber nicht lächeln oder weil er aus einem Kulturraum kommt, in dem man nicht so viel lächelt, oder weil er verunsichert ist, dann führt uns unser Bauchgefühl unmittelbar auf eine falsche Spur.

Darum haben einerseits die oben zitierten Interviewerinnen und Interviewer recht, wenn sie auf den Beitrag ihres Bauchgefühls zur Entscheidungsfindung in der Personalauswahl Wert legen. Wir haben zu jedem Kandidaten und zu jeder Bewerberin ein Gefühl, das unsere Bewertung beeinflusst, ob uns dies nun gefällt oder nicht. Schon beim Lesen des Lebenslaufs und beim ersten Händeschütteln haben wir ein »gutes Gefühl« oder eben nicht und dieses Gefühl wirkt maßgeblich auf den weiteren Verlauf des Auswahlgesprächs ein. Es wäre sinnlos, so zu tun, als könnten wir es ausschalten oder überwinden.

Das heißt andererseits aber nicht, dass wir uns deshalb nun einfach zurücklehnen und darauf verweisen könnten, dass unser Gefühl nun einmal so ist, wie es ist, und wir darum keine andere Auswahlentscheidung treffen könnten. Das wäre ein Rückfall in die beliebige und willkürliche Personalauswahl der Variante 1.0 und würde automatisch die Kandidaten bevorzugen, die uns attraktiv und sympathisch erscheinen, die uns ähnlich sind und die uns an frühere angenehme Erlebnisse erinnern.

Stattdessen müssen wir unser Bauchgefühl bewusster wahrnehmen und hinterfragen, wie es auf unsere Bewertung der Kandidaten einwirkt. Dafür müssen wir aber zunächst genauer in uns hineinhorchen: Was für ein Gefühl genau ist bei uns im Gespräch mit den Kandidaten entstanden? Waren es Anflüge von Ärger, Frustration, Missachtung, Inkongruenz, Langeweile, Hilflosigkeit oder Bedrängung oder im positiven Fall von Unterhaltung, Anerkennung, Freude, Interesse oder Ähnlichem? Wann genau ist dieses Gefühl entstanden und in welchem Moment des Interviews war es am stärksten? Welche Verhaltensweise genau hat das Gefühl bei uns ausgelöst? Erst wenn wir in der Weise achtsam, aber auch streng mit uns sind und unsere Wahrnehmungen konkretisieren und differenzieren, wird unser Bauchgefühl wirklich zu einer Ressource im Auswahlprozess.

Haben wir unser Gefühl in der Weise präzisiert, können wir es interpretieren und unsere Interpretation mit den Eindrücken der anderen Beobachter vergleichen. Inwiefern hat unsere eigene kulturelle und persönliche Prägung dazu beigetragen, dass das spezifische Verhalten bei uns dieses Gefühl ausgelöst hat? Auf welche früheren Erfahrungen und Erinnerungen, die wir z.B. mit anderen Kollegen, der Vorgängerin auf der Position oder bei einem vorherigen Arbeitgeber gemacht haben, weist uns unser Bauchgefühl hin? Haben die

Kandidaten bei uns bestimmte »Knöpfe gedrückt«, auf die wir immer positiv oder negativ ansprechen?

Auf diese Weise machen wir unser Bauchgefühl einer späteren Diskussion im Kreise der Beobachter zugänglich und wir verhindern, dass wir vermeintlich sachliche Argumente für eine Bewertung suchen, die eigentlich vor allem auf unserer emotionalen Reaktion beruht. Was schließen wir also aus unserem Bauchgefühl auf das, wie vielleicht auch die designierten Kollegen/innen oder Kunden am späteren Arbeitsplatz reagieren werden? Ist unser Gefühl wirklich auch für diese repräsentativ? Wurde unser Gefühl aufgrund bestimmter vorhandener oder fehlender Eigenschaften beim Kandidaten ausgelöst oder lag es mehr an unseren persönlichen Vorlieben oder an der besonderen Dynamik der Situation im Vorstellungsgespräch? Inwieweit ist unser Bauchgefühl für die Erfüllung der User Storys auf der Zielposition relevant?

Bevor wir zu einer Bewertung der Kandidaten kommen, sollten wir ehrlich mit uns im Hinblick darauf sein, was unsere Gefühlswelt betrifft. Wie haben wir uns mit der Kandidatin gefühlt, wie fühlen wir uns jetzt gerade während des Entscheidungsprozesses und warum ist das so? Wenn wir unser Bauchgefühl dann in dieser Form bewusst und reflektiert in die Beurteilung einbeziehen, dann ist es einer validen Auswahlentscheidung nicht mehr hinderlich, sondern es kann diese als reichhaltige und schnell verfügbare Informationsquelle unseres Erfahrungswissens sogar unterstützen.

3.4.3 Zuschreiben

Wenn wir in der beschriebenen Weise unsere Beobachtungen notiert haben und uns über unsere emotionale Reaktion klar geworden sind, beschreiben wir im dritten Schritt unsere intuitive Bewertung der Bewerber. Diese Phase wird hier bewusst »Zuschreibung« genannt, denn es handelt sich noch nicht um die eigentliche zusammenfassende Beurteilung der Kandidaten am Ende des Prozesses. Es geht hier »nur« um die Formulierung der spontanen Bilder und Eindrücke, welche die Kandidaten bei uns hinterlassen haben, also um die Eigenschaften und Kompetenzen, die wir ihnen auf der Grundlage unserer vertrauten Bewertungsmuster intuitiv zuschreiben.

Nun werden Sie vielleicht sagen, dass das doch genau das ist, was wir als Entscheider in der Personalauswahl tun: Wir bewerten das Verhalten anderer Menschen, wir verschaffen uns einen Eindruck und machen uns von ihnen ein Bild. Das stimmt auch bis zu einem gewissen Grad – und ein bisschen ist dies das Problem der bisherigen Auswahlmodelle der Versionen 1.0 und 2.0. Beide Modelle variieren zwar bei der Ausgestaltung des Prozesses, aber in der Bewertung legen sie beide nahe, uns ganz auf das zu verlassen, was nun in unseren Köpfen an Bildern und Bewertungen entstanden ist. Wir tun ein bisschen so, als wären wir eine Art Kamera, die objektiv festhalten könne, wie die Bewerber sind. Dabei sind wir als Kamera ja durchaus auch maßgeblich für das Bild verantwortlich, das am Ende entsteht, je nachdem, aus welcher Perspektive, mit welcher Blende und welchem Filter, welchem Zoom und welcher Beleuchtung wir das Foto machen. Wir müssen unser Bild in der agilen Personalauswahl also später noch ergänzen um eine Reflexion des Prozesses, wie dieses Bild mit welcher Art von Kamera eigentlich entstanden ist.

Unsere Bilder und Bewertungen der Kandidaten haben, das dürfen wir nicht vergessen, ja viel damit zu tun, welche Fragen wir stellen, wie wir diese Fragen stellen und welche persönlichen und kulturell sozialisierten Verhaltensmuster wir selber mitbringen. Viele amerikanische Kandidaten werden z.B. kulturell bedingt dazu neigen, die Dinge besser, chancenreicher und beeindruckender zu finden (auch sich selbst), als wir in Deutschland sie sehen. Sie sind darum aber weder angeberischer, noch lässiger, selbstbewusster, zuversichtlicher oder oberflächlicher als wir, sie haben nur eine andere Zukunfts- und Chancenorientierung und eine andere Art des Individualismus gelernt als wir. Wenn die Kommunikation mit ihnen nicht funktioniert oder wenn uns ihr Verhalten nicht gefällt, dann ist das zunächst einmal kein Defizit der Bewerber, sondern ein Ergebnis unserer Unterschiedlichkeit. Wenn wir unsere ersten Eindrücke darum nicht reflektieren, sondern blind dem folgen, was an Bildern in uns entsteht, dann werden wir unweigerlich immer diejenigen Kandidaten am besten finden, die uns intuitiv am ähnlichsten sind.

Der Psychologe Daniel Kahneman (2012) hat den Prozess unserer unmittelbaren Zuschreibungen – und die damit verbundene Gefahr von Fehlurteilen – sehr plastisch beschrieben (vgl. ausführlich dazu: Riedel, 2015):

Unsere Intuition – die Kahnemann »System 1« nennt – muss schnell arbeiten, in Sekundenbruchteilen muss sie Bewertungs- und Handlungsvorschläge für uns bereithalten. Das »System 1« sucht darum nicht nach Präzision oder Vollständigkeit, sondern nach Kohärenz und Stimmigkeit. Es bewertet nur das, was es wahrnimmt, nicht das, was fehlt (Kahneman nennt dies »WYSIATI« für »What you see is all there is«). Das heißt, wir machen uns von der ersten Wahrnehmung an assoziative Bilder und konstruieren stimmige, kohärente Urteile über die Wirklichkeit, selbst wenn die Datenlage dies eigentlich noch gar nicht zulässt. Im Zweifel folgen wir dabei dem Weg der sogenannten »kognitiven Leichtigkeit«, d.h., wir glauben das, was wir kennen und dem, was uns stimmig erscheint. Ist uns eine Frage zu kompliziert (z.B.: Wird die Kandidatin sich die nötigen Kompetenzen schnell genug aneignen können?), ersetzen wir sie unbewusst mit einer leichteren Frage (z.B.: Ist uns die Kandidatin sympathisch und würden wir gerne mit ihr zusammenarbeiten?)

Wir finden immer vor allem diejenigen Aspekte eines Themas relevant, auf die wir uns gerade fokussieren (die sogenannte »Fokussierungsillusion«). Das heißt, allein aus der Tatsache, dass wir uns gerade mit einem Thema oder einer Beobachtung oder einer Eigenschaft befassen, schlussfolgern wir, dass das, womit wir uns gerade beschäftigen, besonders wichtig ist. Und hierbei werden wir oft von völlig sachfremden Erwägungen geleitet. So sind die positiven Zulassungsentscheidungen an einer Universität höher, wenn die Sonne scheint. Wir bewerten eine Filmsequenz besser, wenn wir aufgefordert werden, dabei zu lächeln. Versuchsgruppen laufen langsamer als eine Referenzgruppe, wenn sie einen Artikel über das Leben im Alter gelesen haben. Richter verhängen höhere Haftstrafen, wenn sie vorher mit gezinkten Würfeln eine 8 gewürfelt haben anstatt eine 5. Dabei stellt unsere Erinnerung im Nachhinein durch den sogenannten »Rückschaufehler« gerne die Illusion her, wir hätten immer schon und nur aus rationalen Gründen heraus das vorhergesagt, was dann letztlich auch eingetroffen ist. »Die Verknüpfung von WYSIATI und assoziativer Kohärenz«, so Kahneman dazu, »lässt uns tendenziell die Geschichten glauben, die wir uns selbst ausdenken« (S.194).

Und warum erzähle ich Ihnen das jetzt alles? Weil wir unsere Zuschreibungen, unsere Stereotype und unsere inneren Bilder, die wir uns zu den Kandidaten unmittelbar und unausweichlich bilden, nicht überwinden können, indem wir sie ignorieren. Wir können unserer Subjektivität nicht ausweichen, indem wir uns in ein vermeintlich objektives Verfahren aus starren und komplizierten Vorabdefinitionen und Fragekatalogen pressen. Wir können nur dadurch »objektiver« auswählen, dass wir uns diese unmittelbaren und subjektiv gefärbten Imaginationen bewusst machen, sie hinterfragen und sie im Austausch mit den anderen Auswählenden zur Diskussion stellen. Tun wir dies nicht, dann bleiben wir in der Personalauswahl auf der Ebene der Zuschreibung stehen. Wir wählen bloß die Bilder aus, die die Kandidaten in uns erzeugt haben, und nicht die Kandidaten selbst.

Entsprechend funktioniert der dritte Schritt in der agilen Personalauswahl wie der zweite Schritt auch: Nach unserem Bauchgefühl machen wir auch unsere spontanen Bewertungen transparent. Wir finden die Bewerberin vielleicht oberflächlich oder differenziert, aufgeweckt oder schlafmützig, neugierig oder gelangweilt, arrogant oder bescheiden. Die Antwort auf Frage 1 hat uns fachlich überzeugt, Antwort 2 fanden wir ausweichend, Frage 3 schien die Kandidatin zu überfordern, bei der abschließenden Präsentation waren wir begeistert von der Energie und Leidenschaft der Kandidatin. Wir halten dies fest, um unsere ersten Eindrücke anschließend gezielt einer Überprüfung durch die anderen Beobachter, aber auch durch unsere eigenen kritischen Fragen an uns selbst zu unterziehen.

»Das von mir beobachtete langatmige Antworten des Kandidaten auf die Fragen A und B hat bei mir ein Gefühl der Langeweile aufkommen lassen. Ich hatte den Eindruck, dass er entweder nicht ganz bei der Sache war oder dass ihm schlicht die Begeisterungsfähigkeit fehlt für das, was er da tut. In Bezug auf die User Story ‚überzeugt den Kunden' hätte ich darum die Befürchtung, dass sich jeder Kunde schnell von ihm abwenden und er keine Termine mehr kriegen wird, weil er einfach das Besondere an unseren Produkten nicht rüberbringen kann.« Erst wenn wir in dieser Weise ehrlich und transparent sind mit uns selbst und wenn wir uns dabei die Grenzen unserer subjektiven Wahrnehmung und Bewertung eingestehen, dann erst sind wir wirklich bereit, auch die Perspektive zu wechseln und die Logik der Kandidaten in unser Gesamturteil einzubeziehen.

Ziel ist es also, unsere Bauchgefühle und unsere spontanen, intuitiven Zuschreibungen zu integrieren, indem wir sie uns in Schritt 2) und Schritt 3) der agilen Personalauswahl zunächst bewusst machen. Im vierten Schritt, dem »Verstehen«, wechseln wir dann die Perspektive und versuchen die Antworten der Kandidaten – und ihre Sinnhaftigkeit im Kontext der User Story – aus deren eigener Logik heraus nachzuvollziehen.

3.4.4 Verstehen

Der vierte Schritt beschreibt also den Versuch, das Verhalten und die Antworten der Kandidatinnen und Kandidaten aus ihrer eigenen Logik und Zielsetzung heraus nachzuvollziehen. Nehmen wir dazu zwei einfache Beispiele:

Beispiel eins: Eine Kandidatin für eine Supply-Chain-Management-Stelle redet extrem schnell und teilweise auch ausschweifend, dabei flicht sie unablässig Beispiele ein für ihre Kompetenz, Findigkeit und Initiative. Bis auf einen sind alle Beobachter genervt, halten sie tendenziell für selbstgefällig – sie kommt ja nicht auf den Punkt und hat vermutlich Schwierigkeiten, sich unterzuordnen und sich in Teams zu integrieren. Der eine Beobachter mit der Mindermeinung ist allerdings ein großer Fan von ihr, weil er bei ihr viel Engagement, Leidenschaft und Begeisterungsfähigkeit erkennt und weil er ihr den Versuch, sich selbst in einem möglichst guten Licht darzustellen, nicht übel nimmt.

Beispiel zwei: Ein Bewerber für eine Finanzleiterposition, 1,95m groß, redet fast gar nicht, hat eine reduzierte Körpersprache, beantwortet Fragen einsilbig, lächelt wenig, kann aber fachlich absolut überzeugen. Die Beobachter sind sich uneins, die einen fühlen sich fast ein bisschen provoziert von ihm, finden ihn sozial nicht kompatibel, als Führungskraft ungeeignet und nicht zur kreativen und aufgeweckten Unternehmenskultur passend (nehmen wir einmal an, es handelt sich um eine Werbeagentur). Die anderen sind angezogen von seiner Unaufgeregtheit, finden ihn sehr souverän und gelassen und gehen davon aus, dass dieser Bewerber viel Ruhe und Stabilität in das Unternehmen einbringen wird.

Wir können uns anhand dieser Beispiele vorstellen, wie die Beobachter auf das Verhalten der beiden Kandidaten reagieren, wie sich ein Bauchgefühl bei ihnen ausbildet und die inneren Bilder in den Köpfen der Auswählenden entstehen.

Versuchen wir nun, die Perspektive zu wechseln und das Verhalten und die Antworten der Bewerber aus ihrer Selbstsicht zu verstehen. Dafür müssen wir alle Indizien in unseren sonstigen Beobachtungen sammeln, die uns einen Einblick in die innere Logik der Kandidaten gewähren.

Hat die Kandidatin in Situation eins z.B. an anderer Stelle davon berichtet, worauf es ihr in der Teamarbeit ankommt, wie sie ihre Gedanken sortiert, inwieweit sie von sich selbst überzeugt ist oder auch einmal Selbstzweifel hat, wie sie auf Kritik reagiert oder wann und warum sie so schnell redet und was sie gegebenenfalls dagegen tut? Kommt sie aus einem Kulturraum oder auch aus einer Familie, in der bzw. in dem es üblich ist, viel und schnell zu reden und sich selbst in den Mittelpunkt zu stellen? Idealerweise haben die Beobachter ihr genau diese Fragen bereits in dem Moment gestellt, als diese inneren Bilder das erste Mal bei ihnen auftauchten. Dann haben sie jetzt ausreichend diagnostisches Material, um ihre intuitiv entstandenen Hypothesen zu überprüfen.

Dasselbe gilt für Situation zwei: Hat der Bewerber an anderer Stelle Beispiele dafür gegeben, wie er von seinen Kollegen und Mitarbeitern wahrgenommen wird und welchen Mehrwert er als Chef für sein Team bietet? Ist seine kulturelle Prägung eher darauf ausgerichtet, Fremden gegenüber wenig von sich zu zeigen und Emotionen zu verbergen? Gibt es Indizien, dass er sich darüber bewusst ist, wie sparsam er kommuniziert, und ist er hinsichtlich der daraus resultierenden Vor- und Nachteile reflektiert? Wie reagiert er, wenn andere sich von ihm abgewiesen oder provoziert fühlen, weil er sie emotional nicht abholt? Was verbirgt sich hinter seiner ruhigen und souveränen Fassade? Wartet da ein reiches Feld an Gedanken und Ideen oder kommt da gar nichts? Auch hier ist es am besten, wenn die Beobachter dem Bewerber bereits im Gespräch diese Fragen gestellt haben. Haben sie es versäumt, dann verfügen sie jetzt nur über eine sehr dünne Basis, um das zu belegen, was sie »glauben«. Und je dünner diese Basis ist, desto größer ist die Gefahr einer Fehleinschätzung.

Bei beiden Beispielen gehört zum Prozess des Verstehens auch die Selbstreflexion unserer eigenen Reaktion, unseres Bauchgefühls und unserer inneren Bilder. Reagieren die Beobachter auf die schnell redende Kandidatin positiv, weil sie sich selber positiv mit ihr identifizieren können, vielleicht weil sie selber auch diese Schwäche haben, in möglichst kurzer Zeit möglichst viel unterbringen zu wollen? Oder waren sie früher einmal so und haben einen inneren Wunsch, ihr zu helfen, souveräner und ruhiger zu werden? Oder erinnert sie die Interviewer an jemanden, den sie mögen? Anders herum, sind sie empfindlich, wenn Menschen arrogant und selbstgefällig rüberkommen? Folgen sie dem unausgesprochenen Glaubenssatz, dass man sich selbst nicht so viel Raum nehmen soll, und reagieren darum gereizt, wenn jemand ankommt, der es einfach trotzdem tut? Hat die Kandidatin bei ihnen den »Sowas-tut-man-einfach-nicht«-Knopf gedrückt? Oder sind die Beobachter vielleicht einfach überanstrengt von ihrer Arbeit und wünschen sich jemanden, der sie nicht einfach zutextet, fehlt es ihnen gerade an Kraft und Geduld?

Sind die Interviewer in Beispiel zwei vielleicht Menschen, die viel lächeln und denen ein warmherziges, emotionales Miteinander sehr wichtig ist? Oder sind sie selbst eher ruhige Typen und finden es von daher angenehm, wenn sie es mit einem Bewerber zu tun haben, der auch kein großes Aufhebens macht um die Dinge? Oder sind sie im Gegenteil selber eher unruhige, getriebene und zum Aktivismus neigende Menschen oder arbeiten sie in einer solchen Organisation und sehnen sie sich darum nach einer Person, die das nicht tut? Oder sind sie selbst tendenziell manchmal etwas unsicher und sehen in diesem Kandidaten darum eine starke Schulter oder auch eine Coolness, die sie selber gerne hätten?

Zu dieser Reflexion gehört nicht zuletzt auch die Frage an uns selbst: Was haben wir selber dazu beigetragen, dass die Kandidaten sich genau so verhalten haben und nicht anders? Haben die Interviewenden in Situation eins z.B. selbst so eine Unruhe und Zeitknappheit ausgestrahlt, dass die Bewerberin das Gefühl haben konnte, sich beeilen zu müssen? Wurde die Bewerberin stark provoziert, sodass sie vielleicht das Gefühl hatte, etwas dicker aufzutragen zu müssen in ihrem Selbstlob? Wurde ihr eine Frage gestellt, die ein bisschen suggeriert hat, dass man an ihrer Kompetenz oder an ihrem Selbstbewusstsein zweifelt? Haben die Interviewer sie verunsichert?

Das gleiche gilt für das zweite Beispiel. Hat der Kandidat sich ausreichend sicher und geborgen gefühlt, um aus sich heraus zu kommen und seine Persönlichkeit, seine Ziele und Gedankenwelt zu zeigen? Waren die Beobachter selber auch emotional sparsam und reduziert, sodass er annehmen konnte, dass ein solches Verhalten hier besser ankommt? Oder arbeitet er aktuell in einem Unternehmen, bei dem das so ist?

Je mehr wir uns bereits im Interview solche Fragen stellen und unsere intuitiven Hypothesen, Gefühle und inneren Bilder hinterfragen, je besser wir diesen Perspektivenwechsel bereits während des Vorstellungsgesprächs vollziehen, desto fokussierter können wir schon im Gespräch gemeinsam mit den Kandidaten Antworten darauf finden und unsere Hypothesen überprüfen.

Das ist extrem anspruchsvoll, denn gleichzeitig müssen wir uns ja auch den Kandidaten zuwenden, die nächsten Fragen vorbereiten, Notizen machen und unsere Beobachtungen niederschreiben. Es ist darum für viele Interviewende eine Entlastung, wenn man diese Aufgaben im Vorfeld zwischen den Interviewenden aufteilt: Zur User Story A stellt Interviewerin B die Fragen und Interviewerin C konzentriert sich auf das Aufschreiben der Beobachtungen. Bei der nächsten User Story wechselt man dann gegebenenfalls ab. Es ist aber auch eine Frage der Übung und der Erfahrung; je öfter man diesen Prozess der gleichzeitigen Befragung, Selbstreflexion und Protokollierung von Beobachtungen durchläuft, desto besser kann man ihn gleichzeitig bewältigen.

Nun werden Sie vermutlich zu recht anmerken, dass diese Form der Selbstreflexion und des Perspektivenwechsels sehr aufwendig ist. Und vielleicht werden sie sich auch fragen, ob dieser Aufwand wirklich nötig ist, zumal es doch letztlich vor allem auf die Wirkung der Bewerber ankommt und nicht auf ihre Intention und ihre innere Logik. Wenn die Bewerber einen guten oder einen schlechten Eindruck machen, warum kommt es dann überhaupt darauf an, mit welcher Absicht oder aus welcher persönlichen oder kulturellen Prägung heraus das geschah?

Die Frage ist absolut nachvollziehbar, sie greift aber zu kurz:
Denn wenn wir uns nur mit unseren Eindrücken und unseren intuitiven Zuschreibungen zufriedengeben, dann setzen wir erstens den Kontext des Vorstellungsgespräches als unabdingbar und unveränderlich voraus. Wir schließen aus, dass sich die Bewerber in einem anderen Kontext eventuell auch ganz anders verhalten könnten, z.B. dann, wenn sie die Frage besser verstanden hätten, wenn man ihnen die kulturell geprägte Erwartungshaltung der Beobachter besser erklärt hätte, wenn sie auf die Aufgabe vorbereitet gewesen wären oder wenn sie sich weniger unter Druck gesetzt gefühlt hätten.

Zweitens setzen wir damit unseren eigenen Bewertungsmaßstab als abschließend und absolut. Wir negieren die Möglichkeit, dass jemand anders in einem anderen Kontext die Antwort anders interpretieren oder besser verstehen könnte als wir. In einem sehr homogenen, stabilen und vorhersagbaren Kontext mögen diese Annahmen zutreffen und wir können uns mit dem zufriedengeben, was als Eindruck in uns entstanden ist. In einem von Veränderung, Komplexität und Vielfalt geprägten Umfeld reicht dies aber nicht mehr aus. Hier wollen wir ja gerade von den Kandidaten lernen, **ihre** Perspektive erkennen und **ihre** Lösungsansätze erfahren, um daraus die möglichen Potenziale und Innovationen für die Zukunft unseres Unternehmens abzuleiten. Hier müssen wir agiler vorgehen.

Wenn wir diesen vierten Schritt des verstehen Wollens, des Perspektivwechsels nicht gehen, dann laufen wir also Gefahr, dass uns vom möglichen Verhaltens- und Leistungsspektrum unserer Kandidaten der Großteil entgeht. Entsprechend sinkt die Validität, die Prognosegenauigkeit unserer Bewertung. Und wir gehen das Risiko ein, dass wir viel mehr eine Projektion unserer eigenen Vorlieben und Präferenzen auswählen als den Kandidaten oder die Kandidatin selbst. Wir reproduzieren unsere eigenen Stärken und Schwächen und verlieren aus den Augen, dass wir zur erfolgreichen Bewältigung der Herausforderungen auf der Zielposition vielleicht etwas ganz anderes brauchen könnten.

Nachfolgend finden Sie ein paar Fragen, die Sie sich in der agilen Personalauswahl (am besten noch im Gespräch selbst, zumindest aber im Anschluss) selber stellen können, um Ihren Blick für Neues zu öffnen und vorschnelle Urteile zu vermeiden:

1. Was könnte meine Bewerberin dazu verleitet haben, mir genau diese Antwort zu geben? Unter welchen Annahmen würde es sinnvoll sein, diese Antwort so zu geben? Habe ich nach der Logik der Kandidatin gefragt oder wie kann ich gegebenenfalls jetzt noch danach fragen?
2. War der Kandidatin die Zielsetzung meiner Frage klar oder hat sie unter Umständen auf etwas ganz anderes geantwortet, als ich dachte?
3. Was habe ich ggf. selber dazu beigetragen, dass die Kandidatin annehmen konnte, dass ihre Antwort sozial erwünscht ist? Welche Muster habe ich gesetzt, denen sie vielleicht gefolgt ist?
4. Welche persönlichen und kulturellen Vorlieben und Prägungen auf meiner Seite tragen dazu bei, dass mir die Antwort gefällt oder nicht gefällt? Welche Kulturstandards haben gegebenenfalls die Antworten der Kandidatin beeinflusst? Auf welches Ausmaß an Unterschiedlichkeit wird die Kandidatin später auf der Zielposition treffen? Wie leicht ließen sich diese Unterschiede gegebenenfalls durch Teamentwicklungen, Trainings und einen

fundierten Onboardingprozess überbrücken? Wie groß wäre der Mehrwert für alle Beteiligten, wenn es gelänge?

5. Habe ich alle Beobachtungen in meine Bewertung integriert und habe ich genug beobachtet, um meine Bewertung zu rechtfertigen? Abgesehen von den Dingen, die mir an der Antwort (nicht) gefallen, gibt es auch Aspekte, die ich an der Antwort (nicht) gut finde? Hat die Kandidatin eventuell Informationen gegeben auf eine Frage, die ich gar nicht gestellt hatte, und wie relevant sind diese Informationen für die User Storys in der Zielposition?

6. Welche anderen Bewertungen der Antwort wären noch denkbar? Was spricht dafür und was spricht dagegen, dass meine ursprüngliche Bewertung plausibler ist als die Alternativen? Was kann ich gegebenenfalls jetzt noch tun, um dies zu überprüfen?

Wenn wir in dieser Weise selbstkritisch unsere eigenen Bewertungen hinterfragen, dann werden uns automatisch zahlreiche neue Aspekte an den Antworten der Bewerber auffallen, die unser ursprüngliches Urteil erweitern, ergänzen und gegebenenfalls auch korrigieren.

3.4.5 Zusammenschau

Im fünften und letzten Schritt erfolgt die eigentliche Bewertung der Kandidatinnen und Kandidaten. Hier formulieren wir die eigentliche Prognose und treffen die Entscheidung in Bezug auf die Zielposition und ihre User Storys. Hierzu

1. ziehen wir unsere Beobachtungen heran,
2. um unser Bauchgefühl,
3. unsere intuitiven Zuschreibungen und
4. unsere Hypothesen aus dem Perspektivenwechsel

abzugleichen und mit den anderen Beobachtern zu diskutieren.

Maßgeblich ist dabei die an der User Story ausgerichtete Frage: Für wie wahrscheinlich halten wir es, dass der Kandidat oder die Kandidatin mit den von ihm bzw. ihr präsentierten Antworten in der Lage sein wird, die User Storys zu erfüllen?

Für diese abschließende Zusammenschau bieten sich zwei unterschiedlich schnelle Vorgehensweisen an. Welches dieser Verfahren Sie wählen, sollten Sie für sich selber ausprobieren. Da das erste Verfahren tendenziell ausführlicher ist und etwas länger dauert als das zweite, hängt es vermutlich auch davon ab, welche Relevanz gerade diese Auswahlentscheidung für Sie hat.

Um das zu entscheiden, helfen Ihnen drei einfache Faustregeln:

1. Je näher Sie der finalen Entscheidung kommen, desto mehr Zeit sollten Sie den Bewerbern in der Endauswahl widmen. In einer frühen Phase der Sondierung oder der Vorauswahl reicht es häufig, zunächst ein weniger aufwendiges Verfahren zu wählen.

2. Je größer das fachliche Potenzial des Kandidaten ist und je seltener eine entsprechende Qualifikation auf dem Markt verfügbar ist, desto mehr Mühe sollten Sie sich mit der Entscheidung geben. Entsprechend ist es vielleicht vertretbar, vorschnell einem fachlich guten Bewerber abzusagen, wenn sie noch viele andere genauso gute Kandidaten in der Pipeline haben. Falls Ihnen aber ein seltenes Talent gegenübersitzt, sind Sorgfalt und Agilität geboten.

3. Je wichtiger die zu besetzende Stelle ist und je größer die Auswirkungen einer guten, sehr guten oder weniger guten Besetzung der Position sind, desto mehr Aufwand sollten Sie mit dem Auswahlverfahren betreiben.

Verfahren 1: Höherer Aufwand

Wenn Sie in einer Kandidatin fachlich ein tendenziell großes Potenzial sehen und/oder die Position eine große Relevanz hat, dann bietet sich die folgende, vergleichsweise aufwendige Vorgehensweise an:

Alle Interviewenden und Beobachter gehen nach dem Vorstellungsgespräch (das gegebenenfalls um ein Rollenspiel, eine Präsentation oder eine Arbeitsprobe erweitert wurde) für sich ihre Notizen noch einmal durch und schreiben die aus ihrer Sicht bemerkenswertesten 10 Beobachtungen – positiv wie negativ scheinende – jeweils einzeln auf Moderationskarten. Auf einer Metaplanwand sind im Vorfeld die 4 bis 6 User Storys für die Zielposition festgehalten.

Alle Beobachter nehmen dann ihre Moderationskarten und ordnen sie nach eigener Einschätzung den jeweils passenden User Storys zu. Dazu nutzen Sie eine im Vorfeld auf der Metaplanwand vorbereitete Skala von -5 bis +5. Je positiver sie die Beobachtung einschätzen, desto weiter rechts auf der Skala (in Richtung +5) wird sie angebracht; je negativer, desto weiter links (in Richtung -5). Es können auch Beobachtungen mehrmals notiert und dadurch verschiedenen User Storys gleichzeitig zugeordnet werden. Unter Umständen kann auch eine Beobachtung (z.B. ein forsches Auftreten) in Bezug auf die eine User Story (z.B. Außendarstellung) eher positiv bewertet werden, in Bezug auf eine andere User Story (z.B. Mitarbeiterführung) eher negativ. Auf diese Weise ergibt sich im Anschluss, wenn alle Moderationskarten an der Metaplanwand befestigt sind, unmittelbar ein visuell strukturiertes Bild dazu, wie überwiegend positiv oder negativ oder ambivalent die Kandidatin in Bezug auf die einzelnen User Storys von den Beobachtern zunächst eingeschätzt wird.

In der anschließenden Diskussion – idealerweise moderiert von einem der Beobachter oder einer externen Beraterin – gehen die Auswählenden dann jede User Story nacheinander anhand von drei Schritten durch:

1. Zu jeder User Story erläutern Vertreter einer positiven, einer negativen und einer durchschnittlichen Einschätzung die Beobachtungen, die bei ihnen zu dieser Bewertung geführt haben. An dieser Stelle wird auch beschrieben, welches Bauchgefühl und welche intuitive Bewertung diese Beobachtung bei den Beobachtern erzeugt hat.

2. Im zweiten Schritt lädt die Moderatorin zum Perspektivenwechsel ein. Gibt es jeweils noch andere, eventuell sogar gegenläufige Interpretationen für dieselbe Beobachtung? Was war unter Umständen die Logik seitens der Kandidatin für ihre Antwort oder ihr Verhalten? Gibt es andere Beobachtungen, die der einen oder der anderen Interpretation entgegenstehen oder sie unterstützen?

3. Im dritten Schritt geben die Beobachter mit Klebepunkten auf einer Schulnotenskala (1 = wird die User Story vermutlich sehr gut erfüllen können, 2 = gut, 3 = befriedigend, 4 = ausreichend, 5 = mangelhaft, 6 = ungenügend) ein abschließendes Urteil darüber ab, wie hoch sie die Wahrscheinlichkeit bewerten, dass die Kandidatin die User Story erfolgreich ausfüllen wird. Alternativ kann auch eine Skala von 1 bis 7 (von 1 = »wird die User Story vermutlich nicht erfüllen können« bis 7 = »wird die User Story vermutlich überdurchschnittlich gut erfüllen können«) verwendet werden, wenn man numerischer Vorgehen und einen neutralen Mittelwert ermöglichen möchte.

An dieser Stelle gehen die Beobachter dann zur nächsten User Story über, selbst wenn sich noch kein einheitliches Bild ergeben haben sollte. Nur und erst dann, wenn sich im Anschluss an die Auswertung aller User Storys für alle Kandidaten herausstellt, dass diese Bewerberin in die engere Wahl kommt, aber noch keine Einigkeit über ihre Beurteilung herrscht, werden die beschriebenen Diskussionen noch einmal geführt und vertieft. Herrscht dann immer noch keine Klarheit, kann man die Bewerberin erneut zu einer Vorstellungsrunde einladen, man kann Referenzen früherer Arbeitgeber einholen, man bittet eine weitere Person um ein ergänzendes Telefoninterview oder man beauftragt ein Beratungsunternehmen mit einem vertiefenden Einzel-Assessment.

In der Regel benötigt man für dieses Verfahren ca. 10 bis 15 Minuten, um die einzelnen Beobachtungen auf Metaplankarten zu übertragen und den User Storys zuzuordnen. Für die anschließende Diskussion muss man dann mit etwa 5 bis 15 Minuten pro User Story rechnen, je nachdem, wie kontrovers die Einschätzungen sind und wie viele Beobachter dabei waren. Bei fünf User Storys sollten Sie also gut eine Stunde pro Kandidat für die Auswertung einplanen. Bei Kandidaten, bei denen sich bereits anhand der Moderationskarten erkennen lässt, dass sie kaum Chancen in diesem Rekrutierungsprozess haben werden, kann man diesen Aufwand gegebenenfalls geringer halten.

Verfahren 2: Geringerer Aufwand

Wenn Sie sich noch in einer Sondierungsphase oder in der Vorauswahl befinden, können Sie Ihre Beobachtungen in einer offenen Diskussion den User Storys auch direkt zuordnen. Auch wenn Sie alleine ein Interview geführt haben, empfiehlt sich diese Vorgehensweise, dann natürlich im Sinne einer Selbstreflexion. Wichtig ist, dass allen Beobachtern die User Storys ausgedruckt vorliegen, damit sie ihre Beobachtungen fokussiert auf diese Funktionen hin betrachten und bewerten.

1. Gehen Sie nun umgekehrt zum ersten Verfahren vor und verteilen Sie zunächst intuitiv für jede User Story Klebepunkte auf einer Schulnotenskala (1 = wird die User Story vermutlich sehr gut erfüllen können, 2 = gut, 3 = befriedigend, 4 = ausreichend, 5 = mangelhaft, 6 = ungenügend) oder auf einer numerischen Skala von 1 bis 7, je nachdem, wie sie die Erfolgswahrscheinlichkeiten des Bewerbers beurteilen.

2. Schauen Sie nun in Ihre Notizen und tauschen Sie sich mit den anderen Beobachtern darüber aus, was Sie jeweils aufgeschrieben haben. Ist der Fall immer noch so klar, wie er Ihnen zunächst vielleicht schien? Suchen Sie in Ihrer Mitschrift gezielt nach möglichen Widersprüchen oder Interpretationsspielräumen. Welche Beobachtungen unterstützen ihre erste Bewertung, welche deuten dagegen in eine andere Richtung? Wie könnte der Kandidat seine Antwort noch gemeint haben, welche Zielsetzung verfolgte er mit seinem Verhalten eventuell? Wenn nun ein Kandidat offensichtlich chancenlos ist, vielleicht auch, weil es viele andere deutlich besser geeignete Bewerber gibt, dann legen sie die Unterlagen beiseite und sagen ihm ab.

3. Im dritten Schritt korrigieren Sie vor dem Hintergrund der Durchsicht ihrer Beobachtungen und der gemeinsamen Diskussion gegebenenfalls den ursprünglichen Zahlenwert. Notieren und diskutieren Sie in der Gruppe die »Fragezeichen« und offenen Themen, die es in einem späteren zweiten Auswahlschritt vertieft zu überprüfen gilt. Fassen Sie kurz schriftlich zusammen, wo aus Ihrer Sicht die Stärken und Potenziale und wo die Schwächen und Lernfelder des Kandidaten liegen.

Ein solches Verfahren dauert ca. 30 bis 45 Minuten pro Kandidat, je nachdem, wie intensiv Sie miteinander diskutieren und wie sorgfältig Sie Ihre Erkenntnisse anschließend dokumentieren. Da an dieser Stelle noch keine endgültige Entscheidung für einen Kandidaten erforderlich ist, kann das Verfahren entweder mit einer Absage oder mit dem Ergebnis »kommt grundsätzlich infrage« oder »nach Abschluss aller Interviews nochmals prüfen« abgeschlossen werden.

Welches der Verfahren zur abschließenden Auswertung des Auswahlprozesses Sie wählen, ist letztlich auch ein bisschen eine Frage des persönlichen Geschmacks. Je vertrauter Sie mit der Vorgehensweise sind, umso flexibler können Sie dann davon abweichen, mit Mischformen experimentieren und einen für Sie und für die konkret zu besetzende Position passenden Ablauf festlegen.

Agilität ist ja eben kein starr zu befolgender Ablaufplan, sondern eine Haltung, mit der es Ihnen gelingen kann, Fokussierung mit Flexibilität, Orientierung mit Offenheit zu verbinden. Wichtig ist also weniger, wie Sie im Detail diese Neugier auf Neues, die Momente der Selbstreflexion und den Perspektivenwechsel in Ihren Bewertungsprozess integrieren. Wichtig ist, dass Sie es tun!

Wirklich streng – und an diesen Punkten ist es entscheidend für den Erfolg des Konzeptes, auch gegenüber gestandenen Führungskräften selbstbewusst und direktiv aufzutreten – ist die agile Personalauswahl nur in drei Aspekten:

1. **Keine Bewertung ohne Beobachtung.** Ein Eindruck, der nicht an einer Beobachtung festgemacht und mit einer Beobachtung begründet werden kann, fließt nicht in die Gesamtbeurteilung ein.
2. **Keine Bewertung ohne Reflexion.** Jedes Urteil muss daraufhin überprüft werden,
   a) ob es auf Eindrücken beruht, die die anderen Beobachter teilen,
   b) ob die Eindrücke wirklich für die User Story relevant sind,
   c) ob es auf eindeutigen Indizien beruht oder ob es auch gegenläufige Beobachtungen gab,
   d) ob der Eindruck eventuell durch die Art der Frage von den Interviewenden selbst ausgelöst wurde und
   e) welche sinnvolle Erklärung es für das Verhalten aus Sicht des Kandidaten geben könnte.
3. **Keine Bewertung ohne Befragung.** Jede User Story muss Bestandteil des diagnostischen Prozesses sein, wenn sie bewertet werden soll. Sind für eine Vakanz sechs User Storys relevant, in Interview 1 werden aber nur die User Storys 1 bis 3 abgeprüft, in Interview 2 dagegen die User Storys 4 bis 6, dann ist der Auswahlprozess unbrauchbar.

3.5   Vorstellungsgespräche in der agilen Personalauswahl: Ein Fallbeispiel

Schauen wir uns zusammenfassend noch ein Fallbeispiel an, das konkret zeigt, wie das Modell der agilen Personalauswahl in der Praxis angewendet wird. Es handelt sich dabei um die Suche nach einer Leitung für das Public-Affairs-Team, das so etwas wie die politische Repräsentanz eines börsennotierten Konzerns ist.

Das Aufgabengebiet umfasste im weiteren Sinne
1. das Monitoring der politischen Prozesse und die Kommunikation politischer Risiken in die Unternehmensführung,
2. aktive Lobbyarbeit und Einflussnahme auf Gesetzgebungsverfahren z.B. durch Stellungnahmen und direkte persönliche Netzwerke,
3. Repräsentanz des Unternehmens in der Öffentlichkeit, Empfang hochrangiger Delegationen und Ausrichtung von Empfängen,
4. strategische Öffentlichkeitsarbeit.

Das Team bestand aus zehn in zwei Gruppen (Politik und Öffentlichkeit) sehr eigenverantwortlich arbeitenden, erfahrenen Mitarbeitern, einige davon am Stammsitz des Unternehmens, die anderen jeweils in den Repräsentanzen in Berlin und Brüssel. Wichtige Schnittstellen waren neben der Geschäftsleitung vor allem die Kommunikationsabteilung, die Grundsatz- und Strategieabteilung, der internationale Vertrieb sowie das Marketing, wobei es wegen der engen Verflechtung der Themenfelder insbesondere zur Strategieabteilung und zum Kommunikationsteam schon häufiger zu Reibungen gekommen war. Da sich das Unternehmen in einem Umstrukturierungs- und Kulturwandelprozess hin zu mehr Flexibilität und Pragmatismus befand, entschied man sich dafür, den Auswahlprozess nach agilen Grundsätzen zu gestalten.

Nachdem die Personalabteilung uns als Berater mit dem Design des diagnostischen Verfahrens beauftragt hatte, bekamen wir zunächst ein mündliches Briefing zur Zielposition sowie schriftlich eine Aufgabenbeschreibung. Ferner erhielten wir das Kompetenzmodell des Unternehmens sowie einen Excel-Spreadsheet mit der gewünschten Ausprägung jeder Kompetenz für die Zielposition. Auf unser Bitten hin wurde uns in diesem Fall erlaubt, aufgrund des Pilotcharakters der Stellenbesetzung diese Unterlagen nicht als diagnostische Basis für den weiteren Prozess nutzen zu müssen.

In einem 90-minütigen Workshop haben wir dann dem CEO, dem Betriebsrat sowie Vertretern der wichtigsten Schnittstellen das Modell der agilen Personalauswahl erläutert und gemeinsam fünf User Storys für die Vakanz entwickelt:

User Storys für die Leitung Public Affairs:

- Als Geschäftsleitung wünschen wir uns eine Person, die das Unternehmen kompetent und überzeugend nach außen repräsentiert, um unsere Marke und unsere Positionen erfolgreich in der Öffentlichkeit zu verankern. ® Außenwirkung
- Als Mitarbeiterinnen und Mitarbeiter suchen wir eine Führungskraft, die Verantwortung für Entscheidungen übernimmt und uns als Sparringspartner, Impulsgeber und als strukturierende Instanz bereichert, damit wir in unserer Arbeit das Beste aus uns herausholen, uns dabei wohlfühlen und täglich wachsen können. ® Innenwirkung
- Als Grundsatz- und Strategieabteilung hoffen wir auf eine Leitungsfigur, die sich im politischen Geschäft gekonnt bewegt, damit unsere Anliegen nachhaltig in die Gestaltung der regulatorischen Rahmenbedingungen einfließen und wir umgekehrt frühzeitig auf ordnungspolitische Veränderungen reagieren können. ® Politische Funktion
- Als Kommunikationsabteilung freuen wir uns auf einen klugen und fachlich in unseren Themen versierten Kopf, damit wir uns im Sinne der Qualität unserer Außendarstellung (Web, Print und Events) gegenseitig bereichern und gemeinsam Maßstäbe setzen ® Inhaltliche Funktion
- Als internationaler Vertrieb erwarten wir, dass die Leitung Public Affairs unsere internationalen Aktivitäten gezielt unterstützt, indem sie hochrangige Delegationen aus den Zielländern mit politischen Funktionsträgern in Deutschland zusammenbringt, sodass wir als wichtiger und einflussreicher Player in der Branche wahrgenommen werden. ® Verkaufsunterstützende Funktion

In der Priorisierung wurde dabei der verkaufsunterstützenden Rolle eine etwas geringere Bedeutung beigemessen. Die Innenwirkung und die Politische Wirkung wurden als prioritär eingestuft.

Darauf aufbauend entschieden wir (HR, die Leitung des Berliner Büros und der persönliche Referent des CEO) uns für ein dreistufiges Auswahlverfahren:
1. Wir führten als Berater ca. 60-minütige telefonische Vorinterviews durch.
2. Anschließend folgte das Herzstück des Prozesses, ca. 2-stündige Einzel-Assessments der 3 bis 5 besten Kandidaten durch den CEO und drei bis fünf Vertreter der wichtigsten internen Stakeholder. Die Gruppe der Auswählenden wurde auch deswegen so weit gefasst, um im Anschluss die Unterstützung der relevanten internen Ansprechpartner für den erfolgreichen Kandidaten sicherzustellen.
3. Danach wurde noch ein Zweitgespräch mit den zwei oder drei besten Kandidaten durch weitere Stakeholder und den CEO vorgesehen, um das Kennenlernen und das gegenseitige Commitment noch einmal abzurunden

und zu vertiefen – im Sinne des Mottos: Das Auswahlgespräch ist der erste Schritt der Mitarbeiterbindung.

Zwischen Schritt 2. und 3. führten wir als Berater einen Referenzcheck durch und machten mit den Bewerbern einen online-basierten Persönlichkeitsstrukturtest, den wir dann gemeinsam mit ihnen auswerteten. Hierdurch wurden einerseits offene Fragen und Hypothesen aus dem ersten Assessment überprüft, andererseits konnten sich daraus noch einmal neue Erkenntnisfelder und offene Fragen für das Zweitgespräch ergeben.

Inhalt und Aufbau der Einzel-Assessments
Für das Einzel-Assessment wurden neben einem Interview (ca. 1:20 Stunden inkl. Fragen vonseiten der Bewerber) zwei Rollenspiele mit anschließender Selbstreflexion, eine Präsentation zu einem zu Hause vorbereiteten Thema sowie eine kleine Fallstudie vorgesehen. Vor Beginn jedes Assessments erläuterten wir den Auswählenden noch einmal den Prozess der agilen Personalauswahl und das Konzept der User Story. Dabei wiesen wir vor allem auf die Bedeutung der schriftlich zu dokumentierenden Beobachtungen hin. Ferner erklärten wir, dass beim Notieren der Beobachtungen ausdrücklich auf Wertungen, auch auf unterschwellige Urteile, soweit wie möglich verzichtet werden solle. Anhand einer 3-minütigen Videosequenz wurde die Fähigkeit, zwischen Beobachtung und Bewertung unterscheiden zu können, mit den Interviewern einmal kurz eingeübt.

Im Anschluss wurden die Aufgaben und der Interviewleitfaden vorgelesen und es wurde eine ungefähre Aufteilung der Rollen im Auswahlprozess abgestimmt. Bei unterschiedlichen Fragen übernahmen jeweils abwechselnd zwei der Beobachter prioritär die Aufgabe des Protokollierens – wobei auch die anderen dazu angehalten waren, wichtige Beobachtungen aufzuschreiben. Es wurde dabei deutlich gemacht, dass der Interviewleitfaden exemplarisch zu verstehen ist, d.h., dass die Interviewer nicht darauf beschränkt sind. Sie sollten aber nach Ablauf der Zeit zu jeder User Story genügend Fragen gestellt haben, um sich ein ausreichend umfassendes Bild machen zu können. Und es wurde allen nahegelegt, dass sie aus Gründen der Effektivität und auch, um die Vergleichbarkeit der Bewerber zu gewährleisten, mindestens die Hälfte der vorgeschlagenen und vorab erprobten Fragen aus dem Interviewleitfaden nutzen sollten. Vertiefende Nachfragen zu den Antworten waren selbstverständlich möglich und erwünscht.

Wir brauchten für die komplette Vorbereitung des Assessments zusammen mit der Gruppe der Beobachter ca. 75 Minuten. Insofern empfehlen wir, eine solche Vorbereitung auf den Vortag zu terminieren oder spätestens 90 Minuten vor Beginn des ersten Interviews zu starten. So entsteht kein Zeitdruck und eventuelle Verspätungen können kompensiert werden. Die Vorbereitung kann auch im Rahmen einer Webex-Konferenz erfolgen.

Interviewleitfaden

Außenwirkung: Stellen Sie sich vor, Sie treffen einen hochrangigen Beamten der EU-Kommission auf einem Empfang und dieser fragt sie, wie Ihr Unternehmen auf die Welt im Jahre 2050 vorbereitet ist. Was würden Sie ihm antworten?

Innenwirkung:

1. Ihr Team besteht aus sehr fähigen und erfahrenen Mitarbeiterinnen und Mitarbeitern. Wo sehen Sie hier Ihren Mehrwert als Teamleiter? Können Sie uns ein Beispiel geben, wo und wie Sie einen ähnlichen Mehrwert für ihre bisherigen Teams geboten haben?
2. Stellen Sie sich vor, drei ihrer sechs Mitarbeiter beklagen sich ständig über zu viel Arbeit; gleichzeitig haben die drei Kollegen extrem wichtige Projekte auf dem Tisch, die ihnen auch keiner wirklich gleichwertig abnehmen kann, sodass man sie nicht wirklich entlasten kann. Wie gehen Sie mit diesen Klagen um?
3. Was würden Sie tun, wenn Sie mit Ihrem Mitarbeiter eine Stellungnahme zu einem Gesetzgebungsverfahren vorbereitet und hierfür ein bestimmtes Veranstaltungsformat geplant hätten, und nun kommt die Abteilung für Unternehmenskommunikation mit einer anderen (ähnlich guten, aber nicht besseren) Veranstaltungsidee zum CEO und überzeugt diesen davon. Was tun Sie jetzt?

Politische Funktion: Welche politischen und legislativen Prozesse und Ereignisse kommen in den nächsten beiden Jahren auf uns zu? Wie würden Sie als Leiter des Public-Affairs-Teams darauf Einfluss nehmen?

Inhaltliche Funktion: Wo sehen Sie die wichtigsten politischen Debatten und Trennlinien in Bezug auf unser Unternehmen in den kommenden Jahren? Nehmen wir uns eines dieser Themen heraus, welche Position würden Sie hier verfolgen und mit welchen Argumenten? Stellen Sie sich vor, Sie sollen unseren CEO auf die Gegenargumente vorbereiten, weil er in Kürze in einer Fernsehsendung dazu auftreten wird: Bitte sagen Sie uns doch in drei Sätzen, warum die gegnerische Position die Überzeugendere ist.

Vertriebsunterstützende Funktion: Da wir bis 2030 in Indien stark wachsen wollen und dort auch eine größere Akquisition planen, wird sich die Zahl der Delegationen aus Indien – z. B. von Provinzregierungen – stark erhöhen. Angenommen, der Wirtschaftsminister von Uttar Pradesh würde unseren Stammsitz besuchen und wir dürften ihm helfen, ein geeignetes Programm in Berlin zusammenzustellen. Wen sollte er aus Ihrer Sicht treffen und wie gelingt es Ihnen, diese Termine möglich zu machen?

Rollenspiele

1. Konfliktgespräch: Ein Mitarbeiter hat drei Tage Urlaub (Mi. bis Fr.) für die goldene Hochzeit der Schwiegereltern (Sa.) genehmigt bekommen, was nun aber mit einer wichtigen Ganztagsveranstaltung in Konflikt steht, die aufgrund der Teilnahme des Bundeswirtschaftsministers kurzfristig auf genau diesen Freitag verschoben werden musste. Die Teilnahme des Mitarbeiters an der Veranstaltung ist sehr wichtig, da er mit Abstand über das größte Know-how und Renommee im Hinblick auf die Themen der Veranstaltung verfügt. Zudem soll er dort am Nachmittag einen Workshop moderieren. Am Freitagabend ist allerdings im Zusammenhang mir der goldenen Hochzeit bereits ein gemeinsames Abendessen im Kreis der 20 engsten Verwandten und Freunde geplant. Bitte versuchen Sie Ihren Mitarbeiter dafür zu gewinnen, dass er doch an der Veranstaltung am Freitag teilnehmen kann. (Anmerkung: Sollten für das Rollenspiel relevante Informationen fehlen, treffen Sie bitte einfach naheliegende Annahmen und denken Sie sich den fehlenden Teil aus)

2. Feedbackgespräch: Die fachlichen Leistungen eines Kollegen aus dem Team »Politik« sind sehr gut, aber auf der letzten Veranstaltung zu einem seiner Themen und auch bei den Treffen mit externen Projektpartnern hat sich der Kollege zu wenig eingebracht (zu schüchtern). Zudem hat er politisch-strategisch die Ziele und Wirkung der Veranstaltung zu wenig herausgestellt, sodass dem Ganzen etwas Fokus und Drive fehlte. Dies haben Sie selber so beobachtet, es wurde Ihnen aber auch bei einem Mittagessen von einem der Projektpartner so gespiegelt. Bitte führen Sie mit Ihrem Teammitglied ein Feedbackgespräch mit dem Ziel, dass er/sie die Verbesserungsmöglichkeiten in seinem Verhalten versteht und beim nächsten Mal aktiver und politisch-strategisch richtungsweisender auftreten wird.

Anschließende Selbstreflexion nach jedem Gespräch: Wie zufrieden sind Sie im Hinblick darauf, wie sich das Gespräch entwickelt hat? Was waren Ihre Ziele und inwieweit haben Sie sie erreicht? Was würden Sie gegebenenfalls anders machen, wenn Sie es noch einmal spielen würden? (Hier kann das Rollenspiel, wenn noch genug Zeit zur Verfügung steht, dann auch noch ein zweites Mal gespielt werden.)

Präsentation (10 Min Präsentation, 20 Minuten Diskussion)

Unser unternehmerisches Umfeld ist in den letzten Jahren deutlich komplexer geworden. Viele große Player haben unsere Märkte für sich entdeckt und hier deutlich aufgerüstet. Gleichzeitig ist das regulatorische Umfeld undurchsichtig und die Planungshorizonte sind darum nur sehr kurz.

Wo sehen Sie vor diesem Hintergrund die Aufgaben und das Alleinstellungsmerkmal unseres Unternehmens in den kommenden Jahren? Welche Schritte müssen wir aus Ihrer Sicht jetzt unternehmen, um unserem Konzern langfristig und nachhaltig in Deutschland und weltweit den Erfolg zu sichern?

Fallstudie (30 Min Stillarbeit)

Die Kandidaten bekommen eine reelle Stellungnahme oder den Entwurf einer Presseerklärung (gegebenenfalls nur einen Auszug, maximal 3 bis 5 Seiten) zusammen mit der Zielsetzung des Unternehmens in Bezug auf die politische Wirkung des Textes. Die Aufgabe ist es,

a) die politische Bedeutung des Berichts einzuschätzen und

b) Vorschläge zu erstellen, aa) wie man den Text überarbeiten und bb) wo und wie man ihn bekannt machen müsste, damit er eine maximale Wirkung im Sinne der Unternehmensziele entfaltet.

Gesprächsatmosphäre

Der gesamte Prozess verlief trotz der Intensität der Aufgaben und der Vielzahl der Beobachter in einer sehr wertschätzenden, transparenten, freundlichen und entgegenkommenden Atmosphäre. Den Kandidaten wurde durch den CEO vermittelt, dass die Stelle für die strategische Weiterentwicklung des Unternehmens von großer Bedeutung ist, und dass man darum die Bewerber sehr gründlich und aus vielen verschiedenen Perspektiven kennenlernen möchte. Sowohl während des Interviews als auch im Rahmen der Reflexion der Rollenspiele und in der Diskussion im Anschluss an die Präsentation entwickelten sich lebendige Gespräche auf Augenhöhe, in denen beide Seiten voneinander lernen und gemeinsam miteinander ausloten konnten, welche Lösungswege sich für die mit der Position verbundenen Herausforderungen anbieten.

Bewertung

Da die Kandidaten an verschiedenen Tagen kamen, teilweise unterschiedliche Beobachter anwesend waren und auch, um die Ressourcen des CEO nicht zu stark zu strapazieren, entschieden wir uns für den schnelleren Auswertungsprozess:

1. Zunächst verteilten alle Beobachter nach Abschluss aller Übungen (nicht zwischen den Übungen, hier soll über die Kandidaten möglichst nicht ge-

sprochen werden) intuitiv für jede User Story blaue Klebepunkte auf einer Schulnotenskala von 1 bis 6 (von 1 = »wird die User Story vermutlich sehr gut erfüllen können« bis 6 = »wird die User Story vermutlich überhaupt nicht erfüllen können«), je nachdem, wie sie die Erfolgswahrscheinlichkeiten des Bewerbers beurteilten. Hierzu nutzten wir einen im Vorfeld entsprechend vorbereiteten Flipchart. Dabei wurde zur Justierung der Noten angenommen, dass für diese Position ein »gut« (2) tatsächlich eine gute Bewertung ist, dass man sich aber vom idealen Bewerber zumindest in einigen User Storys auch ein »sehr gut« erwartet.

2. Danach reflektierten und diskutierten die Beobachter ihre Bewertungen, belegten sie mit ihren Beobachtungen, begründeten ihre Interpretationen und verglichen sie mit den Ansichten der anderen. Dabei wurden alle Beobachter gebeten, in ihrer Mitschrift gezielt auch nach möglichen Widersprüchen oder Interpretationsspielräumen zu suchen. Welche Beobachtungen unterstützen die erste Bewertung, welche deuten dagegen in eine andere Richtung? Wie könnte der Kandidat seine Antwort noch gemeint haben, welche Zielsetzung verfolgte er mit seinem Verhalten eventuell?
Nach Abschluss der Diskussionen wurde erneut gepunktet, diesmal mit grünen Klebepunkten. Die Unterschiede zu den ursprünglich gegebenen blauen Punkten waren nicht überall erheblich, teilweise aber durchaus signifikant. In der Zusammenschau wurde dann vor dem Hintergrund der Kandidatenprofile auch die Gewichtung der User Storys noch einmal geschärft. Da in den Vorstellungsgesprächen die Bedeutung der politischen Erfahrung und auch der politisch-administrativen Netzwerke noch einmal besonders deutlich wurde, maß man dieser User Story gegenüber denjenigen, die auf die Innen- und Außenwirkung abzielten, noch einmal mehr Gewicht bei.
Zwei Kandidaten von fünf kamen letztlich in die zweite Runde. Hierzu fassten wir als externe Moderatoren gemeinsam mit der Personalabteilung die Fragezeichen und offenen Themen als Vorbereitung für den späteren zweiten Auswahlschritt noch einmal zusammen. Diese Zusammenfassung wurde dann durch die Referenzchecks und den Persönlichkeitsstrukturtest noch einmal ergänzt, sodass nach dem zweiten Interview dann alle Fragen weitgehend geklärt waren und die Entscheidung für die letztlich erfolgreiche Kandidatin einstimmig getroffen wurde.

Einige Beobachtungen in diesem Fallbeispiel waren dabei besonders interessant und eignen sich daher, die einzelnen Schritte (und auch Herausforderungen) in der agilen Personalauswahl zu veranschaulichen:

1. Der Prozess ist aufwendig und nimmt Zeit in Anspruch. Da wir jeweils mit 4 oder 5 Beobachtern an den Gesprächen teilnahmen, dauerte die Auswertung nach jedem Kandidaten fast eine ganze Stunde. Sich diese Zeit zu nehmen, war gerade für den CEO eine Herausforderung, und in einigen

Fällen musste er auch früher gehen, sodass wir ihn später noch einbeziehen und seine Beobachtungen nachträglich integrieren mussten. Letztlich waren sich aber alle einig, dass die Relevanz der Position es rechtfertigte, diese Sorgfalt im Auswahlprozess an den Tag zu legen. Die Differenziertheit, mit der dadurch dann schließlich die Stärken- und Schwächenprofile der Kandidaten erstellt und verglichen werden konnte, und die dadurch gewährleistete hohe Qualität der Auswahlentscheidung war den Aufwand in den Augen aller Beteiligten wert.

2. Spannende Reflexionen wurden z.B. angestellt, als ein Kandidat sagte, er würde – wenn im Rollenspiel der Mitarbeiter im Konfliktgespräch nicht einlenkt und seinen Urlaub trotz Goldener Hochzeit für die wichtige Konferenz nicht verkürzt – »den Druck erhöhen«. Einige sahen dies als Ausschlusskriterium, da in diesem Unternehmen nicht über Druck geführt wird, sondern über Ziele und intrinsisch zu weckende Motivation. Andere führten differenzierend an, dass der Kandidat vielleicht annahm, dass ein solches »hartes« Führungsverhalten von ihm erwartet würde und dass es andere Beobachtungen gab, an denen der Kandidat deutlich partizipativer und mitarbeiterorientierter geantwortet habe. Ähnlich kontroverse Diskussionen gab es bei einem Kandidaten, der in zwei Auswahlrunden jeweils der ganz außen sitzenden Interviewerin (beide Male eine Frau) nicht direkt in die Augen sah, selbst wenn sie die Frage gestellt hatte. Allen anderen Interviewern gegenüber – auch einer Frau – verhielt er sich aber offen, wertschätzend und zugewandt.

3. Eindrücklich war auch zu sehen, wie sich die Beobachter emotional zu bestimmten »Typen« bei den Kandidaten hingezogen fühlten. Die Sozialwissenschaftlerin fand besonders die sozialwissenschaftliche Argumentation und den visionären Aufbau in der Präsentation des einen Kandidaten überzeugend. Der aktuell etwas überarbeitete und unsichere Mitarbeiter im Team fand vor allem die Kandidatin mit dem etwas mütterlichen Typus als Führungskraft stark, weil er hier einen ruhenden Pol, einen Fels in der Brandung zu erkennen meinte. Der dynamische und stark extrovertierte CEO sprach sich ganz stark für die beiden Kandidaten aus, die ihrerseits auch dynamisch, spritzig und humorvoll auftraten, wohingegen er einen eher analytisch und gesetzt auftretenden Juristen schnell als Bedenkenträger wahrnahm.

4. Schnell waren alle Beobachter immer auf dem Weg, sehr weitreichende Hypothesen zu entwickeln. »Dieser Kandidat wird sein Team nicht ausreichend entwickeln, weil er selber so im Mittelpunkt stehen möchte« (die Beobachtung war ein gewisses Aufplustern in der Anfangsphase vor dem CEO gewesen). »Dieser Kandidat wird sich gegenüber seinem Team nicht durchsetzen können, weil er sich selbst so stark als Teammitglied begreift« (die Beobachtung war die Antwort auf die Frage nach den belas-

teten Mitarbeitern der Kandidat würde sich dann selbst mit dransetzen, um gemeinsam die hohe Belastung zu stemmen und mitzuhelfen). »Diese Kandidatin wird auf einer Podiumsdiskussion keine beeindruckende Figur abgeben« (die Beobachtung war eine sehr ruhige und eher bedächtige und mit leiser Stimme vorgetragene Präsentation). In der Bewertung wurden diese Hypothesen schnell relativiert als das, was sie waren: zu weitreichende innere Bilder, die in dieser Form durch die tatsächlich gemachten Beobachtungen nicht gerechtfertigt werden konnten, weil es teilweise auch sehr relevante Gegenbeobachtungen gab.

5. Interessant zu beobachten war schließlich, wie die Kandidaten in ihren Antworten jeweils stark aus der Rolle ihrer aktuellen Position heraus argumentierten. Der Justiziar antwortete juristisch, die Öffentlichkeitsarbeiterin antwortete mit einem PR-Blick, der Marketingkandidat war vor allem markenbewusst und alle fünf Bewerber antworteten genau so mutig und visionär, wie es ihnen ihre aktuelle Aufgabe bei ihrem jetzigen Arbeitgeber ermöglichte. In der Auswertung nahm darum die Frage einen großen Raum ein, wo und wie stark wir das Potenzial beobachten konnten, dass die Kandidaten auf bestimmte Impulse von uns hin dazu in der Lage waren, zumindest ansatzweise neue Perspektiven einzunehmen und andere Möglichkeiten auszuschöpfen. Es wurde also versucht, nicht nur das aktuelle Verhalten, sondern auch das Entwicklungspotenzial zu erkennen.

Diese Beschreibungen sollen illustrieren, wie die Methode der agilen Personalauswahl dazu beitrug, sehr unterschiedliche Kandidatentypen, sehr unterschiedliche Lösungsansätze und voneinander abweichende Interviewkonstellationen in einer sehr heterogen zusammengesetzten Beobachtergruppe vergleichbar zu machen. Mit viel Flexibilität, Perspektivenwechsel, Offenheit und Selbstreflexion, gleichzeitig aber einem starken und über allem stehenden Bezug auf die User Story wurde das für die Funktion relevante Potenzial der Bewerberinnen und Bewerber in den Mittelpunkt gestellt. Emotionale Zuneigungen seitens der Interviewer wurden sichtbar gemacht und auf ihre Relevanz für die zu besetzende Stelle hin überprüft. Antworten und Verhaltensmuster wurden ergebnisoffen daraufhin verglichen, inwieweit man annahm, dass damit auf der Zielposition die zu erfüllenden Herausforderungen auch gemeistert werden können. Subjektive Verzerrungen seitens der Interviewenden wurden dadurch ausgeglichen, dass sie bewusst gemacht und überprüft wurden. Unerwartete und innovative Lösungsansätze konnten zur Geltung kommen, da man kein ausschließliches und vorgefertigtes richtiges oder falsches Verhalten als Maßstab heranzog.

Was wichtig ist: !

Die **User Story ist das erste Kernstück** der agilen Personalauswahl. Sie ersetzt das klassische Anforderungsprofil mit seinen erforderlichen Kompetenzen. Wir verzichten darum im Zielbild auf detailliert ausformulierte Verhaltensbeschreibungen. Wichtig ist nicht, inwiefern sich die Bewerber genau so verhalten, wie wir uns das im Vorfeld vorstellen (können). Viele Wege können zum Ziel führen, auch neue Wege. Wichtig ist, dass wir die Funktionalität der von ihm oder ihr vorgestellten Lösungsansätze ergebnisoffen betrachten und überprüfen, was sie zur Erfüllung der User Story beitragen können.

Die »Passung« der Kandidaten (im Sinne von Ähnlichkeit) zur Unternehmenskultur oder zum Team tritt in den Hintergrund, sofern sie nicht zur Erfüllung der User Storys von Bedeutung ist. Nicht »so zu sein wie wir« ist das Ziel, sondern »uns gut ergänzen und weiterbringen zu können.«

In der agilen Personalauswahl möchten wir die Bewerber kennenlernen und verstehen, wie sie die Welt sehen. Entsprechend wichtig ist es, dass wir eine menschliche Begegnung schaffen, die von Neugier, Offenheit und Wertschätzung geprägt ist. Ziel ist es nicht, dass die Bewerber möglichst akkurat unsere Musterantwort reproduzieren, sondern dass sie ihre eigenen Ideen und Ansätze mit uns teilen. Wenn wir lernen wollen, was die Kandidaten zur Lösung unserer Probleme beitragen können, dann müssen wir sie danach fragen.

Je transparenter wir das Ziel unserer Frage machen, desto aussagekräftiger werden die Antworten sein. Je besser die Bewerber verstehen, was wir eigentlich wissen wollen (und warum), desto zielgerichteter können sie uns ihre Lösungsansätze erklären. Je eher wir bereits im Auswahlgespräch merken, welche intuitiven Bewertungen, welche Gefühle und welche Hypothesen über die Kandidaten sich bei uns bilden, desto einfacher können wir diese noch im Gespräch selbst überprüfen und gegebenenfalls korrigieren. Im Zweifel teilen wir den Bewerbern unsere Gedanken und Hypothesen – in wertschätzender Form natürlich – einfach mit und bitten sie um ihre Meinung dazu.

Die **Beobachtung ist das zweite Kernstück** der agilen Personalauswahl. Die Qualität unserer Beobachtung bestimmt die Qualität unserer Auswahlentscheidung. Entsprechend unabdingbar ist es, unsere Beobachtungen möglichst umfangreich, beschreibend, wertfrei und offen aufzuschreiben, um hinterher unsere Bauchgefühle, unsere intuitiven Bewertungen und unsere Hypothesen damit abgleichen und reflektieren zu können.

Der **Perspektivenwechsel ist das dritte Kernstück** der agilen Personalauswahl. Die subjektive Intention, die hinter einer Antwort der Bewerber steht, die persönliche Logik hinter einem Verhalten sind genauso relevant wie unsere spontane Bewertung derselben. Warum ist eine Antwort aus Sicht der Bewerber sinnvoll, was haben sie sich dabei gedacht und was wollten sie damit erreichen? Vielleicht war die Qualität der Antwort ja exzellent, wir haben sie nur nicht verstanden.

Selbstreflexion ist das vierte Kernstück der agilen Personalauswahl. Der Grund, warum uns ein bestimmtes Verhalten gefällt und ein anderes ärgert, hat genauso viel mit uns zu tun wie mit den Bewerbern. Wir wollen aber die Bewerber auswählen und nicht uns selbst. Entsprechend müssen wir unsere eigenen Präferenzen reflektieren und uns fragen, inwieweit unsere persönlichen oder kulturellen Vorlieben für die Erfüllung der User Storys relevant sind.

Auch am Ende dieses Kapitels finden Sie wieder Leitfragen. Nutzen Sie sie, um sich darüber klar zu werden, wo Sie selbst stehen, wenn Sie sich die Zielsetzungen der agilen Personalauswahl vergegenwärtigen. Idealerweise stellen Sie sich diese Fragen daher direkt im Anschluss an ein reales Vorstellungsgespräch.

ARBEITSHILFE
ONLINE

Leitfragen zu Kapitel 3: Vorstellungsgespräche in der agilen Personalauswahl – Aufbau und Instrumente

- Egal, ob Sie mit einer User Story oder mit einem klassischen Anforderungsprofil gearbeitet haben, wie offen waren Sie für unterschiedliche Wege zum Ziel?
- Haben Ihre Kandidaten sich wohlgefühlt im Vorstellungsgespräch? Hatten die Bewerber aus Ihrer Sicht das Gefühl, sich so zeigen zu können, wie sie wirklich sind? Oder wollten sie vor allem Fehler und falsche Antworten vermeiden?
- Inwieweit waren Ihre Kandidaten in ihren Antworten wirklich auch emotional involviert, wie sehr haben sie »Farbe bekannt«? Was hätten Sie noch tun können, um dies zu erreichen?
- Waren Sie selber emotional involviert? Haben Sie Fragen gestellt, bei denen Sie die Antwort wirklich interessiert hat? Waren Sie neugierig auf den Menschen hinter dem Lebenslauf?
- Wie haben Sie sichergestellt, dass Ihre Kandidaten den Sinn Ihrer Fragen verstanden haben?
- Haben Sie die subjektive Logik, die Intention hinter den Antworten Ihrer Bewerber verstanden? Warum haben Ihre Kandidaten wohl angenommen, dass diese Form der Antwort gut ankommt und ihre Chancen bei Ihnen erhöht?
- Bitte schauen Sie Ihre Beobachtungen aus dem Gespräch noch einmal durch. Wie viele dieser Beobachtungen enthalten bereits unbewusste Bewertungen (laut, leise, langsam, aufdringlich, schüchtern, ängstlich, selbstbewusst etc.)?
- Was haben die Eindrücke, welche die Kandidatinnen und Kandidaten bei Ihnen hinterlassen haben, mit Ihnen selbst, mit Ihren bisherigen Erfahrungen, Ihren eigenen persönlichen Verhaltenspräferenzen und mit Ihrer kulturellen Prägung zu tun?
- Was sagt Ihnen Ihr Bauchgefühl über die Kandidaten und warum sagt es Ihnen das? Was genau für ein Gefühl spricht zu Ihnen, wie fühlt es sich an, und bei welcher Antwort ist es das erste Mal aufgetaucht? An welchen anderen Menschen erinnert Sie das Verhalten der Bewerber?
- Wie hätte man das Verhalten der Bewerberin oder des Bewerbers aus einer anderen Perspektive noch bewerten können?
- Gibt es auch Beobachtungen, die Ihrer Bewertung zu widersprechen scheinen? Warum geben Sie gegebenenfalls diesen Beobachtungen eine geringere Bedeutung?
- Falls es zwei oder drei Auswahlrunden gab, warum gewichteten Sie gegebenenfalls die zweite Runde höher als die erste (oder umgekehrt)?

4 Wichtige Fragen zur Umsetzung

Betrachten wir nun noch einige Fragen, die zwar nicht das Modell des agilen Auswahlprozesses als solches betreffen, aber für seine Umsetzung in der Praxis von hoher Bedeutung sind. Im ersten Abschnitt geht es um die Frage der organisatorischen Einbettung des Prozesses (4.1) ins eigene Unternehmen. In Abschnitt 4.2 geht es spezifisch um die Frage der kulturellen Unterschiede in der Personalauswahl und darum, wie wir mit ihnen umgehen können. Abschnitt 4.3 beschäftigt sich mit der Frage, wie Unternehmen auf eine agilere Form der Personalauswahl umsteigen können, wenn sie bereits (in einem meist mühsamen und auch politischen Prozess) ein feinkörniges Kompetenzmodell entwickelt haben, das sie nun natürlich auch benutzen wollen. Abschnitt 4.4 wechselt dann nochmals die Perspektive und untersucht, woran man eigentlich »agile Kandidaten« (und agile Auswähler) erkennt.

4.1 Scrum Master und Product Owner in der Personalauswahl: Wie gestalten wir einen agilen Rekrutierungsprozess?

Beginnen wir mit der Frage der Einbettung der agilen Personalauswahl in unsere Organisationen. Stellen wir uns zunächst einen klassischen Rekrutierungsprozess in einem größeren Unternehmen vor: Die Fachabteilung hat eine Vakanz und lässt sich diese von der Finanzabteilung oder der Geschäftsleitung genehmigen. Damit geht sie dann zur Personalabteilung und sagt: »Besetzt uns mal die Stelle, bitte«. Auf die Rückfrage, was die Person denn können solle, werden für alle Eventualitäten die relevanten Erfahrungen und Kompetenzen zusammen gesammelt, so, als könne man durch zusätzliche Anforderungen im Stellenprofil die Chance erhöhen, dass sich tatsächlich auch Kandidaten mit all diesen Fähigkeiten und Erfahrungen bewerben. Ein Pflichtenheft eben.

In den meisten Fällen ist es dann die Personalabteilung, welche die so gesammelten Anforderungen in Bullet Points gießt und daraus eine Stellenausschreibung formt. Diese stellt sie auf geeignete Plattformen (meistens die Stellenbörsen, mit denen man einen Rahmenvertrag abgeschlossen hat), sucht gegebenenfalls einen Personalberater aus, führt mit diesem das Briefinggespräch und erstellt anschließend aus den aus allen Kanälen gewonnen Kandidaten eine Auswahl, die sie der Fachabteilung vorschlägt. Die Fachabteilung – manchmal macht das auch die Personalabteilung – entscheidet dann nach der Papierform, wer zum Vorstellungsgespräch eingeladen wird. Und am

Auswahltag hat man dann Glück oder nicht: Es passt einer oder der Ball geht zurück in die Personalabteilung, diese gibt ihn gegebenenfalls weiter an die Personalberatung und man muss dann eben weiter suchen.

Ist die Personalabteilung zufrieden mit einem Kandidaten, die Fachabteilung aber nicht, dann geht die Suche in der Regel wieder von vorne los. Ist die Fachabteilung zufrieden, die Personalabteilung aber nicht, schluckt letztere ihre Bedenken im Zweifel lieber runter, denn sie ist ja froh, dass sie das Projekt los ist. Wurde dann eine Bewerberin ausgewählt, ist wieder die Personalabteilung am Zug, um ein Angebot und einen Vertragsentwurf vorzubereiten und gegebenenfalls den Einarbeitungsprozess vorzubereiten. Schlägt die Bewerberin das Angebot aus, beginnt der Prozess wieder von vorne.

Diese Schilderung mag Ihnen jetzt überzeichnet vorkommen und viele Unternehmen gestalten ihre Rekrutierungsprozesse natürlich inzwischen deutlich beweglicher und flexibler. Vom Grundsatz her gleichen viele Stellenbesetzungen in der deutschen Unternehmenslandschaft aber immer noch dieser Wasserfallstruktur: Die Fachabteilung schreibt ein großes Pflichtenheft und wirft den Ball über den Zaun zur Personalabteilung, diese wirft den Ball über den nächsten Zaun zur Personalberatung, dann kommen nach einigen Wochen vielleicht die ersten Profile zurück, diese werden wieder über den Zaun zur Personalabteilung und dann zur Fachabteilung zurückgeworfen und so weiter ...

Der Prozess ist umständlich und er führt an jeder Schnittstelle zu Wissensverlust und Verzögerungen. Da die Fachabteilung, die eigentlich am besten wissen müsste, wen sie braucht, die meiste Zeit in den eigentlichen Prozess gar nicht involviert ist, reagiert sie in der Regel zu spät (erst beim Vorstellungsgespräch) oder verständnislos (»dann muss die Personalberatung eben noch etwas länger suchen«) auf Fehlentwicklungen.

Und da außerdem fast nie alle Beteiligten an einem Tisch sitzen, kann man so gut wie gar nicht in einer abgestimmten Weise flexibel auf den Markt reagieren. Falls es einen sehr guten Bewerber gibt, der aber eigentlich auf eine andere Stelle viel besser passen würde, oder falls die passenden Kandidaten alle zu teuer sind, oder falls einer tollen und wirklich überzeugenden Bewerberin nur eine einzige wichtige Erfahrung fehlt, sodass man das Stellenprofil für sie etwas nachjustieren müsste: In einem solchen starr getakteten Phasenablauf kann darauf niemand auf sinnvolle Weise reagieren.

Die Lösung auf diese Herausforderung ist, auch den Rekrutierungsprozess selbst agiler zu gestalten. Um dies zu konkretisieren, muss man zunächst den

Aufbau eines Scrum-Prozesses (also der Kernform der agilen Softwareentwicklung) zumindest in den Grundlagen verstehen. Zur Erinnerung: Wie schon im Kapitel 1.3 beschrieben, stammt der Begriff »Scrum« ursprünglich aus dem Bereich der Softwareentwicklung. Der dahinter stehende Prozess liegt dem Modell der agilen Personalauswahl zugrunde.

Bei »Scrum« (was wörtlich den Knäuel von Rugbyspielern beim Neustart einer Spielsituation bezeichnet) wird die klassische lineare Silo- und Kaskadenstruktur eines Wasserfallprojektes aufgehoben und alle Beteiligten (Auftraggeber, Systemarchitekten und Designer, Programmierer, Tester, Implementierer, Anwender) arbeiten mehr oder weniger gleichzeitig an einem Projekt. In kurzen Schleifen (sogenannte »Sprints«) werden auf der Basis der User Storys schnell funktionsfähige Softwarebausteine hergestellt und iterativ (also schrittweise und konstant) sowohl dem Entwicklungsfortschritt als auch den sich verändernden Nutzeranforderungen angepasst. Auf diese Weise kann stets flexibel auf Veränderungen reagiert werden und es wird verhindert, dass in irgendeiner Phase Anforderungen definiert, Strukturen geplant oder Codes programmiert werden, die sich später also nutzlos erweisen, weil die Realität sie schon lange überholt hat. Übertragen auf die Personalauswahl: Es wird 6 Monate nach einem Kandidaten im Gehaltskorridor X gesucht, drei sehr gute aber etwas zu teure Bewerberinnen gehen auf dem Weg verloren, schlussendlich wird das Budget dann doch angehoben und vier der sechs Monate wurde umsonst gearbeitet.

Natürlich gibt es auch in einem Scrum-Projekt noch Phasen und für jede Phase gibt es Spezialisten. Aber die Phasen sind deutlich kürzer und die Flexibilität bei der Ausführung von Aufgaben nimmt deutlich zu: »Do a little bit of everything all the time« nennt dies Mike Cohn (2010, S. 206). Dabei gibt es im agilen Management zwei herausgehobene Rollen: Den Product Owner und den Scrum Master.

Der (oder die) Product Owner besitzt, wie der Name schon sagt, das Produkt. Er definiert, was hergestellt werden soll, bis wann und in welcher Qualität. Er priorisiert den sogenannten »Product Backlog«, also das, was in welcher Reihenfolge geliefert werden muss. Als solches muss er vor allem zwei Dinge in das Projektteam einbringen und konstant nachjustieren: Die Vision für das Ziel, das am Ende verwirklicht werden soll. Und Grenzen, die das Produkt nicht verlassen darf. In einem Rekrutierungsprozess ist der Product Owner immer die Fachabteilung. Nur sie kann letztlich entscheiden, welcher Kandidat in der Lage ist, die User Storys zu erfüllen, wie viel Geld die Person verdienen darf, welche Kompetenzen gegebenenfalls noch nachtrainiert werden können und wie man eventuell ein Team umstrukturieren müsste, um einen sehr guten Bewerber doch noch passend zu machen.

Der Scrum Master dagegen ist nur für die Qualität des Prozesses zuständig, er steht selber inhaltlich nicht im Mittelpunkt. Cohn (S.118) nutzt das Bild eines Fitnesstrainers, um die Rolle des Scrum Masters zu definieren. Er hat keine eigene Autorität und kann niemanden zwingen, seine Übungen richtig zu machen. Aber kraft seiner Rolle, seiner Kompetenz und seiner Unterstützung wird ihm Autorität zugestanden und so hilft er dem Team, den eigenen Prozess zu befolgen, er räumt Widerstände aus dem Weg, er macht Fehlentwicklungen transparent, er schlägt Alternativrouten vor und er moderiert die Kommunikation im Projektteam.

In einem Rekrutierungsprozess gibt es einen solchen Scrum Master normalerweise nicht, man muss ihn oder sie erst »bestellen«. Dabei sollte er sich in der Materie eines Rekrutierungsprozesses auskennen, kann ansonsten aber sowohl aus der Personalabteilung als auch aus einer Fachabteilung kommen. In seiner Funktion als Prozessverantwortlicher wäre es auch seine Aufgabe, die Perspektiven des Product Owners auf den idealen Kandidaten bei Bedarf zu erweitern, kreative Lösungen »out of the box« ins Spiel zu bringen, das Budget oder die gesuchten Qualifikationen aneinander anzupassen oder schlicht die gegenseitige Kommunikation zu verbessern.

In einem Scrum-Projekt kommt das ganze Projektteam einmal am Tag unter der Moderation des Scrum Masters für 15 Minuten zusammen, um sich kurz über die Aufgaben des Tages abzustimmen. Eine solche Frequenz ist vielleicht bei einer Fach- oder Personalabteilung mit gleichzeitig 25 und mehr offenen Stellen nicht machbar. Aber es zeigt den Zielkorridor eines agilen Projektes auf: Regelmäßige kurze Abstimmungstreffen und die mündliche Kommunikation über den Stand des Prozesses, über eventuelle Hindernisse und über gegebenenfalls erforderliche Anpassungen sichern die Agilität, mit der effizient und kurzfristig auf Veränderungen reagiert werden kann.

Nach dem erfolgreichen Abschluss eines Projektes kommt das Team nochmals zu einer sogenannten Retrospektive zusammen, in der es gemeinsam auf das Projekt zurückblickt und analysiert, was gut gelaufen ist, wessen Beitrag besonders wertvoll war, was man besser hätte machen können, was man als schwierig oder störend erlebt hat und was man gemeinsam aus diesem Projekt miteinander lernen kann. Selbstreflexion und Feedback als Ausgangspunkt für kontinuierliches gegenseitiges Lernen sind wichtige Bausteine des agilen Managements.

Wie könnte also zusammenfassend eine idealtypische agile Projektorganisation für einen Rekrutierungsprozess aussehen?

1. Alle Projektbeteiligten (Fachabteilung, HR Business Partner, gegebenenfalls die beauftragte Personalberatung und auch Vertreter der fachlichen Schnittstellen anderer betroffener Standorte, des Betriebsrats oder des Personalmarketings) kommen zu Beginn zusammen, um gemeinsam die User Storys der Position zu definieren und soweit wie möglich gegeneinander zu priorisieren. Wenn nicht alle räumlich und zeitlich verfügbar sind, kann dies auch in einer Kombination aus Teiltreffen und schriftlicher Kommunikation passieren.

   Das Projektteam bestimmt einen Product Owner aufseiten der Fachabteilung, der oder die dann auch intern mit entsprechender Entscheidungsbefugnis ausgestattet wird. Es definiert darüber hinaus eine Person, die idealerweise auch eine entsprechende Ausbildung im agilen Management genossen hat, als Scrum Master. Und es stimmt sich über den Suchprozess ab. Ein solches Meeting dauert, wenn es von der Fachabteilung gut vorbereitet wurde, maximal eine Stunde. Natürlich muss nicht für jede zu besetzende Stelle ein so großes Team gebildet werden; für eine Praktikumsstelle kann auch ein Ein- oder Zweipersonenteam reichen.

2. Das gemeinsam von HR und dem Product Owner verfasste Stellenprofil kann dann mit den anderen Beteiligten einfach schriftlich abgestimmt werden. Falls es kompliziert werden sollte, empfiehlt sich ein kurzes Treffen oder eine Telefonkonferenz.

3. Spätestens nach 10 Tagen stimmt sich das Projektteam über die ersten Bewerbungen ab oder erarbeitet, falls es noch keine passenden Bewerbungen gibt, Änderungen in der Suchstrategie. Ein solches Meeting dauert 15 Minuten und wird vom Scrum Master moderiert.

4. Während die Fachabteilung oder die Personalabteilung mit ersten telefonischen Vorinterviews beginnt und über die Ergebnisse dem Projektteam berichtet, setzt die Personalabteilung die aktive Suche nach weiteren Kandidaten fort. Falls erst jetzt eine Personalberatung eingeschaltet wird, erhält diese vom Product Owner und der Personalabteilung ein entsprechendes Briefing und eine Übergabe des Suchprozesses.

5. Mit jeder Rückmeldung aus dem Markt entwickelt sich nun der Suchprozess weiter. Gibt es gar keine ansatzweise passenden Bewerbungen? Muss man dann woanders suchen, internationaler, oder selber ausbilden? Kann man die Position an einem anderen Standort oder im Homeoffice ansiedeln? Gibt es gute Bewerbungen, aber keine perfekt passenden? Kann man dann das Stellenprofil neu zurechtschneiden? Passt das Gehaltsniveau nicht? Kann man dann die Aufgabe anreichern und höher bewerten? Gibt es zu viele Bewerbungen? Nach welchen Kriterien kann man dann gegebenenfalls schneller filtern? Ist die Bewerberlage eventuell so schlecht,

dass man dringend einen nachhaltigen eigenen Rekrutierungs- und Ausbildungsprozess für junge Talente anstoßen muss, um zumindest mittelfristig gegenzusteuern? Kann man die Aufgabe alternativ komplett an externe Dienstleister übertragen oder gar einen entsprechenden Dienstleister kaufen, sodass man sich die eigene Rekrutierung sparen kann? Macht es gegebenenfalls Sinn, einmal zu einem anderen Unternehmen eine Exkursion zu machen, um zu lernen, wie dieses sein Rekrutierungsproblem löst? Dies sind Fragen, die das Projektteam und der Scrum Master stellen müssen, die man gemeinsam diskutieren soll und die der Product Owner letztlich entscheiden muss. Dies kann er aber nur, wenn er in den vorgelagerten Prozess eng eingebunden war.

6. Im Anschluss an das Projekt kommt das Projektteam noch einmal zusammen, um miteinander den Erfolg zu feiern und den Onboardingprozess vorzubereiten. Zudem findet die Projekt-Review statt, d. h., man analysiert Erfolgsfaktoren und Verbesserungspotenziale aus dem Projekt.

Nun mag Ihnen der Aufwand eines solchen Prozesses beträchtlich erscheinen. Aber wie nervenaufreibend ist als Alternative ein schlecht laufender Rekrutierungsprozess, in dem man immer allen Informationen und Rückmeldungen hinterherlaufen muss und der sich über sechs oder zwölf Monate hinzieht?

Letztlich können Sie auch hier einen für Ihr Unternehmen und für bestimmte Jobfamilien oder Hierarchieebenen passenden Prozess kreieren, der bestimmte klassische und bestimmte agile Elemente kombiniert. Wichtig sind das strukturelle Miteinander der Akteure und die Gleichzeitigkeit bzw. die kurzen Schleifen der Arbeitsschritte, sodass schnell entschieden werden kann und Lernerfahrungen aus dem Prozess unmittelbar in dessen Anpassung und Verbesserung einfließen.

Eine solche agile Projektorganisation kann die Personalabteilung natürlich nicht ohne das entsprechende (Ein-)Verständnis der Fachabteilung initiieren. Aber heutzutage, da sich immer mehr Unternehmen Agilität als Unternehmensziel auf die Fahnen der Führungskräfteentwicklung schreiben, hat man ja ein überzeugendes Argument auf seiner Seite, wenn man das einmal ausprobieren möchte.

! **Was wichtig ist:**

Agilität bestimmt in der agilen Personalauswahl nicht nur die Art, wie wir auswählen, sondern auch die Form der Zusammenarbeit zwischen den Projektbeteiligten. Im herkömmlichen, alten »Wasserfall«-Modell der Personalauswahl folgen die Prozessschritte konsekutiv und linear, einer nach dem anderen, in voneinander getrennten Phasen und oft mit unterschiedlichen Akteuren:

1. die Freigabe der Stelle (Fachbereich und Geschäftsführung),
2. die Erstellung des Anforderungsprofils (Personal in Abstimmung mit Fachbereich),
3. die Definition der Suchstrategie (Personal),
4. die eigentliche Suche (Personal),
5. die Präsentation der Kandidaten an den Fachbereich (Personal und Fachbereich),
6. die Interview- und Auswahlphase (Fachbereich in Abstimmung mit Personal),
7. die Gehaltsfindung und Vertragsgestaltung (Personal),
8. die Einarbeitung (Fachbereich).

Im agilen Prozess (»Scrum«) hingegen arbeiten der Product Owner (Fachbereich), die Personalabteilung und Vertreter anderer relevanter Schnittstellen kontinuierlich und in enger Abstimmung an der Besetzung der Stelle. Ein gegebenenfalls zu benennender Scrum Master stellt die Konstruktivität und Effizienz des Prozesses sicher.

Die Projektphasen verschwimmen miteinander, in regelmäßigen Rückkopplungsschleifen wird das Ziel kontinuierlich überprüft und gemäß dem Rücklauf der Bewerbungen (und eventuellen Veränderungen im Business) weiterentwickelt.

4.2 Wie integrieren wir Vielfalt und kulturelle Unterschiede?

Die Rekrutierung von Kandidatinnen und Kandidaten mit einem anderen kulturellen Hintergrund ist ein offensichtlich relevantes Anwendungsfeld der agilen Personalauswahl. Denn hier begegnen uns Bewerber, die andere Regeln und Muster für ihre Kommunikation, für ihren Beziehungsaufbau, für ihren Führungsstil oder für ihre Konfliktlösung gelernt haben. Diese Muster sind zunächst einmal nicht besser oder schlechter als unsere eigenen. Da wir sie aber nicht kennen, bewerten wir sie nach unseren eigenen Maßstäben und kommen dabei oft zu Schlussfolgerungen, die der Persönlichkeit und den Kompetenzen der Kandidaten in keiner Weise angemessen sind. In meinem Buch »Internationale Personalauswahl – Wie wir die Richtigen erkennen, auch wenn sie anders sind als wir« (Riedel, 2015) habe ich diese ausführlich und mit zahlreichen Beispielen aus internationalen Interviewsequenzen beschrieben. Die nachfolgenden Seiten enthalten einige wesentliche Erkenntnisse aus diesem Buch, zugeschnitten auf eine Anwendung im Konzept einer agilen Personalauswahl.

Dabei geht es nicht darum, dass wir in der interkulturellen Rekrutierung die jeweils gültigen Codes und Kulturstandards nur lernen müssten, um dann »richtig« interpretieren zu können, was die Kandidaten meinen mit ihren Antworten. Denn erstens werden wir uns diese kulturellen Prägungen nie so gut und vollständig aneignen können wie die Kandidaten selbst; wir werden bei aller Vorbereitung nie so »chinesisch« denken und fühlen wie ein Chinese. Und zweitens sind Kulturen natürlich auch nicht starr und monolithisch, alle Russen sind genauso wenig gleich russisch, wie alle Deutschen gleich deutsch sind. Unsere national-kulturellen Prägungen mischen sich mit anderen Prägungen aus Stadt oder Land, Region, sozialem Milieu, Generation, Geschlecht, Religion, Familie, aus internationalen Erfahrungen und natürlich mit den spezifisch von uns antizipierten Verhaltens- und Anpassungserwartungen in der Situation selbst. Die Frage, welche Bedeutung ein nationaler oder regionaler Kulturstandard für die Interpretation eines Bewerberhaltens hat, können wir also niemals vorab beantworten. Im Gegenteil, diese Frage ist eine wichtige Teilfrage an den diagnostischen Prozess selbst, die wir also erst im und nach dem Vorstellungsgespräch beantworten können und wollen.

Wir müssen also agil bleiben bei der Auswahl einer – um ein Beispiel zu nehmen – polnischen Bewerberin, selbst wenn wir meinen, dass wir uns im polnischen Kulturraum sehr gut auskennen. Die Kenntnisse um mögliche spezifisch polnische kulturelle Prägungen helfen uns nur dabei, dass wir nicht vorschnell nur nach unseren deutschen Maßstäben bewerten. Und sie erweitern unseren Korridor für mögliche alternative Interpretationen, sodass wir noch im Vorstellungsgespräch leichter neue Hypothesen bilden können, die wir dann im weiteren Verfahren gemeinsam mit der Kandidatin überprüfen können.

Nehmen wir als Beispiel den Umgang mit Hierarchien. Auch wenn dies in Polen – genauso wie in Deutschland ja auch – einem starken Wandel unterliegt, so hat doch tendenziell und über alle Unternehmen hinweg ein Chef in Polen eine größere Macht und wird vorsichtiger von seinen Mitarbeitern behandelt als in Deutschland. Wenn nun die Kandidatin im Vorstellungsgespräch Situationen schildert oder Verhaltensweisen zeigt, die sehr zurückhaltend und vielleicht ein bisschen unterwürfig gegenüber dem Vorgesetzten wirken, dann wäre es vorschnell, sie darum gleich als nicht durchsetzungsstark, als schüchtern oder gar als unselbstständig zu bewerten. Unter Umständen – genau das gilt es im Interview herauszufinden – ist sie nichts von alledem, sondern sie ist nur kulturell damit aufgewachsen, dass man Chefs gegenüber eher solche Verhaltensweisen zeigt. Wenn dem so wäre, dann wäre sie mit ein bisschen interkulturellem Training und positiven Rückkopplungen sicher schnell in der Lage, diesbezüglich in einem anderen (unternehmens-)kulturellen Kontext auch anders aufzutreten.

Die nachfolgenden Ausführungen sind also nicht dazu gedacht, Ihnen zu sagen, wie andere Bewerber kulturell ticken und wie Sie darum deren Antworten zu bewerten haben. Es geht vielmehr darum aufzuzeigen, wie die Kandidaten kulturell ticken **könnten**. Ziel ist es, Ihnen damit ein tieferes, vielseitigeres und offeneres Instrumentarium für den Perspektivenwechsel (Schritt vier in der agilen Personalauswahl, s. Kapitel 3.4.4), also für das Verständnis der möglichen Logik einer Antwort aus Sicht der Bewerber an die Hand zu geben.

In der Vorbereitung auf internationale Auswahlprozesse haben sich dabei zwei Modelle als besonders gewinnbringend erwiesen, um für das Thema zu sensibilisieren und um daraus konkrete Handlungsvorschläge zu entwickeln:

- Zum einen das Kulturtypenmodell von Richard Lewis als Grundlage für ein Verständnis kultureller Unterschiedlichkeit und die möglicherweise aus diesen Unterschiedlichkeiten resultierenden gegenseitigen Fehlinterpretationen.
- Zum anderen das Konzept individualistischer gegenüber interdependenten Selbstkonzepten (nach Markus und Kitayama, 1991) und den damit einhergehenden unterschiedlichen Denk- und Argumentationsstilen.

4.2.1   Das Kulturtypenmodell von Richard Lewis

In seinem Kulturtypenmodel (Lewis, 2000) hat Richard Lewis die aus der kulturvergleichenden Forschung von Wissenschaftlern wie Hofstede, Trompenaars oder Hall bekannten Kulturdimensionen in drei »Grundtypen« zusammengefasst und daraus eine kulturelle Landkarte erstellt (vgl. Abbildung 6). Die drei stark vereinfachten Idealtypen des »Linear-Aktiven Typus«, des »Multi-Aktiven Typus« und des »Reaktiven Typus« bei Lewis bilden in diesem Modell ein Kontinuum, auf dem sich alle existierenden Kulturen abbilden lassen. Linearaktiv geprägte Menschen kommunizieren und handeln dabei in der Tendenz individualistisch, durchsetzungsorientiert, direkt und sachbezogen. Multi-aktiv ausgerichtete Kulturen zeichnen sich aus durch eine hohe Beziehungsorientierung, Emotionalität und Expressivität, polychrones Zeitempfinden und Nähe. Reaktive Kulturräume schließlich sind idealtypisch bestimmt von starkem Gruppenkollektivismus, Hierarchieorientierung und kontextbezogener, indirekter, kontrollierter und gesichtswahrender Kommunikation.

Dabei liegt der deutsche Kulturraum auf der äußeren Spitze des Linear-aktiven Typus, Lateinamerika entspricht am ehesten dem Multi-aktiven Modell und Ostasien liegt auf dem äußeren reaktiven Punkt.

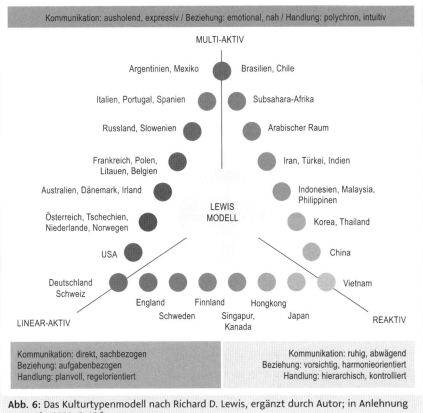

Abb. 6: Das Kulturtypenmodell nach Richard D. Lewis, ergänzt durch Autor; in Anlehnung an Lewis, 2000, S. 49 f.

Die konkrete Zuordnung von »Landeskulturen« zu den Kulturtypen ist sicher ein Schwachpunkt des Modells, denn in einer solchen Vereinfachung liegt immer die Gefahr, Stereotype und Zuschreibungen eher zu verfestigen, anstatt sie aufzulösen. Das Hilfreiche daran ist aber seine Einfachheit, mit der es kulturelle Muster als gleichwertig greifbar macht und damit verdeutlicht, dass nicht der eine oder andere Typ besser ist, sondern dass es schlicht Unterschiede gibt.

Im Vorstellungsgespräch konkretisieren sich diese unterschiedlichen Kulturtypen dann einerseits auf der Inhaltsebene (welche Lösungswege wählen die Kandidaten?), andererseits auf der Ebene der Kommunikation an sich (wie bauen die Bewerber ihre Antworten auf und welche Beziehung zu den Interviewenden stellen sie her?). Nachfolgend finden sich einige Beispiele dazu, wie sich einzelne Kulturdimensionen jeweils in den drei Kulturtypen ausdrücken und zu welchen gegenseitigen Missverständnissen und Abwertungen dies dann im Vorstellungsgespräch führen kann.

Unsicherheitsvermeidung/Regel-, Zeit- und Planungsverständnis

Wie sehr folgen die Handlungen, Gedanken und Ausführungen der Kandidaten im Interview einem Plan? Wie stark springen sie in der Agenda? Wie sehr gehen sie Fragen eher analytisch-strukturiert oder eher assoziativ an? Wie sehr nehmen sich die Kandidaten die Freiheit, Regeln nicht zu befolgen und wie bewerten sie das bei anderen? Bewerber aus Ländern des multi-aktiven Typus werden hier genauso wie Kandidaten des reaktiven Typus tendenziell spontaner, freier, assoziativer und weniger regelorientiert vorgehen als diejenigen des linear-aktiven Typs. Auswählende, die dem linear-aktiven Typ angehören (also z. B. aus Deutschland sind), laufen Gefahr, Bewerber aus anderen Kulturräumen als unzuverlässig, unstrukturiert, chaotisch oder planlos zu bewerten. Anders herum werden linear-aktive Kandidaten von Auswählenden der anderen Typen tendenziell als unflexibel, starr, eigensinnig oder langsam wahrgenommen. Beide urteilen gegebenenfalls aber natürlich zu schnell, denn sie bewerten das Verhalten der anderen auf der Basis ihrer eigenen kulturellen Perspektive und erkennen den Sinn und die Logik nicht, die dem Verhalten aus der Selbstsicht der Bewerber zugrunde liegt.

Hierarchie

Wie sehr versucht ein Kandidat, dem Interviewer inhaltlich Recht zu geben, da dieser hierarchisch höher steht? Welche Führungs- und Motivationskonzepte wendet er an und wo wird das Durchsetzen oder auch das selbstständige Entscheiden hierarchisch verankert? Traut sich der Kandidat, Rückfragen zu stellen, wie hält er Blickkontakt und kann er auch »Nein« sagen? Bewerber des reaktiven Typus werden hier überwiegend dazu neigen, hierarchischen Unterschieden große Beachtung zu schenken; die geringsten Statusunterschiede werden meist beim linear-aktiven Typus gemacht. Interviewer aus einem weniger hierarchisch geprägten Kulturraum bewerten dabei Kandidaten der anderen Kulturräume tendenziell als weniger selbstständig, weniger selbstbewusst, schüchterner und weniger durchsetzungsstark. Anders herum wird weniger hierarchiebewussten Bewerbern von der anderen Seite schnell Eigensinn, Disziplinlosigkeit, fehlende Teamfähigkeit und Überheblichkeit unterstellt.

Individualismus/Kollektivismus

Was schreibt die Kandidatin ihrer eigenen Leistung zu, wie sehr stellt sie sich selbst in den Mittelpunkt? Wie deutlich und ausführlich werden eigene Ziele, Stärken oder Schwächen benannt oder hinter der Gruppe »versteckt«? Wie wichtig ist es der Kandidatin, im Interview ihre eigene Meinung auszudrücken, und wie reagiert sie, wenn die Gefahr besteht, etwas Falsches zu sagen? Wie direkt oder indirekt löst sie Konflikte und welches Maß an Rücksichtnahme wendet sie an? Wie sehr werden persönliche oder familiäre Netzwerke im Interview hervorgehoben und wie sehr wird Status an externen Faktoren (Universität, Titel, Familienzugehörigkeit) festgemacht? Bewerber des reaktiven Typus handeln dabei überwiegend stärker kollektiv ausgerichtet, gefolgt vom multi-aktiven Typus. Der linear-aktive Typ ist in der Regel am deutlichsten individualistisch geprägt. In der Interviewsituation führt dies dann dazu, dass Auswählende des linear-aktiven Typus die anderen beiden Kulturtypen schnell als ausweichend, diffus, inkonsistent oder bescheiden erleben. Anders herum wirken stark individualistische Bewerber auf eher kollektiv geprägte Interviewer tendenziell laut, wenig integrativ, arrogant, unhöflich und konfrontativ.

Bestimmtheit/Durchsetzungsvermögen/Leistungsorientierung (»Assertiveness«)

Wie viel und wie laut reden die Kandidaten, wie ausladend und raumgreifend sind ihre Gesten und trauen sie sich, den Interviewer zu unterbrechen? Wie wettbewerbsgeprägt ist ihr Denken, wie sehr sehen sie sich in Konkurrenz und lösen Konflikte in den Dimensionen von Macht und Gewinnen versus Verlieren? Wie stark werden Erfolge gemessen und bewertet? Hier agiert der linear-aktive Typ typischerweise gemeinsam mit dem multi-aktiven Typ am durchsetzungsorientiertesten, wohingegen der reaktive Typ leiser und konsensorientierter auftritt. Im Vorstellungsgespräch wird reaktiv geprägten Bewerbern darum oft unterstellt, sie seien schwach, biegsam und nicht durchsetzungsfähig, was aber so nicht stimmt. Diese wählen nur andere Wege und drücken es anders aus, wenn sie sich durchsetzen wollen. Umgekehrt werden Bewerber aus linear-aktiven und multi-aktiven Kulturräumen von Auswählenden des reaktiven Kulturraums oft in die Schubladen taktlos, undiplomatisch, herrisch und unachtsam gesteckt.

Direkte (»Low Context«)/indirekte (»High Context«) Kommunikation

Wie ausführlich wird auf einzelne berufliche Stationen eingegangen, wie explizit werden Erfolge und vor allem Misserfolge benannt, wie konkret werden spezifische Rahmenbedingungen erläutert? Wie präzise oder wie bewusst vage sind Formulierungen gehalten, wie viel wird generell geredet? Werden klare Antworten gegeben, auch wenn der Kandidat unsicher ist, ob diese Antwort erwünscht ist? Oder ist er bereit, von der Wahrheit abzuweichen, wenn es die Situation oder die Beziehung erfordert? In Bezug auf diese Dimension ist der reaktive Typus in der Regel am stärksten »High Context«-orientiert, d.h., die indirekte, und angedeutete Kommunikation überwiegt. Der linear-aktive Typus bevorzugt eine »Low Context«-orientierte, direkte und explizite Kommunikation, der multi-aktive Typ liegt dazwischen. In der gegenseitigen Zuschreibung finden die linearen Auswähler die andere Seite oft unstrukturiert, ausweichend, unklar und nicht auf den Punkt kommend, umgekehrt werden linear gepolte Kandidaten von der anderen Seite tendenziell als wenig eloquent und plump, als unhöflich, vorschnell und manipulativ abgewertet.

Emotionalität/Sachlichkeit

Wie sehr gilt es für die Kandidatin als professionell, ihre Emotionen zu verstecken, wie sehr als menschlich, sie zu zeigen? Wie stark gestikuliert sie, wie laut spricht sie und wie expressiv ist ihre Mimik? Diesbezüglich agiert der multi-aktive Typus tendenziell in einem emotionalen, expressiven Kommunikationsstil, während es dem reaktiven Typus wichtig ist, die eigenen Emotionen nach außen hin zu verbergen. Hier liegt der linear-aktive Typus in der Mitte, tendiert aber auch zu einem sachlichen, eher nüchternen Ausdruck. Der reaktive Typus (und meist auch der linear-aktive Typ) wird die emotional expressiveren Kulturen im Ansatz als unprofessionell, unreif, unernst und distanzlos empfinden. Der multi-aktive Typus hält die anderen beiden Kulturräume dagegen eher für steif, ohne Mitgefühl, unaufrichtig und unnahbar.

Natürlich sind all diese Klassifizierungen stark vereinfacht und in vielen einzelnen Beobachtungen lassen sich Beispiele finden, die diesen Zuordnungen zu widersprechen scheinen.

Die Details und Spezifikationen der kulturellen Hintergründe sind komplex und oftmals widersprüchlich. Umso wichtiger ist es zu verinnerlichen, dass eine regional vorherrschende kulturelle Prägung kein individuelles Verhalten vorhersagen kann. In derartigen Modellen lässt sich nur ein kollektiv bevorzugter Verhaltenskorridor beschreiben, von dem aber je nach Kontext auch abgewichen werden kann.

Schauen wir uns nun noch an, wie sich diese drei Kulturtypologien in einem Auswahlprozess der eignungsdiagnostischen Schule 2.0 widerspiegeln. Nehmen wir dazu eine der zentralsten, aber auch eine der kulturell am einfachsten zu verzerrenden Kompetenzen, »effektiv kommunizieren«. In den Kompetenzmodellen verschiedener deutscher Unternehmen haben wir dafür in der Praxis zahlreiche Verhaltensbeschreibungen hinsichtlich dessen gefunden, woran man eine Kandidatin oder einen Mitarbeiter, der effektiv kommuniziert, vermeintlich erkennt:

- spricht deutlich, flüssig und verständlich;
- antwortet differenziert und präzise, kommt auf den Punkt;
- stellt die eigenen Überlegungen prägnant und pointiert dar;
- vermittelt Inhalte konsistent und relevant;
- argumentiert objektiv und schlüssig;
- nutzt Fakten und rationale Argumente, um zu überzeugen und zu beeinflussen;
- benennt eigene Positionen und Meinungen klar, offen und aufrichtig;
- hört aktiv zu und fragt nach, ob es richtig verstanden wurde;
- informiert andere rechtzeitig, umfassend und verständlich;

- nutzt Medien und technische Unterstützung effektiv;
- präsentiert selbstbewusst und überzeugend.

Es ist offensichtlich, dass diese Beschreibungen von »effektivem Kommunizieren« vieles von dem ausdrücken, was in einem stark linear-aktiv geprägten Kulturraum wie Deutschland als »effektiv« und damit positiv bewertet wird. Deutsche schätzen Kommunikation im beruflichen Kontext (und meist auch im privaten) tendenziell dann, wenn sie klar, strukturiert, sachlich, planvoll, auf den Punkt, substanziell, ehrlich, zuverlässig und individuell zuzuordnen ist.

Stellen Sie sich nun vor, »effektives Kommunizieren« würde wie folgt beschrieben:
- spricht energievoll, lebhaft und überzeugend;
- formt Hypothesen, stellt verschiedene Perspektiven einander gegenüber;
- stellt die eigenen Überlegungen kreativ und innovativ dar, findet elegante Lösungen;
- vermittelt Inhalte auf unterschiedlichen Wegen, setzt Wiederholungen geschickt ein;
- argumentiert leidenschaftlich und emotional;
- nutzt Gestik und Mimik, um zu überzeugen und zu beeinflussen;
- benennt eigene Positionen und Meinungen mit Humor und Taktgefühl;
- zeigt Interesse, beherrscht Small Talk;
- verwendet Informationen taktisch klug, um die eigene Position zu unterstützen;
- ist amüsant, langweilt nicht;
- präsentiert eloquent und findet die richtigen Worte, kann gut formulieren.

Mit dieser Verankerung von effektiver Kommunikation, die eher den multiaktiven Kulturstandards aus Lateinamerika, Südeuropa und Frankreich entspricht, würden deutsche Kandidaten wohl nicht als besonders »effektiv kommunizierend« eingeschätzt.

Oder was wäre, wenn »effektives Kommunizieren« in den eher reaktiven Kulturstandards aus Japan, China und Südostasien wie folgt dargestellt würde:
- spricht ruhig, verständig und ausgewogen;
- antwortet umfassend, lässt nichts aus;
- hört gut zu, lässt Pausen;
- stellt die eigenen Überlegungen taktvoll und diplomatisch dar;
- vermittelt Inhalte ganzheitlich, erkennt Wechselwirkungen;
- argumentiert freundlich und gesichtswahrend, lässt Interpretationsspielräume;
- nutzt Beispiele und Referenzen, lässt andere für sich sprechen;

- lässt sich eigene Gedanken und Gefühle nicht anmerken;
- agiert sensibel, erkennt Schwingungen und nonverbale Signale;
- informiert loyal und zuverlässig;
- bringt sich ein, hilft der Gruppe, voranzukommen;
- präsentiert unaufdringlich und angenehm, lächelt viel.

Auch bei dieser Beschreibung von »effektivem Kommunizieren« dürften deutsche Kandidaten wohl nur geringe Chancen haben, eine gute Bewertung und somit die Stelle zu bekommen.

Damit wird deutlich, dass das kommunikative Grundprofil, nach dem wir in unseren Vorstellungsgesprächen immer suchen, in hohem Maße von unserer kulturellen Prägung beeinflusst ist. Bewerberinnen, die besonders viel reden oder besonders laut, die sehr vage und umkreisend agieren oder lange Pausen lassen, Kandidaten, die weit ausholen oder zu expressiv auftreten, sie alle entsprechen in Deutschland nicht der Vorstellung von »effektiv kommunizierend«. In einem vordefinierten Bewertungsprozess nach dem Modell 2.0 werden sie es darum schwer haben, uns als deutsche Auswähler zu überzeugen, selbst wenn sie sich auf eine Stelle bewerben, in der es auf einen deutsch geprägten Kommunikationsstil überhaupt nicht ankommt.

4.2.2 Individualistische vs. interdependente Selbstkonzepte

Die Eingängigkeit eines Modells wie das eben beschriebene von Richard Lewis ist hilfreich, um kulturelle Vielfalt einordnen und als gleichwertig akzeptieren zu können, ohne sich mit jedem einzelnen Kulturraum befassen zu müssen. Um zu einer tieferen Wertschätzung dieser Unterschiede zu kommen, um sie auch als Mehrwert und eventuell sogar bessere Alternative zu unseren gewohnten Denkmustern in Betracht ziehen zu können, müssen wir aber nicht nur die kulturellen Unterschiede selbst, sondern auch ihre tieferen Verwurzelungen und Entstehungsgeschichten kennenlernen. Die Beobachtung, um hierfür ein Beispiel zu geben, dass japanische Bewerber im Vorstellungsgespräch tendenziell leiser und zurückhaltender auftreten als deutsche, können wir erst dann auch emotional wirklich annehmen (und damit bewerten), wenn wir verstehen, warum sie es tun. Erst wenn wir die Sinnhaftigkeit der Handlungen unseres Gegenübers begreifen und erst recht, wenn wir erkennen können, dass diese Logik auch in unserem eigenen Kontext Sinn ergeben könnte, dann haben wir wirklich einen Verständnissprung gemacht.

Hierfür arbeiten wir gerne mit dem von den Wissenschaftlern Markus und Kitayama 1991 entwickelten Konzept unterschiedlicher Selbstkonzepte, da sich in diesem auch die innere Logik vieler kulturell unterschiedlich geprägter

Verhaltensweisen offenbart. Kern des Modelles ist die Unterscheidung von unabhängigen und individualistischen gegenüber vernetzten und interdependenten Konstruktionen des »Selbst«. Menschen mit einer individualistischen Selbstkonstruktion, wie sie für die westliche Welt typisch sind, sehen sich dabei tendenziell eher als abgegrenzte Einheiten, die aus ihrem Individualismus heraus mit ihrer Umwelt in Interaktion treten. Ich als Tim Riedel, so mein Selbstbild, bin zunächst einmal Tim Riedel und trete dann mit dieser abgegrenzten Persönlichkeit mit all meinen Eigenschaften, Stärken, Meinungen und Zielen mit meiner Umwelt in Kontakt. Menschen mit einer interdependenten Selbstvorstellung sehen sich dagegen zunächst als Teil eines übergeordneten Ganzen, ihrer Familie, Gruppe oder Firma. Erst durch ihre Position und ihre Beziehungen im Kollektiv definieren und entfalten sie ihre Persönlichkeit. Ich als Tim Riedel, so mein Selbstbild in dieser Denkweise, bin nicht immer der Gleiche, sondern, wer ich bin, wie ich bin und was mich ausmacht, entsteht erst aus dem Kontext und aus der Position heraus, in der ich mich befinde.

Das Ziel von Menschen mit einer individualistischen Selbstkonstruktion ist es entsprechend, sich anderen Menschen in ihren individuellen Eigenschaften und Zielen zu zeigen und sich mit ihnen darüber auszutauschen. Das Ziel von interdependent geprägten Menschen ist dagegen zunächst die Integration in das vorhandene Beziehungsgefüge. Die japanische Grußformel »Dohso yo roshiku onegai shi-mas« (sinngemäß: »Schön, Sie kennenzulernen«, aber wörtlich: »Bitte nehmen Sie mich in Ihre Gruppe auf«) ist hierfür deutlicher Ausdruck. Anstatt sich unabhängig vom Kontext zu sehen und danach zu handeln, wie man zu sein glaubt, suchen interdependent ausgerichtete Menschen zunächst nach einer Antwort, wo sie im sozialen Gefüge einer Gruppe stehen und was für eine Verhaltenserwartung an sie sich daraus ableitet. Dabei haben natürlich alle Menschen sowohl individualistische als auch interdependente Seiten und zeigen entsprechende Verhaltensweisen. Die Ausprägung der einen wie der anderen Seite ist jedoch stark kulturell geprägt.

In der Forschung wurde dieses Modell aus einer Gegenüberstellung der ostasiatischen mit der westlichen Welt heraus entwickelt. Eine stärkere Ausprägung gruppenkollektivistischer Grundhaltungen konnte aber weltweit in verschiedentlichen Untersuchungen (zuletzt in der breit angelegten sog. GLOBE Studie, vgl. House et al., 2004) auch in Osteuropa, Südasien, dem Nahen Osten, Afrika und Lateinamerika nachgewiesen werden. Man kann also annehmen – und viele Erfahrungen aus der eigenen Trainingspraxis sprechen dafür – dass in diesen Kulturregionen interdependente Selbstkonzepte prägender für das Verhalten sind als z. B. in Europa oder in den USA.

Eine Studie von Li, Zhang, Bhatt und Yum aus dem Jahr 2006 mit chinesischen, indischen und anglokanadischen Erwachsenen illustriert diese Unterschiede im Selbstkonzept eindrücklich. Die Wissenschaftler ließen die Studienteilnehmenden auf der sogenannten IOS-Skala (Inclusion of Other in the Self-Scale) die Nähe ihrer Beziehung zu wichtigen Personen in ihrem sozialen Umfeld (vom engsten Familienmitglied bis zum Nachbarn) markieren. Die Ergebnisse wurden anschließend übertragen auf eine numerische Likert-Skala von 1 (getrennt) bis 7 (am meisten überlappend).

Dabei zeigte sich, wie Abbildung 7 verdeutlicht, die indische Gruppe am deutlichsten interdependent in ihrem Selbstkonzept, knapp gefolgt von der chinesischen Gruppe und mit großem Abstand (im Schnitt rund 1,5 Punkte) vor der kanadischen. Nur in der Kategorie »Nähe zum besten Freund/zur besten Freundin«, den/die sie sich als Individualisten ja auch selbst gewählt hatten, lagen die kanadischen Teilnehmenden gleichauf.

Bemerkenswert an den von Li et al. generierten Ergebnissen ist, dass im Selbstkonzept der asiatischen Teilnehmer die wahrgenommene Verbundenheit mit Nachbarn, Kollegen und Verwandten fast genauso hoch ist wie bei der kanadischen Gruppe zu deren engsten Freunden und nahen Familienmitgliedern. Wenn Sie dieses Ergebnis einmal als westlich geprägte Leserinnen und Leser auf sich übertragen: Können Sie sich vorstellen, sich einem Kollegen oder Nachbarn so nah zu fühlen und ihm gegenüber eine so ausgeprägte Abhängigkeit zu empfinden, wie Sie es mit Ihren Geschwistern oder engsten Freunden erleben? Ist es für Sie denkbar, dass das Bild, das Ihre Nachbarn von Ihnen haben, für Sie die gleiche Bedeutung hat wie das Ihrer engen Freunde? Was würde das heißen für die Vorsicht, die Sie in dieser Beziehung dann walten ließen? Wie stark würde Ihr Selbstbild dann von den Urteilen und Fremdbildern dieses sozialen Umfeldes bestimmt? Wie klar, direkt und rücksichtslos würden Sie sich trauen, Ihre Meinung zu sagen, wenn Ihnen das Urteil eines Kollegen so wichtig wäre wie das Ihres besten Freundes? Wie sehr würden Sie sich dann anstrengen, um ihre Gruppenzugehörigkeit sicherzustellen? Vor dem Hintergrund einer in dieser engen Form wahrgenommen Abhängigkeit vom sozialen Umfeld wird es auch für einen westlich-individualistisch geprägten Menschen etwas besser vorstellbar, was es heißt, ein interdependentes Selbstkonzept zu besitzen.

Nicht zuletzt fällt auf, dass kulturübergreifend – außer im Hinblick auf die Nachbarn – durchgängig Frauen höhere Werte der Vernetzung aufweisen als Männer. Die folgenden Ausführungen dazu, wie sich ein interdependentes Selbstkonzept im Vorstellungsgespräch ausdrückt, können somit vermutlich auch zu einem besseren Verständnis von unterschiedlichem weiblichem und männlichem Verhalten im Bewerbungsprozess beitragen.

Durchschnittswerte für die Selbst-Andere-Verbundenheit als Funktion von Kultur und Geschlecht

Geschlecht	Indien M	Indien n	China M	China n	Kanada M	Kanada n
Engste Familienmitglieder						
Männer	6.05	111	5.91	103	4.54	113
Frauen	6.12	101	5.87	93	4.88	106
Enge Familienmitglieder						
Männer	5.55	111	5.47	103	3.84	114
Frauen	5.84	101	5.51	93	3.98	106
Engster Freund						
Männer	4.54	111	4.19	103	4.02	114
Frauen	5.40	101	4.13	93	4.63	106
Enge Freunde						
Männer	4.11	111	3.66	103	3.02	113
Frauen	4.64	101	3.67	93	3.31	106
Verwandte						
Männer	3.86	111	3.76	103	2.12	113
Frauen	4.56	100	3.90	93	2.50	106
Kollegen						
Männer	3.97	109	3.39	103	2.36	113
Frauen	4.49	89	3.35	93	2.46	106
Nachbarn						
Männer	3.45	110	3.26	103	1.63	114
Frauen	4.12	100	3.09	93	1.59	106

Hinweis   M = Mittelwert, Durchschnitt, arithmethisches Mittel
n = Anzahl der Befragten

Abb. 7: Durchschnittswerte für die Selbst-Andere-Verbundenheit als Funktion von Kultur und Geschlecht; in Anlehnung an Li, Zhang, Bhatt u. Yum, 2006; eigene Übersetzung

Es würde nun den Rahmen dieses Buches sprengen, die kulturhistorischen Wurzeln beider Selbstkonzepte ausführlich zu erläutern, auch wenn es für ein tiefes Verständnis beider Ansätze natürlich hilfreich wäre. Die auf Unabhängigkeit ausgerichteten griechischen Denker, das newtonsche mechanistische Weltbild, die Logik der Aufklärung und die Rationalität der Cartesianischen Wende, der am eigenen Gewissen ausgerichtete Protestantismus, die individualisierende Dynamik von Kapitalismus und Industrialisierung – das alles hat seinen geistesgeschichtlichen Anteil am unabhängigen Selbstkonzept der heutigen westlichen Welt.

Kollektiv ausgerichtete, meist landwirtschaftlich (insbesondere vom Reisanbau) geprägte Ökonomien, zentral oder paternalistisch strukturierte Herrschaftsverhältnisse sowie religiöse Bezugssysteme mit einer starken spirituellen Ausrichtung korrelieren dagegen eher mit einem interdependenten Selbstkonzept. Die Philosophien des Buddhismus, des Taoismus und des Konfuzianismus haben schließlich in Ostasien das interdependente Bild eines harmonischen Miteinanders und einer ganzheitlichen, sich gegenseitig bedingenden Welt besonders stark geprägt.

Für eine vertiefende Lektüre kann ich Ihnen insbesondere die Bücher bzw. Artikel von Nisbett (2003), Markus und Kitayama (1991), Miike (2012), Kim (2002) sowie – zum Verständnis unserer eigenen deutschen kulturellen Wurzeln – von Schroll-Machl (2003) ans Herz legen.

Im Vorstellungsgespräch drücken sich nun diese unterschiedlichen Selbstkonzepte in zahlreichen fast gegensätzlichen Grundhaltungen der Gesprächsführung aus. Abbildung 8 illustriert dies auf bild- bzw. symbolhafte Weise:

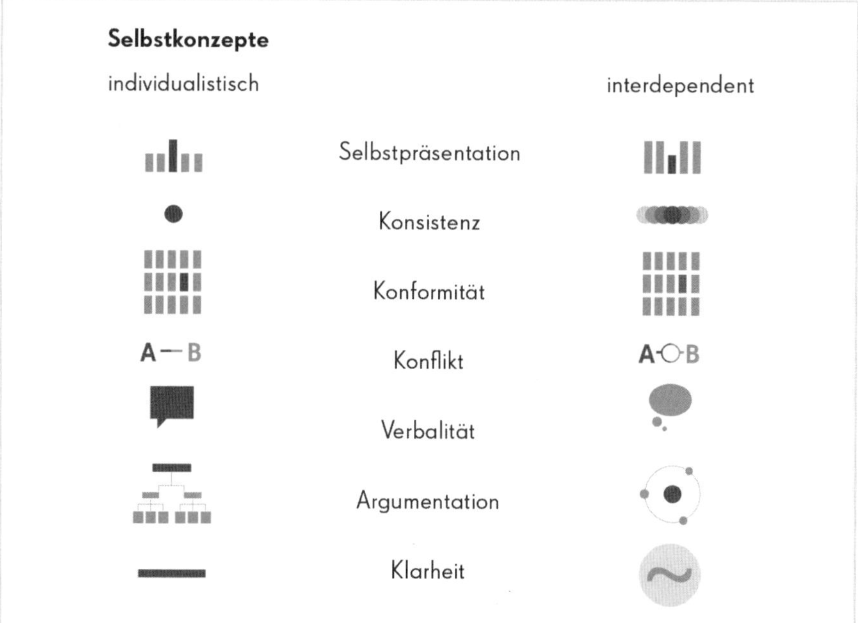

Abb. 8: Ausdrucksformen eines individualistischen und interdependenten Selbstkonzepts im Vorstellungsgespräch; Quelle: eigene Darstellung; Grafiken: Kristina Pinkert

Selbstpräsentation: In einem individualistischen Weltbild, wie es in den westlichen Ländern üblich ist, ist es geboten, die eigenen Stärken klar zu benennen und die Besonderheiten der eigenen Persönlichkeit herauszustellen. In einem interdependenten Kontext lautet das Paradigma, sich als gut integrierbar, lernwillig und bescheiden zu präsentieren. Entsprechend werden Selbstkritik, Zurückhaltung und Bescheidenheit hier als schüchtern, unsicher und durchsetzungsschwach, dort als wohlerzogen und rücksichtsvoll bewertet. Selbstlob erfolgt in einem interdependent geprägten Kontext dann am besten indirekt durch Beschreibung des Kontextes oder durch Komplimente, die der Gesprächspartner erwidert.

Konsistenz: In einem unabhängig und abgegrenzt verstandenen Persönlichkeitsbild existieren Eigenschaften und Verhaltenspräferenzen absolut und variieren kaum. Entsprechend zielt das Vorstellungsgespräch darauf ab, ein konsistentes Persönlichkeitsbild der Kandidaten zu erkennen, aus dem sich ihre Passung auf die Position und in die Unternehmenskultur ergibt. In einem interdependenten Selbstbild ist die eigene Persönlichkeit eine deutlich weniger relevante Größe, denn das Verhalten richtet sich viel stärker nach dem Kontext als nach den eigenen Eigenschaften. Entsprechend zielt auch das Verhalten im Bewerbungsgespräch vor allem darauf ab, die eigene Anpassungsfähigkeit und vor allem Anpassungswilligkeit zu demonstrieren. Eine klare und eindeutige Darstellung der eigenen Persönlichkeit mit ihren Ecken und Kanten wird also hier positiv, dort negativ bewertet. Die beharrliche Suche nach dem Persönlichkeitskern aufseiten des westlichen Auswählenden wird vom kontextbezogen denkenden Kandidaten oft gar nicht verstanden. Eine inkonsistente, sich nicht festlegende und am Interviewenden orientierende Betonung der eigenen Integrationsfähigkeit wird entsprechend hier als negativ, dort als positiv interpretiert.

Reden und Schweigen: Sich als unabhängig und abgegrenzt verstehende Individuen begreifen es als ihre Verpflichtung, ihre Persönlichkeit zu zeigen und sich dem anderen verständlich zu machen. Das Gelingen der Kommunikation ist Senderaufgabe. Eine klare, explizite und unmissverständliche Sprache und ein steter und alternierender Redefluss werden entsprechend positiv gesehen. In einer interdependent begriffenen Welt ist es dagegen die Verantwortung der Zuhörenden, die Bedeutung des Gesagten sowie die Wünsche und Bedürfnisse der anderen zu erfassen. Direkte Sprache birgt in einer vernetzten Perspektive die Gefahr, Unstimmigkeiten oder unerfüllbare Wünsche an die sichtbare Oberfläche zu holen und damit die Harmonie der Beziehung zu stören. Zudem lenkt eigenes Reden davon ab, dem anderen achtsam zuzuhören. Nicht zuletzt legt Gesprächigkeit nahe, dass man sich selbst zu wichtig nimmt. Stetes, explizites und lückenloses verbales Kommunizieren wirkt somit schnell eigensinnig, unhöflich und unsensibel.

Konformität: In einer Welt von unabhängigen Individuen ist es das Ziel von Erziehung und Sozialisation, die eigene Einzigartigkeit zu entdecken, zu entfalten und auszudrücken. In einer Welt von Beziehungsnetzen und Gruppenzugehörigkeiten ist es dagegen das Ziel von Erziehung und Sozialisation, die Selbstbezogenheit des unreifen Kindes zu überwinden und die Integration in ein größeres Ganzes zu erlernen. Entsprechend wird es im westlich geprägten Vorstellungsgespräch – in gewissen Grenzen – positiv bewertet, die eigenen Meinungen und Haltungen klar zu benennen, während es in einem interdependenten Umfeld ein Zeichen von Bildung und Rücksichtnahme darstellt, sich einordnen und zurücknehmen zu können.

Konflikt: In einem individualistischen Selbstkonzept ist das Ideal der Konfliktlösung eine Win-win-Konstellation, in der jeder seine eigenen Interessen offen vertritt und die Interessen der anderen als gleichberechtigt akzeptiert. Dies setzt die klare und transparente Benennung der eigenen Position voraus in der Erwartung, dass das Gegenüber dies ebenso tut. In einem interdependent geprägten Kulturraum ist die offene Benennung eines Dissenses bereits eine ernst zu nehmende Bedrohung der Harmonie und der Beziehungsbalance; ein Gesichtsverlust für beide Seiten wäre die Folge. Die explizite Benennung und Lösung eines Konfliktes wird entsprechend hier positiv, dort negativ bewertet. Nachgeben, Ausweichen oder zweideutiges Lavieren zwischen den Positionen sind in der individualistischen Perspektive wenig zielführende Methoden der Konfliktlösung, während sie aus der interdependenten Logik heraus Reife und soziale Intelligenz dokumentieren.

Argumentation: In einer abgegrenzten, den Einzelnen in den Vordergrund stellenden Welt ist auch die Kommunikation weniger auf die Zusammenhänge bedacht. Während sich das Wesen einer Angelegenheit in einem interdependenten Kontext erst dann zeigt, wenn man ihren Kontext und die Wechselwirkungen versteht, ist die Argumentation in einer individualistischen Welt darauf ausgerichtet, eine Angelegenheit deduktiv und analytisch aus ihrem Kontext zu lösen. Entsprechend beginnen wir im Westen mit der Hauptaussage und belegen diese linear strukturiert mit den zu ihr passenden Argumenten. Alles andere lassen wir weg. In einer interdependenten Welt umkreisen wir zunächst die wesentliche These, indem wir ihren Kontext ausleuchten, und benennen sie eher beiläufig irgendwann am Ende. Auf diese Weise bleiben wir in einem interdependenten Kontext stets offen und anschlussfähig und wir stellen sicher, dass uns nichts Wesentliches entgeht. Als westlicher Beobachter halten wir diese Form der »Einkreisung« meist für unstrukturiert und unlogisch und verstehen nicht, worauf der Kandidat hinaus will.

Klarheit: Aus der vernetzten, ganzheitlichen Logik einer interdependenten Welt heraus erklärt sich zuletzt, warum Bewerber aus diesen Kulturräumen oft nicht so recht »auf den Punkt« kommen wollen. Es gibt ihn nicht, den Punkt. Alles hängt ja mit allem zusammen, es gibt sozusagen nur Kommas. Entsprechend ist das rhetorische Ideal in diesem holistischen Verständnis nicht Präzision und Klarheit, sondern Anknüpfung, Mehrdeutigkeit, Zwischenräume und Umschreibungen. Dies hat auch eine soziale Funktion, denn es lässt dem Gegenüber Interpretationsspielräume, es zwingt nicht zu einer Positionierung und es reduziert dadurch das Risiko eines Gesichtsverlusts.

Für westliche Auswählende ist dieser absichtliche Verzicht auf eine eindeutige und unmissverständliche Ausdrucksweise oft schwer erträglich. In einem Kompetenzmodell eines DAX-Unternehmens, das wir im Zuge der Globalisierung interkulturell kompatibel ausgestalten sollten, tauchte in 60 Verhaltensbeschreibungen zu den Zielkompetenzen 15 Mal das Wort »klar« auf. »Klar« zu führen, klare Ziele zu benennen, klar seine Meinung zu sagen und klar die Konfliktpunkte aufzuzeigen, ist aber nicht der universell bevorzugte Weg der Kommunikation. In weiten Teilen der Welt findet man es besser, Zwischenräume zu lassen, indirekter zu kommunizieren und vorsichtiger, Harmonie wahrender vorzugehen.

Mit diesen in die Tiefe des jeweiligen Selbstverständnisses reichenden Erklärungen kultureller Unterschiede soll deutlich werden, dass es wirklich sinnvoll ist, sich auf die Logik unserer Kandidaten einzulassen. Wir können viel von ihnen lernen, selbst wenn wir sie zunächst nicht verstehen. Eine interdependent geprägte Verhaltenslogik, wie wir sie durch sie kennengelernt haben, hilft uns ja nicht nur in China oder Japan. Auch in der westlichen Welt erkennen wir mehr und mehr, dass wir auf die Zusammenhänge und Wechselwirkungen der Dinge achten müssen, um sie zu verstehen. Auch in einem deutschen Unternehmen hat es einen Wert, vielleicht öfter mal zuzuhören als selber zu reden, anknüpfender zu kommunizieren, nicht so linear und abschließend seine Argumente zu präsentieren und sich generell als Person einmal ein bisschen zurückzunehmen. Klar, direkt und explizit seine Standpunkte zu benennen, Defizite aufzuzeigen und kritisch die Wahrheit zu suchen, wie wir es in Deutschland gelernt haben, kann effizient, qualitätsbewusst und nützlich sein. Es kann aber auch demotivierend wirken, es kann unkreativ machen und es kann menschliche Beziehungen belasten.

Es hat sich für uns im Westen bewährt, die Dinge so zu tun, wie wir sie zu tun gelernt haben. Aber das heißt ja nicht, dass wir nicht in manchen Situationen sogar noch erfolgreicher sein könnten, wenn wir einmal etwas anderes probieren würden. Die internationale Personalauswahl und generell die interkulturelle Kommunikation ist ein perfekter Ort, um sich darin zu trainieren.

4.2.3 Kulturelle Unterschiede in der agilen Personalauswahl

Mit einer agileren Form der Personalauswahl steigern wir nun unsere Chancen, Vielfalt und Neues auch dann wertschätzen und daraus lernen zu können, wenn wir nicht darauf vorbereitet sind. Auch wenn wir einer Bewerberin gegenübersitzen, die aus einem Land kommt, von dem wir gar nichts wissen, können wir mit diesem Ansatz die Treffsicherheit unserer Auswahlentscheidung deutlich erhöhen. Oder um es etwas literarischer auszudrücken: Wir geben uns damit die Chance, auch das zu erkennen, was wir noch gar nicht kennen.

- Durch den engen Bezug zur User Story reduzieren wir eine Vorab-Festlegung auf ein bestimmtes kulturelles Muster, **wie** eine Aufgabe gelöst werden muss. Die kulturelle Präferenz der Bewerber ist auf diese Art nur noch dann relevant, wenn die User Story selbst wirklich ein bestimmtes kulturelles Profil erfordert. Wenn der Kandidat z. B. ein rein deutsches Team führen oder chinesische Kunden überzeugen muss, wird er es leichter haben, wenn er in der im deutschen bzw. chinesischen Kulturraum üblichen Kommunikation etwas geübt ist. Darüber hinaus prüfen wir jeden Weg auf seine Tauglichkeit, auch wenn er von dem abweicht, worauf wir selber im Vorfeld gekommen wären.
- Durch eine beziehungsorientierte und wertschätzende Interviewgestaltung erhöhen wir die Wahrscheinlichkeit, dass wir die kulturelle Logik und die Intentionen der Kandidaten kennenlernen, weil sie sich eher trauen, diese zu offenbaren. Durch Transparenz hinsichtlich der Zielsetzung unserer Fragen bewusst gegebene zweite Chancen reduzieren wir zudem die Gefahr von kulturell bedingten Missverständnissen und wir geben uns zudem im Gespräch gegenseitig die Chance, voneinander zu lernen.
- Durch einen Fragestil, der konkret an der User Story ausgerichtet ist, schaffen wir zusätzliche Klarheit über unsere Zielsetzungen im Gespräch. Durch konkrete und individuell angepasste biografische Fragen erreichen wir eine deutlich höhere persönliche Involviertheit und Authentizität der Kandidaten, sodass sie uns auch die kulturell bedingte Logik ihrer Antworten besser plausibel machen können. Dadurch, dass wir unsere Fragen iterativ, d. h. aufeinander aufbauend und Schritt für Schritt, an den Gesprächsverlauf anpassen, können wir noch im Gespräch integrieren, was wir bereits gelernt haben.
- Schließlich bauen wir in den Bewertungsprozess mehrere Mechanismen ein, um die automatisierte Bevorzugung kulturell vertrauter Muster und stimmig scheinender Assoziationen, die wir in unserem ersten Urteil bevorzugt haben, aufzubrechen. Hierzu gehört das möglichst lange Zurückhalten des eigenen Urteils, indem wir uns zunächst streng und ausschließlich auf das Beobachten konzentrieren. Hierzu gehört zudem, dass wir uns unser Bauch-

gefühl und unsere inneren Zuschreibungen und ersten Eindrücke bewusst machen und hinterfragen, wodurch sie ausgelöst werden. Und hierzu gehört zuletzt eine bewusste Phase des Perspektivenwechsels, in der wir nach der Intention und kulturellen Logik aus der Sicht der Bewerber fahnden, in der wir alternative Interpretationen überprüfen und in der wir bewusst Beobachtungen suchen, die unser erstes Urteil infrage stellen könnten.

! **Was wichtig ist:**

In der agilen Personalauswahl haben wir die Möglichkeit, die Eignung unserer Bewerber auch dann zu erkennen, wenn sie einen anderen kulturellen Hintergrund mitbringen als wir selbst. Dies ist insbesondere deshalb wichtig, weil sich die kulturelle Prägung eines Bewerbers immer nur zum Teil daraus ableitet, wo er oder sie regional herkommt. Wir können uns auf internationale Kandidaten darum nicht dergestalt vorbereiten, dass wir ihre »stereotypischen Kulturstandards« auswendig lernen; wir müssen uns auf sie einlassen.

Die Kenntnis der jeweiligen kulturellen Prägung kann dabei hilfreich sein, sich in die Perspektive der Kandidaten hineinzuversetzen. Wichtigstes Instrument zum Verständnis ist aber, dass wir in der agilen Personalauswahl die Bewerber ausdrücklich darum bitten, uns ihre Sicht auf die Welt und ihre – gegebenenfalls auch kulturell beeinflusste – Logik zum Erfüllen der User Storys zu erklären

Ein etwas holzschnittartiges und trotzdem hilfreiches Modell zum Verständnis kultureller Unterschiede ist das Kulturtypenmodell nach Richard Lewis. An ihm erkennen wir, dass ein linear aktiver Typus (so wie viele Deutsche eher direkt, auf den Punkt kommend, planvoll, aufgabenbezogen, emotional kontrolliert) nur **eine** mögliche Form des »sinnvollen« Verhaltens darstellt. Auch multiaktive Typen (expressiver, emotionaler, weiter ausholend, beziehungsorientierter und spontaner) oder reaktive Typen (eher vorsichtig und risikovermeidend, harmonieorientiert, statusbezogen und zurückgenommen) zeigen ein aus ihrer Sicht schlüssiges und quasi alternativloses Verhalten, das zu den gleichen Ergebnissen in Bezug auf die User Storys kommen kann; nur eben anders.

Insbesondere asiatische und westliche Kulturen lassen sich mit dem Konzept eher interdependenter (kollektiver) bzw. eher individualistischer Selbstkonzepte gut gegenüberstellen. Interdependent geprägte Kulturen zeichnen sich dadurch aus, dass sie sich in der Gruppe eher einordnen, ihr Verhalten je nach Kontext flexibel anpassen, ihre Meinung zurücknehmen, Probleme nicht öffentlich austragen, weniger reden und tendenziell vager, umkreisender und anknüpfender kommunizieren. Demgegenüber gilt ein solches Verhalten in individualistisch geprägten Augen als eher schüchtern, diffus und wenig durchsetzungsfähig. Hier präferieren wir ein selbstbewusstes »sich Zeigen«, ein Demonstrieren der eigenen Stärken und Standpunkte, ein konsistentes und stabiles Auftreten, ein direktes Benennen auch schwieriger Sachthemen sowie eine klare, unzweideutige und auf den Punkt kommende Ausdrucksweise.

4.3 Wie verbinden wir Kompetenzmodelle mit einer agilen Personalauswahl?

Nun hat Sie das Modell der agilen Personalauswahl hoffentlich überzeugt und Sie möchten es in Ihrem Unternehmen, Ihrer NGO oder Behörde anwenden. Dabei stellen Sie fest, dass Sie – wenn es eine etwas größere Organisation ist mit einem modernen Personalmanagement – aber bereits über ein Kompetenzmodell verfügen, das mit genau solchen prädeterminierenden Verhaltensbeschreibungen für bestimmte Zielkompetenzen arbeitet, wie wir sie auf einem agilen Weg eigentlich vermeiden wollen. Ihr Kompetenzmodell ist aber vermutlich in einem umfangreichen und politisch hoch aufgehängten Prozess unter Beteiligung der Geschäftsleitung verabschiedet worden und viele HR-Maßnahmen sind inzwischen daran ausgerichtet. Es ist also nicht daran zu denken, es nun für die Personalauswahl einfach wieder in den Schrank zu stellen.

In einem solchen Fall müssen Sie Ihr Kompetenzmodell und Ihre User Storys miteinander verbinden. Das ist aber nicht so einfach, denn in der Regel haben Sie für Ihr Kompetenzmodell bereits jede einzelne der für Ihr Unternehmen wichtigen 6, 8, manchmal auch 12 oder sogar 16 Kompetenzen bereits mit konkretisierenden, beobachtbaren Verhaltensbeschreibungen (sogenannte »Verhaltensanker«) hinterlegt. Die Kompetenz »Handelt integer und wertebasiert« wurde also beispielsweise schon definiert als

1. agiert als Vorbild für Andere in Bezug auf Werte und Normen,
2. bezieht klar Position bei unethischem Verhalten,
3. verfügt über einen präzisen Kompass für die Bewertung von richtigem und falschem Verhalten,
4. prägt den Geist und die Kultur seiner/ihrer Umgebung.

Was machen Sie nun in der agilen Personalauswahl, wenn Sie das spezifische Verhalten der Bewerber nicht mehr so starr vorgeben, aber gleichzeitig aus politischen Gründen ihr Kompetenzmodell weiter verwenden möchten?

Am einfachsten gelingt dies zunächst, indem Sie jeder User Story die betreffenden Kompetenzen und ihre beobachtbaren Verhaltensanker als »Interpretationshilfe« an die Seite stellen. Nehmen wir als Beispiel die oben dargestellten User Storys für die Suche nach einer/m Systemadministrator, die wir mit möglichen Kompetenzfeldern kombinieren:

- Für die IT-Leitung ist der S. eine kompetente Fachperson, um die spezifische IT-Infrastruktur (Server, Software, Netzwerk, Anwendungen etc.) im Unternehmen zu installieren, zu betreiben, Nutzer zu beraten, Störungen zu beheben und die IT-Landschaft graduell weiter zu entwickeln.

® betrifft die Kompetenzfelder a) fachliche Expertise, b) effiziente Kommunikation und c) Serviceorientierung

- Mich als Anwender/Nutzer unterstützt der S. freundlich und hilfsbereit, um möglichst zeitnah die erforderliche IT-Infrastruktur so bereitzustellen, dass ich meine Arbeit optimal erledigen kann.
  ® betrifft die Kompetenzfelder c) Serviceorientierung, d) strategisches Denken und e) Entscheidungsfreude
- Als IT-Leitung wünsche ich mir vom S., dass er/sie aufgeschlossen auf Veränderungen und Verbesserungspotenziale zugeht und sein Fachwissen nach Möglichkeit auch selber proaktiv einbringt, um Optimierungschancen im System zu erkennen und zu nutzen.
  ® betrifft die Kompetenzfelder f) Initiative, g) Veränderungsbereitschaft und h) Ergebnisorientierung

Nun können wir als zusätzliche Information für die Auswählenden die User Storys mit den bereits definierten Verhaltensbeschreibungen für diese drei Kompetenzbereiche ergänzen. Wichtig ist, dass Sie dies nach Möglichkeit nicht als abschließend darstellen, sondern mit einem Zusatz versehen wie: »Dieses Kompetenzfeld drückt sich oft durch folgende Verhaltensweisen aus: …«

Wenn eine User Story drei Kompetenzbereiche betrifft, würde dies allerdings heißen, dass Sie jeder User Story rund 15 bis 20 Verhaltensanker als »Interpretationshilfe« an die Seite stellen müssten. Dies würde für jeden Auswählenden eine kognitive Überlastung darstellen und vermutlich sowohl die Glaubwürdigkeit der agilen Personalauswahl als auch des Kompetenzmodells belasten.

Daraus ergibt sich die Notwendigkeit und Chance, dass Sie aus allen Verhaltensankern jetzt eine gute Mischung von insgesamt maximal 8 auf die User Story passenden Beschreibungen zusammenstellen können. Hierbei können Sie alle diejenigen Verhaltensanker eliminieren, von denen Sie inzwischen erkennen, dass sie kulturell eine zu starke deutsche Prägung und damit einen sogenannten »cultural bias« aufweisen. Und Sie können im Sinne der agilen Personalauswahl auch auf alle anderen Beschreibungen verzichten, die nicht das Ziel einer Kompetenz in den Vordergrund stellen, sondern bereits einen sehr engen Weg dorthin vorgeben.

Nehmen wir als Illustration dieser Vorgehensweise die erste User Story:

Für die IT-Leitung ist der S. eine kompetente Fachperson, um die spezifische IT-Infrastruktur (Server, Software, Netzwerk, Anwendungen etc.) im Unternehmen zu installieren, zu betreiben, Nutzer zu beraten, Störungen zu beheben und die IT-Landschaft graduell weiterzuentwickeln.

® betrifft die Kompetenzfelder a) fachliche Expertise, b) effiziente Kommunikation und c) Serviceorientierung.

Nehmen wir an, diese drei Kompetenzfelder wurden bislang mit folgenden Verhaltensbeschreibungen konkretisiert (wie wir sie in der Tat verschiedenen Kompetenzmodellen aus der Praxis entnommen haben):

Fachliche Expertise
- Besitzt einschlägiges Wissen und kann dieses strukturiert und überzeugend präsentieren
- Arbeitet prozessorientiert und selbstorganisiert
- Geht in der Problemlösung analytisch klar und zielorientiert vor
- Hinterfragt den Status quo und bringt eigene Ideen ein
- Erkennt fachliche Zusammenhänge, hat das »große Ganze« im Blick

Effiziente Kommunikation
- Nutzt adressatengerechtes Vokabular
- Drückt sich präzise aus, achtet auf Klarheit im Ausdruck
- Hört aktiv zu, fragt nach
- Wirkt authentisch, aufrichtig
- Hält Blickkontakt, wirkt zugewandt und interessiert

Serviceorientierung
- Geht auf Menschen zu, ist offen und hält Kontakt
- Erledigt Aufgaben zuverlässig und gewissenhaft, hält Zusagen ein
- Erfragt Kundenbedürfnisse und passt das eigene Angebot diesen an
- Sucht Win-win-Lösungen im offenen Dialog
- Strebt langfristige und nachhaltige Partnerschaften an.

Nach der Lektüre des Kapitels 4.2 zu den kulturellen Unterschieden in der Personalauswahl werden Sie merken, dass in vielen dieser 15 Verhaltensanker eine ordentliche Portion deutscher Prägung steckt und damit ein ganz bestimmter Persönlichkeits- und Kommunikationstypus – nämlich der linearaktive Typus nach Lewis – unbewusst bevorzugt wird.

Im Zuge der Integration Ihres Kompetenzmodells in das Konzept der agilen Personalauswahl können Sie nun hieraus fünf Verhaltensanker auswählen, die am offensten die Ziele der oben formulierten User Story beschreiben und die verschiedenen darin enthaltenen Aspekte abbilden. Da der Fokus dieser ersten User Story auf der fachlichen Kompetenz und ihrer gekonnten Anwendung liegt, wären dies dann vermutlich folgende Verhaltensanker:

- Besitzt einschlägiges Wissen und kann dieses strukturiert und überzeugend präsentieren
- Erkennt fachliche Zusammenhänge, hat das »große Ganze« im Blick
- Hört aktiv zu, fragt nach
- Erledigt Aufgaben zuverlässig und gewissenhaft, hält Zusagen ein
- Erfragt Kundenbedürfnisse und passt das eigene Angebot diesen an
- Strebt langfristige und nachhaltige Partnerschaften an.

Auch diese Zusammenstellung ist nicht frei von impliziten Annahmen dazu, welcher Weg am besten ist, um das Ziel (fachlich gute Arbeit zu leisten) zu erreichen. Wie ein Fachwissen »strukturiert und überzeugend« präsentiert wird, in welchem Maße man als Systemadministrator »aktiv zuhören« muss, wie schnell man verbindliche Zusagen gibt und gegebenenfalls auch einmal offen »nein« sagen darf, wie »langfristig und nachhaltig« eine Kundenbeziehung wirklich sein sollte, all dies kann kulturell und individuell sehr unterschiedlich interpretiert werden.

Besser wäre es darum, wir würden den Anlass, das Kompetenzmodell in die agile Personalauswahl zu integrieren, dazu nutzen, um die dazugehörigen Verhaltensanker komplett zu überarbeiten und streng am Ziel der User Story auszurichten. Die Verhaltensanker könnten dann z. B. wie folgt lauten:

- Verfügt über die erforderlichen Fachkenntnisse, um die Aufgaben zu erledigen.
- Erkennt und erfragt Nutzerbedürfnisse, geht auf seine/ihre Zielgruppen ein.
- Erkennt Zusammenhänge, hat das »Große Ganze« im Blick.
- Findet bei Interessenkonflikten Lösungen im Sinne der Nutzer und des Gesamtunternehmens.

Mit diesen vier Verhaltensankern hätten wir alles abgedeckt, was sich die IT-Leitung fachlich von einem Systemadministrator wünscht. Wir hätten klar herausgearbeitet, was die Ziele der User Story sind und woran wir messen können, ob sie erreicht wurden. Wir können diese Ziele direkt in unser Vorstellungsgespräch übertragen und die Kandidaten fragen, wie sie sie erreichen wollen (oder wie sie sie in der Vergangenheit erreicht haben). Wir würden den Weg, wie diese Ziele erreicht werden, aber nicht vorgeben. Ob dies durch einen besonders geschickten Beziehungsaufbau, durch besonderes gutes Zuhören, durch eine klare Ausdruckweise, durch analytische Brillanz oder durch besonders taktvolle und entgegenkommende Kommunikation gelingen soll, nehmen wir nicht vorweg. Es kann ja auf all diesen Wegen gelingen.

Nehmen wir mit dem Thema »Führung« noch ein weiteres Beispiel zur Illustration, wie wir die Verhaltensbeschreibungen eines Kompetenzmodells zielorientiert öffnen können:

Ein offener, zielorientierter und kulturneutraler Verhaltensanker für die Kompetenz »Motivierende Führung« wäre z. B. »denkt über den Rahmen der eigenen Aufgabe hinaus« oder »übernimmt Verantwortung für ein Gesamtergebnis«. Diese Ziele kann eine Bewerberin mit einer reaktiven kulturellen Prägung genauso erreichen wie ein linear-aktiver oder ein multiaktiver Kandidat. Schreiben Sie dagegen »präsentiert überzeugend und inspiriert die Zuhörer«, dann ist eine eher reaktiv geprägte Bewerberin von vornherein im Nachteil. Wählen Sie »kann andere für eine Aufgabe gewinnen« oder »hilft anderen, besser zu werden«, dann kann dies sowohl durch Sachkompetenz, Geduld und analytische Schärfe erreicht werden als auch durch menschliche Wärme, Hilfsbereitschaft und Begeisterungsfähigkeit. Suchen Sie dagegen nach Kandidaten, die »langfristige Strategien entwickeln und herausfordernde Ziele setzen« oder die »in Veränderungsprozessen Optimismus und Mut ausstrahlen«, dann benachteiligen Sie vom Start weg alle Bewerber, die im ersten Fall eher flexibel, polychrom und improvisationsstark agieren, im zweiten Fall benachteiligen Sie solche, die eher introvertiert und behutsam vorgehen.

Die Integration Ihres Kompetenzmodells in die User Storys ist also möglich. Der Weg dazu bietet Ihnen dabei die Chance, Ihr Kompetenzmodell im Rahmen der konkreten Auswahlprozesse etwas zu verschlanken und offener zu gestalten, ohne dass Sie dafür gleich einen neuen politischen Abstimmungsprozess starten müssen. Sie fliegen ein bisschen unter dem Radar und können ihre Prozesse agiler gestalten, ohne sie komplett neu aufrollen zu müssen.

Sicher wäre es trotzdem mittelfristig wünschenswert, den agilen Weg in der Personalauswahl auch offiziell gehen zu dürfen und dafür das Kompetenzmodell zu einer Art »unternehmensübergreifende Meta-User-Story« weiterzuentwickeln – eine Meta-User-Story, die alle erforderlichen kommunikativen Grundkompetenzen abdeckt. Ein Beispiel für ein solches »agiles Kompetenzmodell« finden Sie am Ende dieses Kapitels. Dort zeige ich Ihnen, wie in einem klassischen Kompetenzmodell wichtige Kompetenzen aufgeführt und in beobachtbare Verhaltensbeschreibungen übersetzt werden können. Gleichzeitig sind diese Verhaltensbeschreibungen aber so formuliert, dass sie nur auf das Ergebnis, auf die Funktionalität der Kompetenzen abzielen, den Weg dorthin aber völlig freilassen. Wenn Sie in Zukunft agil auswählen, auf die Umrahmung ihrer Personalarbeit durch ein Kompetenzmodell aber nicht verzichten möchten, dann können Sie perspektivisch diesen Weg einschlagen.

In der Zwischenzeit müssen wir uns aber manchmal kleine »Work arounds« bauen, um die erforderlichen Anpassungen an einen agileren Weg auf der Arbeitsebene schon vorwegnehmen zu können. Und dabei kann es ja auch hilfreich sein, gerade für unerfahrene Interviewende, ihnen ein paar Muster-definitionen für die gesuchten Kompetenzen an die Hand zu geben. Wir dür-fen diese nur nicht zu eng und zu kleinteilig im Vorfeld festlegen, um uns nicht selber die Hände zu binden (und unsere Wahrnehmungsfähigkeit ein-zuschränken), was neue, vielfältige und innovative Lösungsansätze betrifft.

ARBEITSHILFE
ONLINE

Ein Beispiel für ein »agiles Kompetenzmodell«

Führen

Ziel der Kompetenz: Andere dazu bringen, ihre Aufgaben zu erfüllen

Verhaltensbeschreibungen:

- denkt über den Rahmen der eigenen Aufgabe hinaus
- übernimmt Verantwortung für ein Gesamtergebnis
- kann andere für eine Aufgabe gewinnen
- hilft anderen, besser zu werden
- wird von anderen als Autorität anerkannt

Effektiv kommunizieren

Ziel der Kompetenz: Erfolgreich zusammenarbeiten

Verhaltensbeschreibungen:

- spricht so, dass Adressaten ihn oder sie verstehen
- bemerkt es, wenn die Antwort nicht den Erwartungen entspricht, und versucht zu korrigieren
- kann die Perspektive wechseln, sich in andere hineinversetzen
- kann sein oder ihr Kommunikationsverhalten anpassen
- ist sich bewusst, dass es unterschiedliche Kommunikationsstile gibt
- wechselt auf die Metaebene, wenn es zu Missverständnissen kommt
- zeigt Verständnis, Wertschätzung für Gesprächspartner
- kommuniziert lösungsorientiert, sucht Verständnis herzustellen
- kann Vertrauen herstellen, z. B. durch Humor, non-verbale Signale oder Rückfragen

Ziele verfolgen

Ziel der Kompetenz: Ergebnisse erzielen

Verhaltensbeschreibungen:

- zeigt, dass er/sie Ergebnisse erzielen möchte
- reflektiert, welche Zeit und Ressourcen zur Zielerreichung erforderlich sind
- antizipiert mögliche Komplikationen
- setzt Prioritäten
- geht mit Rückschlägen konstruktiv um

Teams bereichern

Ziel der Kompetenz: Zur Funktionsfähigkeit der Teams beitragen

Verhaltensbeschreibungen:

- zeigt Interesse an anderen Menschen
- würdigt, was andere gesagt/getan haben
- bringt eigene Ideen ein
- erkennt Bedürfnisse anderer
- unterstützt andere
- hat etwas, wofür er/sie geschätzt wird

Konflikte lösen

Ziel der Kompetenz: Zur Funktionsfähigkeit aller bei Konflikten beitragen

Verhaltensbeschreibungen:

- erkennt Konflikte, gegebenenfalls auch non-verbal
- kann sich in Konfliktparteien hineinversetzen
- reflektiert eigenen Anteil am Konflikt
- entwickelt Lösungsideen
- versucht aus Erfahrung zu lernen
- zeigt Wertschätzung und Lösungsorientierung

Gestalten

Ziel der Kompetenz: Dazu beitragen, dass etwas Neues entsteht

Verhaltensbeschreibungen:

- möchte dazu beitragen, dass etwas Neues entsteht
- greift auf und nutzt, was bereits vorhanden ist
- bringt eigene Ideen ein
- findet Lösungen bei Komplikationen
- erkennt Stärken, Chancen und Ressourcen

Was wichtig ist: **!**

Kompetenzmodelle stehen zunächst einmal im Widerspruch zur agilen Personalaus-wahl, da sie bereits im Vorfeld bestimmte erwünschte Eigenschaften und Fähigkei-ten festschreiben und diese durch genaue vorab definierte Verhaltensbeschreibun-gen konkretisieren. Der agile Ansatz stellt dagegen in Form der User Storys das Ziel (Was wollen wir auf der zu besetzenden Position aus welchem Grund erreichen?) in den Vordergrund, lässt den Weg dorthin aber offen.

Gleichwohl ist es aus unternehmenspolitischen Gründen oft nicht möglich, ein einmal erstelltes Kompetenzmodell **nicht** zu benutzen. Wir müssen darum Wege finden, wie wir auch mit einem Kompetenzmodell bzw. trotz eines solchen agil auswählen können.

Dies erreichen wir, indem wir jeder User Story zwei bis drei relevante Kompe-tenzbereiche zuordnen. Dabei müssen wir jedoch die für die Kompetenzbereiche

vordefinierten Verhaltensbeschreibungen (sogenannte Verhaltensanker) auf eine
handhabbare Zahl reduzieren und idealerweise auch im agilen Sinne – also auf das
Ziel bezogen und flexibel hinsichtlich des Wegs – anpassen.

Mittelfristig können wir für die wichtigsten Kompetenzen (effektiv kommunizieren,
führen, Ziele verfolgen, Teams bereichern, Konflikte lösen, gestalten u.a.) Verhaltensbeschreibungen verwenden, die ausschließlich auf den User-Nutzen Bezug
nehmen, ohne eine bestimmte Verhaltensweise vorzugeben.

4.4   Wie erkennen wir »agile Kandidaten«?

Die letzte Frage betrifft nicht den eigentlichen Prozess der agilen Personalauswahl, sondern das Konzept der Agilität als Qualität, die wir bei unseren
Bewerbern in unserer Personalauswahl suchen. Wie müssten wir unsere diagnostischen Prozesse eigentlich gestalten, um gezielt »agile Kandidaten« für
unsere Organisationen zu gewinnen?

Um diese Frage zu beantworten, sind zunächst zwei wichtige Unterscheidun-
gen zu treffen:

1. »Agil« im Sinne des agilen Managements ist keine Eigenschaft, als solche
    kennen wir das Adjektiv eher aus der Hundeschule. »Agilität« in diesem
    Kontext bezeichnet stattdessen die Fähigkeit, agil, d.h. selbststeuernd,
    ohne Präzedenzfall und Musterlösung, mit komplexen Herausforderungen
    umgehen zu können. Hierzu gehören die im zweiten Kapitel des Buches
    beschriebenen Aspekte wie flexibel, iterativ (also schnelles Lernen in kur-
    zen Schleifen), funktional, selbstreflektiert, vernetzt, selbstorganisiert
    und vertrauensvoll. Um auf diese Art mit einem Problem – und miteinan-
    der – umgehen zu können, treten Fähigkeiten in den Vordergrund, wie wir
    sie auch in interkulturellen Überschneidungssituationen benötigen: Ver-
    haltensflexibilität (wenn der eine Weg nicht klappt, versuchen wir eben
    einen anderen), Ambiguitätstoleranz (die Fähigkeit, Unsicherheit und Un-
    klarheit aushalten zu können, ohne sich in Widerstand oder Abwertung zu
    flüchten), Selbstreflexion (Reflexion der Nicht-Universalität der eigenen
    Perspektive und der eigenen blinden Flecke als Vorbedingung des Pers-
    pektivenwechsels), allgemeine Kommunikationsfähigkeit (die Fähigkeit
    zum Aufbau von Vertrauen und Beziehungen und die Fähigkeit, sich ge-
    genseitig die eigene Logik und Perspektive zu erklären bzw. zu erfragen),
    Initiative, Neugier und Vertrauen. Letztlich ist es dabei egal, mit welcher
    Mischung dieser Fähigkeiten die Bewerber die entsprechenden »agilen
    Lösungen« finden. Dem einen mag es mehr durch Neugier und Initiative
    gelingen, der anderen mehr durch Selbstreflexion und Kommunikationsfä-
    higkeit. Wichtig ist, dass sie sie finden.

2. »Agile Kandidaten«, wenn wir diesen plakativen Terminus weiter beibehalten wollen, sind kein Selbstzweck, und sie sind auch nicht überall erforderlich, sie sind nicht einmal überall nützlich. In Tätigkeiten mit einem hohen reproduzierenden Anteil, mit Konstanz und feinteiligen Arbeitsanweisungen würden solche agilen Kandidaten nicht glücklich. Stattdessen würden sie vermutlich viel Unruhe in die Prozesse bringen. Entscheidend ist also die User Story: Wenn z.B. »die Entwicklungsleitung vom X erwartet, auf komplexe und ständig wechselnde Herausforderungen agile Lösungen zu finden, um auch ohne Blaupause und ohne vorher bereits feststehende Ziele passgenaue Produkte für unsere Kunden entwickeln zu können«, dann benötigen wir solche agil vorgehenden Menschen. Wenn »die Entwicklungsleitung von der X erwartet, im Rahmen der Qualitätssicherung präzise die Produktionsprozesse und entsprechenden Zuliefererqualifikationen aufzuzeichnen, um eine lückenlose Dokumentation für die Zertifizierungsprozesse sicherzustellen«, dann kommt es auf solche Kompetenzen eher weniger an.

Gehen wir also von dem Fall aus, dass »die Entwicklungsleitung vom X erwartet, auf komplexe und ständig wechselnde Herausforderungen agile Lösungen zu finden, um auch ohne Blaupause und ohne vorher bereits feststehende Ziele passgenaue Produkte für unsere Kunden entwickeln zu können«. Wie können wir die Kandidaten erkennen, die diese User Story erfüllen können?

Die Antwort gibt das Modell selbst vor: Wir stellen Fragen und geben Aufgaben, die geeignet sind, diese Herausforderung zu simulieren. Das kann biografisch geschehen: »In Ihren eigenen Entwicklungsprozessen, da wird es ja sicher manchmal Unklarheit oder unterschiedliche Auffassungen über die Ziele geben, oder schnelle Entwicklungen am Markt machen die ursprünglichen Ziele obsolet. Haben Sie das schon erlebt? Wie sind Sie damit umgegangen?«

Man kann es auch aus der Gegenwart im Hier und Jetzt ableiten, indem man z.B. ein Papier und einen Stift austeilt mit der Aufgabe, »etwas zu zeichnen, was den Auswählenden richtig gut gefällt.« Das Ziel wäre hier sehr unklar, der Unsicherheitsgrad hoch, die Lösung könnte nur iterativ, flexibel und kommunikativ entwickelt werden. Man kann die Aufgabe dem Bewerber gegebenenfalls auch erleichtern, indem man ihm oder ihr verrät, warum man sie stellt.

Oder man fragt szenariobasiert: »Stellen Sie sich vor, unser Konkurrent kommt mit einer Hemdenkollektion ohne Kragen heraus, die sich zu einem riesigen Modetrend entwickelt. Wir stehen aber für ein gediegenes, konservatives Outfit. Wie können wir selber eine Hemdenkollektion entwickeln, die von diesem Trend profitiert, ohne unsere Stammkunden zu befremden und unsere Marke zu verwässern?« Im szenariobasierten Fall sollten Sie dabei immer versuchen, Herausforderungen zu stellen, die Ihre Organisation in der realen Welt gerade wirklich umtreiben. Idealerweise lernen Sie etwas von den Kandidaten, was Sie in wichtigen Entscheidungsprozessen wirklich bereichert. Stellen Sie Fragen, bei denen Sie neugierig sind auf die Antworten. Umgekehrt werden die Bewerber dadurch einen sehr realitätsnahen Blick bekommen auf die Art von Aufgaben, die sie bei Ihnen zu bewältigen hätten.

Hinsichtlich der Gestaltung der Gesprächsatmosphäre und des Bewertungsprozesses verläuft die Überprüfung dieser User Story dann genauso wie jede andere auch. Sie interviewen auf Augenhöhe, transparent, wertschätzend und zweite Chancen gebend. Anschließend bewerten Sie streng beobachtungsbasiert, selbstreflektiert und multiperspektivisch die Frage, für wie wahrscheinlich Sie es auf der Basis der gegebenen Antworten halten, dass der Kandidat »auf komplexe und ständig wechselnde Herausforderungen agile Lösungen finden wird, um auch ohne Blaupause und ohne vorher bereits feststehende Ziele passgenaue Produkte für unsere Kunden entwickeln zu können.«

Wie bereits in den anderen Kapiteln erwähnt, sind die folgenden Leitfragen keine Wissensfragen. Stattdessen sollen sie zur Reflexion und Diskussion darüber anregen, ob Sie die Themen dieses Abschnitts bei der Anwendung der agilen Personalauswahl in Ihrer Organisation berücksichtigen möchten oder sollten.

ARBEITSHILFE
ONLINE

Leitfragen zu Kapitel 4: Wichtige Fragen zur Umsetzung

- Wie agil, d.h. wie vernetzt, iterativ, vertrauensvoll, selbstorganisiert, selbstreflektiert und flexibel ist nach Ihrer Einschätzung Ihr Auswahlprozess als Ganzes?
- Welche kulturellen Präferenzen bringen Sie selbst in Ihren Auswahlprozess ein? Welchem Kulturtypus nach Lewis und welchem Selbstkonzept entsprechen Sie persönlich am ehesten?
- Wie kulturneutral sind die Verhaltensanker Ihres Kompetenzmodells?
- Welcher Grad an kultureller Vielfalt – auch in Bezug auf Alter, Geschlecht, soziale Schichtung oder auch verschiedene Arbeitskulturen in den Abteilungen – zeichnet Ihr Unternehmen aus? Welchen Grad an Vielfalt möchten Sie gerne erreichen?
- Ist auf der Zielposition ein bestimmter Kulturtyp erforderlich? Inwieweit ist der Umgang mit diesem Typus gegebenenfalls trainierbar, oder kann er von vorneherein durch interkulturelle Kompetenz der Beteiligten ausgeglichen werden?
- Wie viel Agilität im Auswahlprozess lässt Ihr Kompetenzmodell zu (falls Sie über ein solches verfügen)? Wie können Sie gegebenenfalls Ihr Kompetenzmodell in eine agile Personalauswahl integrieren?
- Suchen Sie »agile Kandidaten«? Falls ja, wofür? Wie – d.h. mit welcher User Story und mit welchen Fragen – können Sie diese im Auswahlprozess erkennen?

5   Agile Personalauswahl: Der Business Case

Am Ende dieses Buches werden Sie die Quintessenz des Konzepts der agilen Personalauswahl und alle für seine Anwendung erforderlichen Informationen noch einmal in Form eines für die Praxis übersetzten Leitfadens finden. Mit diesem Leitfaden – in Kombination mit den oben formulierten exemplarischen User Storys und Interviewfragen – können Sie die Personalauswahl in Ihrem Unternehmen fast 1:1 auf ein agileres Modell umstellen.

Aber stellen wir, bevor Sie jetzt gleich mit der Umsetzung beginnen, zuletzt noch einmal die »ketzerische« Frage: Warum sollten Sie das tun? Sie haben sich intensiv mit dem Modell beschäftigt und glauben daran. Aber wenn Sie Menschen in Ihrem Unternehmen davon überzeugen möchten, die bislang nicht unzufrieden mit ihrer Personalauswahl waren – und die wenigsten Menschen finden ihre eigenen Vorstellungsgespräche schlecht, sonst würden sie sie ja ändern –, dann sollten Sie hierfür gute Gründe haben: Welche Notwendigkeit gibt es also für eine Umstellung der Personalauswahl auf einen agileren Weg? Warum rechnet sich der Aufwand, wie lautet eigentlich der Business Case?

Begreifen Sie die folgenden sieben Argumente als Schlussplädoyer für die agile Personalauswahl. Ziehen Sie sie heran, wenn es darum geht, Ihre Personalleiterin, ihre Führungskräfte oder Ihre Chefetage von einem Umstieg auf die agile Personalauswahl zu überzeugen. Denn der Aufwand lohnt sich auf vielfältige Weise.

1. **Treffsicherheit**: *Die agile Personalauswahl ist besser geeignet, um in einer von Komplexität, Vielfalt, Mehrdeutigkeit und Veränderung geprägten Welt die passenden Kandidaten zu erkennen.*
   Zunächst und offensichtlich: In einer VUCA-Welt, in der wir auch in der Personalauswahl auf sehr viel mehr Vielfalt, Komplexität und Unübersichtlichkeit treffen als bislang, kommen wir mit den bekannten Rezepten nicht mehr ans Ziel. Denn diese Rezepte basieren auf der Annahme, dass wir
   - genau wüssten, wen und was wir suchen und
   - sicher sein können, wie wir dies erkennen.

   Beide Annahmen treffen aber immer weniger zu. Wenn wir unsere Personalauswahl weiterhin nur an dem ausrichten, was wir bereits kennen, dann entscheiden wir uns automatisch gegen alle alternativen möglichen Lösungswege. Und damit gefährden wir die Validität, die Treffsicherheit unserer Eignungsdiagnostik.

In einem Kontext, der anders ist als wir selbst, oder den wir selber nicht vollständig überblicken, wählen wir nicht die Besten aus, wenn wir nur uns selbst als Maßstab nehmen. Da wir selber aber natürlich nur unsere eigene Perspektive haben (können), müssen wir in der Personalauswahl einen Weg einschlagen, auf dem sich diese Perspektive, der Maßstab und die Beurteilungsraster selber noch entwickeln können.

Indem wir agil auswählen, reduzieren wir also die Gefahr, gute Kandidaten nicht zu nehmen, und wir erkennen zielsicherer, welche Qualitäten uns auf der zu besetzenden Position am meisten weiterhelfen werden. Damit steigern wir die Qualität und die Passgenauigkeit unserer Personalauswahl.

2. **Akzeptanz**: *Die agile Personalauswahl gibt den Praktikern in der Personalauswahl ein Modell an die Hand, das in ihren Lebenswelten Sinn ergibt (und das sie entsprechend auch besser annehmen können).*

Mit der agilen Personalauswahl steht uns erstmalig ein schlüssiges Gesamtkonzept zur Verfügung, mit dem wir an die gelebte Wirklichkeit in der Praxis anschließen können, ohne in die Beliebigkeit früherer Kennenlerngespräche zurückfallen zu müssen.

Was für Führungskräfte und Personaler in den Unternehmen in der Personalauswahl zählt, sind meist die menschlichen Qualitäten eines Vorstellungsgesprächs: sich ein eigenes subjektives Bild machen zu können, auf das eigene Bauchgefühl zu hören, ein wirkliches Gespräch mit den Bewerbern führen zu dürfen, flexibel auf die Unterschiedlichkeit der Kandidaten einzugehen und in die Tiefe zu explorieren, dort wo es interessant wird. Die klassische Eignungsdiagnostik der Variante 2.0 verwehrt den Auswählenden viele dieser menschlichen Dimensionen, weil sie auf der Suche nach einer vermeintlich objektiven Messgenauigkeit die Subjektivität der Interviewer zurückzudrängen sucht. Damit hat sie in der Praxis aber ein Akzeptanzproblem.

In der agilen Personalauswahl ist es nun nicht mehr nur möglich, diese menschliche und subjektive Form des Beziehungsaufbaus und der Urteilsbildung im Vorstellungsgespräch zuzulassen. Sie wird sogar ein integraler Bestandteil des Verfahrens. Gleichzeitig wird dieser individuelle und zwischenmenschliche Prozess aber gerahmt und strukturiert von einer klaren Anforderungsbezogenheit und einer verbindlichen Vorgehensweise. Es ist somit nicht mehr möglich, sich nur noch auf seine vermeintliche Menschenkenntnis und sein Bauchgefühl zurückzuziehen. In der Weise verbindet die agile Personalauswahl Flexibilität mit Struktur, Menschlichkeit mit Ergebnisorientierung sowie Subjektivität mit Perspektivenwechsel und Reflexion. Ein professionelles und strukturiertes Verfahren und eine flexible, auf die individuell unterschiedlichen Interviewer und Kandidaten eingehende Vorgehensweise sind damit keine Widersprüche mehr.

3. **Geschwindigkeit**: *Mit einem agilen Auswahlprozess stimmen Sie sich schneller untereinander ab, Sie reagieren schneller auf Feedback aus dem Markt und Sie finden schneller geeignete Lösungen, wenn das Stellenprofil und die Bewerberlage nicht zusammenzupassen scheinen.*

   In einem agilen Personalauswahlprozess steigern wir die im »War for Talent« immer wichtiger werdende Geschwindigkeit unserer Auswahlprozesse. Wir vernetzen Fachabteilung und Personalabteilung enger und kooperativer, agieren in kürzeren Lernschleifen gemeinsam und werten die Zwischenergebnisse aus. Auf diesem Weg können wichtige Entscheidungen schneller und marktadäquater getroffen werden. Auch der Zuschnitt des Stellenprofils selbst oder Gehaltsfragen können gegebenenfalls einfacher und zeitnaher angepasst werden, wenn z.B. eine sehr spannende, aber auf das Originalprofil nicht perfekt passende Bewerbung eingeht. Nicht zuletzt können Kandidatinnen und Kandidaten, die auf die Zielposition vielleicht weniger passen, aber an anderer Stelle im Unternehmen benötigt werden, einfacher und schneller auf andere Vakanzen und Fachbereiche umgepolt werden.

4. **Globalisierung**: *Mit den Instrumenten der agilen Personalauswahl werden wir offener für kulturell geprägte Unterschiede und bekommen Werkzeuge geliefert, um diese Unterschiede sichtbar und vergleichbar zu machen.*

   Der Anteil der Rekrutierungsprozesse mit interkulturellen Berührungspunkten steigt kontinuierlich an. Deutsche Personalabteilungen managen oder unterstützen die Besetzung von Führungspositionen in den Auslandsniederlassungen, sie rekrutieren für international ausgerichtete Positionen in Deutschland. Die Zahl der internationalen Absolventen deutscher Hochschulen wächst jedes Jahr, und auch die Direktbewerbungen internationaler Kandidaten aus dem Ausland nehmen zu. Nicht zuletzt steigt der Anteil von Bewerbern mit einem Migrationshintergrund und auch die Auswahl und Integration der in 2015 und 2016 nach Deutschland Geflüchteten stellt unsere Personalauswahl vor interkulturelle Fragestellungen.

   All diesen dadurch auf uns zukommenden Bewerbern mit anderen kulturellen Hintergründen werden wir im Vorstellungsgespräch besser gerecht, wenn wir agil auswählen. Selbst wenn wir mit dem kulturellen Hintergrund der Bewerber nicht vertraut sind oder dieser durch eine kulturell gemischte (hybride) Sozialisierung oder längere Auslandsaufenthalte nur noch diffus und vielschichtig erkennbar ist, können wir diese Unterschiede in einem agilen Auswahlprozess sichtbar machen. Und erst wenn wir sie sichtbar machen, können wir anschließend an der Zielposition ausgerichtet bewerten und gewichten, ob diese kulturellen Unterschiede gegebenenfalls ein Vorteil, ein Nachteil oder irrelevant sind zur Erfüllung der mit den User Storys verbundenen Herausforderungen. Wir werden damit offener für unterschiedliche Lösungswege und laufen weniger Gefahr, Bewerberinnen und Bewerber nur deshalb abzulehnen, weil sie anders sind als wir.

5. **Zukunftsfähigkeit**: *Durch einen agileren Weg in der Personalauswahl gelingt es, auch neue, innovative, kreative und disruptive Ansätze positiv zu identifizieren, selbst wenn sie nicht in die erprobten Schemata passen.*

Das wachsende Interesse in deutschen Unternehmen an innovativen Managementthemen wie Agilität, Design Thinking, Disruption, »Dynaxity« (Rieckmann, 1997), »Komplexithoden« (Pfläging und Herrmann, 2015) u. v. w. m. hat einen Grund. Die Märkte, in denen wir agieren, werden immer schneller und komplexer. Die klassische hierarchische Steuerung von oben nach unten und von innen nach außen funktioniert in dieser Umgebung nicht mehr. Stattdessen benötigen wir Management Methoden, in denen Verantwortung dort verankert ist, wo auch das Wissen liegt – in der Produktion, beim Kunden und in der Produktentwicklung. Wir benötigen Prozesse, die sich dezentral selbst steuern und erneuern. Wir streben nach lernenden Organisationen, in denen die Dinge nicht einfach irgendwie gemacht werden, weil irgendjemand woanders irgendwann einmal gesagt hat, dass sie so gemacht werden sollen.

Für die Personalauswahl bedeutet dies, dass wir unsere Verfahren so öffnen müssen, dass Neues, Innovatives und Kreatives Zugang finden kann in die Organisation. Anstatt nur auf der Basis früherer Erfahrungen und vermeintlicher Gewissheiten vorab zu definieren, was passt und was nicht, müssen wir die Suche nach der Überraschung und nach dem unkonventionellen Lösungsweg im diagnostischen Prozess verankern. Dies erreichen wir mit der agilen Personalauswahl. Ohne die in den User Storys verankerten Zielsetzungen der Position aus den Augen zu verlieren, fordern wir bewusst unsere Denk- und Bewertungsgewohnheiten heraus und suchen nach Alternativen zu dem, was wir bereits kennen. Natürlich werden wir uns intuitiv immer noch den Ansätzen zuneigen wollen, die uns vertraut erscheinen. Aber wir haben immerhin mehrere Schleifen eingebaut, mit denen wir unsere Muster hinterfragen und bewusst überprüfen, ob der ungewöhnliche Weg nicht vielleicht auch, ja vielleicht sogar besser zur Zielerreichung geeignet sein könnte.

6. **Demografischer Wandel**: *Durch agile Methoden im Vorstellungsgespräch weiten wir in Zeiten des Bewerbermangels automatisch unseren Blick in Richtung einer kandidatenfokussierten Diagnostik, die nicht mehr fragt: »Passt die Bewerberin auf die Stelle«, sondern: »Welche Aufgaben könnten auf diese Kandidatin passen?«*

Im Zeichen des demografischen Wandels verändert sich der Fokus der Personalauswahl. Anstatt nur die besten Kandidaten auszuwählen, liegt das Augenmerk immer mehr auch darauf, die Auswahlentscheidung der Bewerber zugunsten des eigenen Unternehmens zu beeinflussen. Und wenn es immer weniger offensichtlich auf das Idealprofil passende Bewerber gibt, dann tritt die Frage in den Vordergrund, was sich denn mit den zur Verfügung stehenden Bewerberinnen und Bewerbern wohl anfangen lässt. Anstatt zu streng und zu eng an vordefinierten Anforderungskriterien zu kleben, gewinnt eine potenzialorientierte und offenere Personalauswahl an Bedeutung. Erst, wenn wir ergebnisoffen möglichst das volle Spektrum der Fähigkeiten und Entwicklungsmöglichkeiten der Kandidaten in alle Richtungen erfasst haben, erst dann können wir eine fundierte Entscheidung treffen, an welcher Stelle in unserer Organisation sie gegebenenfalls welchen Mehrwert stiften könnten. Die agile Personalauswahl gibt uns die Möglichkeit, gleichzeitig anforderungsbezogen die Passung auf die User Storys einer Zielposition zu überprüfen, und trotzdem auch jenseits der konkreten Vakanz die Potenziale der Bewerber zu erfassen. Natürlich ist auch in der agilen Personalauswahl der Fokus des Prozesses schon alleine durch die Auswahl der Fragen und Aufgaben auf eine konkrete Aufgabe hin ausgerichtet. Aber wir geben keinen spezifischen Weg zur Erfüllung dieser Aufgabe vor. Das Spektrum der Lösungsansätze und Leistungsmöglichkeiten der Bewerber, die dadurch ins Blickfeld geraten können, ist wesentlich breiter als in der klassischen Eignungsdiagnostik 2.0.

Nicht zuletzt ist die agile Personalauswahl deutlich bewerberfreundlicher als ein streng standardisiertes Messverfahren organisationspsychologischer Schule. Die Kandidaten werden wertschätzend und auf Augenhöhe willkommen geheißen, es entwickelt sich eine auf Neugier und persönlicher Begegnung beruhende Gesprächssituation, die Fragestellungen sind transparent und auf ein möglichst offenes und breites Kennenlernen der Bewerber ausgerichtet. Der Wohlfühlfaktor im Gespräch ist deutlich höher und den Kandidaten wird signalisiert, sich bei einer auf Menschlichkeit und Kooperation bedachten Organisation beworben zu haben.

7. **Personal- und Organisationsentwicklung**: *Nicht zuletzt schulen wir unsere eigene Agilität, wenn wir beginnen, agil auszuwählen. Wir werden neugieriger, reflektierter, lernfähiger, empathischer, flexibler auf diesem Weg, wir werden vorsichtiger im eigenen Urteil und wir lernen, besser mit Unsicherheit umzugehen.*
Der letzte und sicher nicht unwichtigste Vorteil der agilen Personalauswahl liegt darin, dass er auch für uns Auswählende einen Personal- und Organisationsentwicklungsschritt ermöglicht. Rufen wir uns dazu die Kernelemente eines agilen Umgangs mit Komplexität und Vielfalt aus Kapitel 4.4 in Erinnerung: Verhaltensflexibilität (wenn der eine Weg nicht klappt, versuchen wir eben einen anderen), Ambiguitätstoleranz (die Fähigkeit, Unsicherheit und Unklarheit aushalten zu können, ohne sich in Widerstand oder Abwertung zu flüchten), Selbstreflexion (Reflexion der Nicht-Universalität der eigenen Perspektive und der eigenen blinden Flecke als Vorbedingung des Perspektivenwechsels), allgemeine Kommunikationsfähigkeit (die Fähigkeit zum Aufbau von Vertrauen und Beziehungen

und die Fähigkeit, sich gegenseitig die eigene Logik und Perspektive zu erklären bzw. zu erfragen), Initiative, Neugier und Vertrauen.

Im Prozess der agilen Personalauswahl wenden wir diese Qualitäten an und entwickeln sie dadurch kontinuierlich weiter. Der Kernprozess der Personalauswahl ist die Bewertung des Verhaltens anderer Menschen. Um diesen Schritt geht es mit jeder Frage, die wir stellen, mit jeder Beobachtung, die wir aufschreiben, und mit jeder Interpretation, die uns in den Kopf kommt. In der agilen Personalauswahl arbeiten wir daran, diese Bewertung zwar zielorientiert, aber gleichzeitig maximal offen, flexibel, selbstreflektiert und wertschätzend vorzunehmen. Und jedes Mal, wenn wir in der Personalauswahl erkennen, dass ein Verhalten, das uns zunächst unpassend und gewöhnungsbedürftig vorkam, sich in der weiteren Diskussion dann doch als sinnvoll und vielversprechend herausstellte, haben wir eine wichtige Lektion gelernt.

Indem wir agil auswählen, entwickeln wir also selber genau diese Kernqualitäten für agiles Handeln in allen Kontexten bei uns aus. Wir führen Gespräche bewusster, offener, interessierter. Wir hören genauer zu, beobachten schärfer, achten auch auf non-verbale Signale und Zwischentöne. Wir bewerten offener, flexibler, neugieriger. Und wir trainieren entlang der ganzen Prozesskette unsere Fähigkeit zur Selbstreflexion, indem wir uns am Anfang, in der Mitte und am Ende immer wieder fragen, warum ausgerechnet wir zu ausgerechnet dieser Bewertung kommen und ob nicht eine andere Person mit einer anderen Frage und einem anderen persönlichen oder kulturellen Hintergrund vielleicht zu einer ganz anderen Schussfolgerung hätte kommen können.

Anhang: Ein exemplarischer Leitfaden für die agile Personalauswahl in der Praxis

Der folgende Leitfaden fasst in sehr kompakter Form die wesentlichen Inhalte dessen zusammen, was ich bis hierher ausführlich beschrieben habe. Insofern werden Ihnen einzelne Passagen des Leitfadens bekannt vorkommen, weil Sie sie aus den vorherigen Kapiteln bereits kennen. Ziel dieses Leitfadens ist es, Ihnen eine Kurzversion der zentralen Inhalte des agilen Modells anzubieten, damit Sie den in Ihrem Unternehmen maßgeblichen Mitarbeitern auf **wenigen Seiten** die Prinzipien der agilen Personalauswahl nahebringen können – ohne deren Zeit über die Maßen strapazieren zu müssen. Er ist dabei aus Sicht der Personalabteilung verfasst und zur unmittelbaren Verwendung in Ihrer Organisation geeignet.

Dabei wünsche ich Ihnen viel Erfolg!

Herzlich willkommen zum Leitfaden agile Personalauswahl!
Auf den folgenden Seiten werden Sie erfahren:
1. Was die agile Personalauswahl ist und wie Sie funktioniert.
2. Wie Sie konkret einen agilen Auswahlprozess aufsetzen.
3. Wie Sie agile Vorstellungsgespräche führen.
4. Wie Sie anschließend zu treffsicheren Entscheidungen finden.

Dabei versteht sich dieser Leitfaden als Überblicksdarstellung. Er soll Ihnen als Grundlage für Ihre Auswahlprozesse dienen. Wir würden uns freuen, wenn Sie ihn dann in Ihrem eigenen spezifischen Kontext kontinuierlich mit Ihren persönlichen Erfahrungen, Erkenntnissen und Materialien anreichern. Gerne können Sie mit uns, der Personalabteilung, Ihre eigenen Erkenntnisse sowie neu erstellten Musterfragen und -aufgaben teilen und diskutieren, um sie so für unser ganzes Unternehmen als Vertiefungs- und Lernmaterial zur Verfügung zu stellen.

Wir wünschen Ihnen viel Freude und viel Erfolg mit Ihrer agilen Personalauswahl!

Ihre HR-Kollegen/innen

1. Was die agile Personalauswahl ist und wie sie funktioniert

Die agile Personalauswahl ist eine Methode, mit der wir die Vorteile einer intuitiven Personalauswahl mit den Vorteilen eines strukturierten und streng aufgabenbezogenen Prozesses verbinden. Sie wurde entwickelt, um auch dann zu treffsicheren Auswahlentscheidungen finden zu können, wenn sich die Position oder die Bewerber durch ein hohes Maß an Vielfalt (z. B. aufgrund kultureller Unterschiede) oder an Komplexität (z. B. durch ein sich schnell veränderndes Marktumfeld) auszeichnen.

Stellen Sie sich dafür die frühere Personalauswahl, in der einfach nur ein lockeres Kennenlerngespräch geführt und dann auf der Basis von Menschenkenntnis und persönlicher Sympathie entschieden wurde, als Personalauswahl 1.0 vor. Diese Personalauswahl war und ist in hohem Maße anfällig für persönliche und auch stimmungsabhängige Verzerrungen und Auswahlfehler. Die Organisationspsychologie hat daraufhin Modelle entwickelt, die wir der Einfachheit halber Personalauswahl 2.0 nennen. In der Personalauswahl 2.0 wird die persönliche Zu- oder Abneigung zwischen Auswählenden und Kandidaten dadurch kanalisiert und zurückgedrängt, dass alle Fragen und Antwortalternativen möglichst schon im Vorfeld abschließend definiert und standardisiert werden. Der die Auswahlergebnisse verfälschenden Subjektivität durch die Interviewer soll dadurch der Raum genommen werden. Im Ergebnis hat diese Form der Personalauswahl trotz ihrer nachvollziehbaren Ziele aber vier große Nachteile:

1. Sie macht keinen Spaß und wird darum in der Regel nur sehr halbherzig befolgt. Die meisten Interviewenden – vermutlich Sie auch? – möchten gerne menschlich mit ihren Bewerbern in Kontakt treten und mit all Ihren Sinnen, also auch mit ihrem Bauchgefühl und ihrer Intuition, eine Entscheidung treffen.
2. Sie wird bei Kandidaten als nicht besonders attraktiv erlebt und läuft damit den Zielen von Personalmarketing und Employer Branding ein Stück weit entgegen. Denn welches Unternehmen möchte gerne von seinen Bewerbern wahrgenommen werden als ein Ort, in dem sich Menschen im Vorstellungsgespräch hinter einem rigiden und möglichst emotionsfreien Prozess verstecken?
3. Sie bietet keine Möglichkeit, der Unterschiedlichkeit der Bewerberinnen und Bewerber durch unterschiedliche Fragen gerecht zu werden. Jede Kandidatin hat aber eine eigene Biografie und bietet darum unterschiedliche Ansatzpunkte für ein Gespräch. Ein für alle gleiches Verfahren spielt somit vor allem den Bewerbern in die Karten, die bereits über eine reiche Biografie verfügen oder die einfach mit solchen Auswahlprozessen sehr vertraut sind und sich allgemein gut darstellen können.

4. Die Personalauswahl 2.0 gibt schließlich keine Antwort auf die Frage, wie wir eigentlich erkennen sollen, was wir noch gar nicht kennen. Es liegt in der Natur der Sache, dass wir in einem standardisierten und prädeterminierten Verfahren nur das abprüfen können, was uns selber vertraut ist und was wir bereits beherrschen. Alles Neue, Unbekannte, Innovative und Andersartige wird damit aber von vorneherein diskriminiert, denn es kann ja gar nicht in die Schablone passen, die wir im Vorfeld festgelegt haben.

Die agile Personalauswahl bietet nun die Möglichkeit, die Nachteile der Personalauswahl 2.0 zu vermeiden, ohne in die alte Beliebigkeit der Personalauswahl 1.0 zurückzufallen. Wir können sie darum auch Personalauswahl 3.0 nennen.

Stellen Sie sich zur Illustration hierfür ein agiles Softwareprojekt vor, aus dem der Begriff des agilen Managements ja auch entwickelt wurde. In früheren Prozessen (wegen des kaskadenartigen Aufbaus auch »Wasserfallmethode« genannt) wurde zunächst in mühevoller Kleinarbeit ein bis ins letzte Detail vorgeplantes Pflichtenheft aufgesetzt, daraus dann eine komplexe Softwarearchitektur erstellt, diese dann bis in die letzte Zeile des Codes abprogrammiert, um sie dann durchzutesten und schließlich – zwei oder auch fünf Jahre später – dem Kunden zu präsentieren. Wenn der Kunde dann merkte, dass er eigentlich etwas anderes gewollt hätte oder wenn sich die Marktbedingungen in der Zwischenzeit geändert hatten, konnte man kaum noch etwas ändern.

Um dem entgegenzuwirken, läuft die agile Programmierung in kleinen Entwicklungsschleifen ab, in denen konstant und fast gleichzeitig geplant, entwickelt, getestet und mit dem Kunden abgeglichen wird. Grundlage für die Arbeit ist dabei kein Pflichtenheft (»Wie soll die Software im Einzelnen funktionieren?«), sondern eine an der Funktion ausgerichtete »User Story« (»Was soll die Software erreichen und ermöglichen?«).

So funktioniert auch die agile Personalauswahl. Anstatt in ausgetüftelten Entwicklungs- und Validierungsrunden ein Anforderungsprofil zu erstellen (»Wie soll die Bewerberin funktionieren?«) und im Vorfeld zu definieren, wie man dies im Detail erkennen kann, steht eine an der Funktion ausgerichtete »User Story« (»Was soll die Bewerberin erreichen und ermöglichen?«) im Fokus.

In der agilen Personalauswahl definieren wir mit der User Story also das Ziel, aber wir lassen den Weg dorthin offen. Damit verbinden wir die Notwendigkeit von Struktur und Anforderungsbezug mit dem Wunsch nach Flexibilität und Individualität. Wir fokussieren uns auf das Potenzial der Bewerber im

Hinblick darauf, wie sie auf der Zielposition bestimmte Aufgaben und Herausforderungen erfolgreich meistern können, ohne im Detail vorzugeben, mit welchen individuellen Qualitäten dies erreicht werden muss.

2. Wie Sie einen agilen Auswahlprozess konkret aufsetzen
Startpunkt Ihrer agilen Personalauswahl sind also die User Storys. Diese haben eine einfache Form und sie können in kleinen Referenzgruppen auf der Basis von Erfahrung und gesundem Menschenverstand entwickelt werden. Das Muster lautet: »Als (Stakeholder) möchte ich (Funktionalität), um folgenden Nutzen zu erhalten.« User Storys bezeichnen also immer eine Handlung, ein für eine Funktion wichtiges Verhalten und keine Eigenschaften, Motive oder Werthaltungen. Aus Gründen der Praktikabilität sollten maximal 4 bis 6 User Storys pro Position definiert werden. Diese sollten idealerweise unterschiedliche Aspekte der Position abbilden, also z.B. fachliche, methodische und soziale Herausforderungen gegenüber unterschiedlichen Zielgruppen.

Nehmen wir als Beispiel eine **Leiterin der Produktionslogistik**:
- Als Werksleitung benötige ich von der LP die für meine Produktionsprozesse benötigten Materialien und Rohlinge, sodass ich auf Kundenbedarfe in der Produktion schnell und flexibel reagieren kann.
- Als Finanzleitung erwarten wir von der LP eine sparsame Lagerwirtschaft und eine präzise Aufbereitung von Planungsdaten und Istzahlen, um die Produktionsprozesse so wirtschaftlich wie möglich zu gestalten.
- Als Einkaufsleitung wünschen wir uns mit der LP eine Sparringspartnerin mit Kompetenz und Kooperationsbereitschaft, um mit unseren Lieferanten die bestmöglichen und nachhaltigsten Rahmenverträge aushandeln zu können.
- Als Mitarbeiter in der Produktionslogistik suchen wir mit der LP eine Chefin, die uns im Rahmen der gemeinsam entwickelten Ziele Freiräume gewährt und uns bestmöglich sowohl fachlich, koordinativ als auch menschlich unterstützt, damit wir gut arbeiten und uns weiterentwickeln können.

In unserem Intranet finden Sie als Orientierung exemplarisch weitere User Storys für andere idealtypische Zielpositionen.

Bitte entwickeln Sie in einem engen Abstimmungsprozess mit allen betroffenen Fachabteilungen und der Personalabteilung gemeinsam die für Ihre Zielposition relevanten User Storys und melden Sie sich gerne, wenn wir Sie hierbei unterstützen können. Wir würden uns freuen, wenn Sie uns im Anschluss an Ihren Rekrutierungsprozess dann Ihre User Storys schicken wollen, damit wir schrittweise für das ganze Unternehmen einen geeigneten Fundus aufbauen und miteinander teilen können.

Bitte arbeiten Sie dann auch im Anschluss während des weiteren Prozesses möglichst eng und agil mit den betroffenen Fachabteilungen und Ihren HR Business Partnern zusammen, wenn Sie die ersten Bewerbungen sichten, wenn Sie die ersten Kandidaten einladen, in der Auswertung der Vorstellungsgespräche sowie gegebenenfalls in der Nachjustierung der User Storys. Je besser und kooperativer Sie sich in Ihrer Rekrutierung abstimmen und zusammenarbeiten, desto schneller und desto besser werden Sie fündig werden!

3. Wie Sie agile Vorstellungsgespräche führen

Aufbauend auf Ihren User Storys gilt es nun, sich dazu passende Fragen oder Aufgaben zu überlegen. Jede Frage sollte Ihnen dabei helfen herauszufinden, mit welcher Wahrscheinlichkeit und in welcher Qualität die Bewerberinnen und Bewerber die mit der User Story verbundenen Herausforderungen vermutlich bewältigen werden.

Auswahl geeigneter Fragen und Aufgaben

Am einfachsten ist es dabei, die Kandidaten einfach konkret danach zu interviewen, wie sie diese Aufgaben bewältigen, diese Ziele erreichen und diese Herausforderungen meistern wollen und können. Sie können sie fragen, ob sie Ähnliches bereits erlebt haben, oder wie sie hypothetisch auf der Zielposition damit umgehen würden. Den Umweg über abstrakte biografische oder persönlichkeitsorientierte Fragen benötigen Sie gar nicht. Fragen Sie die Bewerber am besten, worauf Sie selbst als Fachabteilung wirklich neugierig sind im Bezug auf die Zielposition. Gerne können dies auch Fragen sein, auf die Sie die Antwort selber noch nicht wissen. Vielleicht können Sie von Ihren Kandidaten ja auch im Vorstellungsgespräch schon lernen.

Bedienen Sie sich dabei aller drei möglichen diagnostischen Zugänge für die Beurteilung der Bewerber:
- biografisch aus der Vergangenheit (wie haben Sie etwas Ähnliches in ihrer bisherigen Karriere gelöst?),
- situativ aus der Zukunft (wie würden Sie so etwas bei uns lösen?),
- konkret aus der Interaktion mit den Beobachtern im Hier und Jetzt (wie lösen Sie etwas im Rollenspiel oder im Antwortverhalten jetzt in diesem Moment mit mir als Interviewendem?).

Einen Interviewleitfaden brauchen Sie hierfür nur als Erinnerungshilfe, um alle wichtigen Bereiche der User Story abzudecken und um bestimmte »gute Fragen« nicht zu vergessen. Situative, szenariobasierte Fragen oder Arbeitsproben können dabei helfen: Stellen Sie sie allen Kandidatinnen und Kandidaten und sorgen Sie damit für eine gewisse Vergleichbarkeit der Antworten zumindest in Ausschnitten des Vorstellungsgesprächs. Ein starres und hoch standardisiertes Festhalten am Interviewskript und der Verzicht auf individuelles Nachfragen und Vertiefen der Themenfelder sind aber nicht das Ziel.

In unserem Intranet finden Sie exemplarisch einige Interviewleitfäden für ein paar idealtypische Zielpositionen. Wir würden uns freuen, wenn Sie uns im Anschluss an Ihren Rekrutierungsprozess dann auch Ihre Interviewleitfäden schicken wollen, damit wir schrittweise für das ganze Unternehmen einen geeigneten Fundus aufbauen und miteinander teilen können.

Gesprächsatmosphäre

Wenn Sie die für Ihre User Storys passenden Fragen und Aufgaben entwickelt haben und die ersten Bewerberinnen und Bewerber eingeladen sind, sollten Sie sich im Vorstellungsgespräch selber um eine vertrauensvolle und wertschätzende Gesprächsatmosphäre bemühen. Je mehr die Kandidaten darauf vertrauen, dass Sie sie wirklich kennenlernen wollen und ehrlich an ihren Lösungen interessiert sind, desto eher werden sie sich öffnen und sich authentisch präsentieren. Wenn die Bewerber dagegen das Gefühl haben, dass Sie eine Musterlösung im Kopf haben und sie eigentlich eher einer Testsituation unterziehen, desto mehr werden Sie versuchen, Ihnen diese vermeintliche Musterlösung zu präsentieren und Fehler zu vermeiden.

Wie können Sie diese offene Gesprächsatmosphäre am besten erreichen? Manche der folgenden Hinweise mögen Ihnen trivial und selbstverständlich erscheinen, aber viele Interviewende vergessen manchmal, auf solche Kleinigkeiten zu achten.

Achten Sie auf ein ansprechendes Äußeres. Wie ist die Atmosphäre im Raum, wie ist das Licht? Sitzt man bequem, gibt es Bilder, Blumen? Was bieten Sie zu trinken an? Gibt es Kekse?

Kommen Sie pünktlich. Beginnen Sie mit ein bisschen Small Talk, erkundigen Sie sich nach der Anreise, suchen Sie nach Gemeinsamkeiten. Waren Sie schon einmal in der Heimatstadt der Kandidatin oder kennen Sie wenigstens die dortige Fußballmannschaft? Small Talk ist gerade bei internationalen Bewerbern aus beziehungsorientierteren Kulturen essenziell, um sich wohl und willkommen zu fühlen. Aber auch deutschen Kandidaten helfen ein paar einleitende unverbindliche Fragen, um zu entspannen und in das Gespräch zu finden. Nicht zuletzt möchten Sie ja herausfinden, was für ein Mensch Ihnen gegenübersitzt. Entsprechend müssen auch Sie sich als Mensch zeigen und das Muster vorgeben. Sie gehen sozusagen mit gutem Beispiel voran.

Stellen Sie sich dann selber vor und erläutern Sie den ungefähren Gesprächsverlauf. Weisen Sie darauf hin, dass im zweiten Teil des Gesprächs auch die Kandidatin ihre Fragen wird stellen können, sodass beide Parteien sich ein fundiertes Bild voneinander machen können. Auf diese Weise unterstreichen Sie den gleichberechtigten Charakter des Gesprächs: Nicht nur die Kandidaten bewerben sich bei Ihnen, auch Sie bewerben sich mit Ihrem Unternehmen bei den Kandidaten. Nicht nur Sie wollen wissen, wer Ihnen gegenübersitzt, auch die Bewerber haben ein Recht darauf.

Seien Sie freundlich, lächeln Sie. Machen Sie auch einmal eine scherzhafte Bemerkung, auch auf das Risiko hin, dass die Bewerber ihren Humor nicht teilen. Die Kandidaten werden spüren, dass Sie um eine Auflockerung der Atmosphäre bemüht sind und dankbar dafür sein. Geben Sie positive Energie in das Gespräch hinein und sie werden positive Energie und Offenheit herausbekommen. Je wohler und vertrauter sich die Bewerber fühlen, desto eher werden Sie auch schwierige Fragen im Verlauf des Gesprächs nicht als Bedrohung, sondern als berechtigtes Interesse und als Chance zur Profilierung begreifen.

Transparenz in den Fragen/Fragen als Chancen vermitteln

Elementar für den Erfolg des Vorstellungsgesprächs ist es dann, dass die Kandidaten den Sinn und die Zielsetzung Ihrer Fragen richtig verstehen. Sie wollen ja nicht herausfinden, wie gut die Bewerber mehr oder weniger zufällig Ihre Intentionen erraten, sondern Sie wollen gezielt die mit der Frage verbundenen Lösungswege kennenlernen. Dies kann nur gelingen, wenn die Kandidaten wissen, worauf Sie hinauswollen. Erklären Sie darum, was Sie wissen wollen, und warum Sie es wissen wollen. Damit steigern Sie den diagnostischen Gehalt der Antwort und Sie reduzieren die Gefahr, dass Ihre Kandidaten nervös werden und nicht mehr ihre vollen Potenziale abrufen können.

Anstatt also z. B. nur zu fragen, ob es in der Vergangenheit im Zusammenhang mit bestimmten Fragen Konflikte gab, und wie die Bewerberin gegebenenfalls damit umgegangen ist, machen Sie den Hintergrund und die Motivation der Frage transparent: Auf der Zielposition gibt es z. B. einen strukturellen Interessenkonflikt zwischen Einkauf und Produktion. Oder es gibt in dem Team auf der Zielposition die Herausforderung, dass einige alteingesessene Kolleginnen und Kollegen mit viel Seniorität und Erfahrung oftmals die Vorschläge aus der sehr viel jüngeren Marketingabteilung aus Prinzip zunächst ablehnen, sodass die Kommunikation dort nicht immer optimal ist. Ob es denn auf einer der früheren Positionen des Bewerbers auch einmal einen solchen Konflikt gab? Und wie war der seinerzeit gelagert? Welche Rolle hat der Kandidat dabei gespielt, auf welcher Seite stand er oder sie? Ist es gelungen, die Kommunikationsfähigkeit zwischen den Beteiligten zu erhöhen, und wenn ja wie? Was hat er oder sie im Nachhinein daraus gelernt? Was würde er denn vorschlagen, wie man auf der Zielposition vorgehen müsste, um die Arbeitsfähigkeit im Team möglichst hoch zu gestalten?

Mit einer solchen Vorgehensweise erreichen Sie zum einen, dass Ihre Frage eindeutig beantwortet werden kann; die Gefahr von Missverständnissen wird reduziert. Zum anderen machen Sie es den Bewerbern leichter, auch über schwierige Situationen in früheren Positionen ehrlich zu sprechen, weil Sie zugeben, dass so etwas in Ihrem eigenen Unternehmen auch vorkommt. Sie verlangen also nicht, dass die Kandidaten etwas potenziell Negatives zugeben, sondern Sie laden sie ein, über die schwierigen Seiten ihrer früheren Arbeit zu sprechen, weil diese normal sind und überall vorkommen. Die Frage wird dadurch von einer Gefahr, etwas potenziell Falsches oder schlecht Bewertetes preiszugeben, zu einer Chance, auch knifflige Herausforderungen zu meistern und sich selbst dabei zu beweisen.

Ähnlich können Sie vorgehen, wenn Sie die Wechselmotivation der Kandidaten hinterfragen. Oft ist es nicht leicht für die Bewerber, über die Motive zu sprechen, warum sie gerne ihr aktuelles Unternehmen verlassen wollen. Sie befinden sich dadurch in einem Loyalitätskonflikt, denn sie wollen einerseits ihr aktuelles Unternehmen nicht bloßstellen und anderen gegenüber schlecht machen. Andererseits sollen sie aber eine schlüssige und ehrliche Antwort geben. Sie können es hier Ihren Kandidaten wesentlich leichter machen, indem Sie diesen inneren Konflikt ansprechen und Ihre eigene Motivation bei der Frage erhellen: »Ich will jetzt gar nicht, dass Sie schlecht über ihren jetzigen Arbeitgeber reden, und wie es genau in dem dortigen Unternehmen aussieht, ist gar nicht wichtig für mich. Es geht mir aber darum, Sie kennenzulernen, zu erfahren, was Ihnen wichtig ist und welche Ihrer Ziele und Erwartungen oder auch Ihrer Werte dort nicht so erfüllt wurden, wie Sie sich das im Vorhinein erwartet hatten. Ich muss ja auch für unser Unternehmen schauen, ob wir diesbezüglich besser zu Ihnen passen als Ihr jetziges. Vielleicht können Sie mir darum also doch einmal in groben Linien skizzieren, ohne in Details zu gehen, was Sie sich bei Ihrem jetzigen Arbeitgeber erhofft hatten und welche Ihrer Wünsche oder Ziele nicht so erfüllt wurden?«

Wenn Sie so vorgehen, können Sie daran anknüpfend auch noch mehr darüber herausfinden, wie die Kandidaten mit solchen persönlichen Herausforderungen umgehen. Haben sie angesprochen, dass sie nicht zufrieden sind? Wem gegenüber und in welcher Form? Hätte sie im Vorhinein schon herausfinden können, dass das jetzige Unternehmen nicht das Richtige ist? Wenn sie nochmals vor der Wahl stünden, zum jetzigen Unternehmen zu wechseln, würde sie es wieder tun? Warum oder warum nicht?

Komplimente und wertschätzendes Feedback

In der Personalauswahl 2.0 wird von ermutigenden Rückmeldungen an die Bewerber während eines Vorstellungsgesprächs eher abgeraten, weil sie die Kandidaten zu einer sozial erwünschten Antwort motivieren könnten. Je neutraler wir als Interviewende demnach eine Antwort aufnehmen – so die Theorie – ohne uns anmerken zu lassen, ob die Antwort in die gewünschte Richtung geht, desto geringer sei die Gefahr der sozialen Verfälschung und desto höher entsprechend der Wahrheitskern der Antwort.

In der Praxis sieht das jedoch anders aus. Wenn wir auf etwas, was wir sagen, keinerlei Rückmeldung bekommen, wirkt dies verunsichernd. Ein gutes Gespräch verläuft im richtigen Leben mit gegenseitiger Rückbestätigung. Wir brauchen als Menschen eine Würdigung dessen, was wir tun und sagen, sonst wissen wir nicht mehr, woran wir sind und werden nervös. Diese Würdigung muss dabei gar nicht beinhalten, ob wir einverstanden sind mit dem Gesagten, oder ob wir gar die gleiche Meinung haben. Eine Wertschätzung im übertragenen Sinne von »Ich habe Ihre Antwort mit Interesse gehört und bedanke mich dafür« reicht völlig aus. Das kann manchmal auch nur ein Nicken oder »mmmh« sein oder ein kurzes »Danke für diese Ideen«, oder auch eine kleine Anerkennung wie »Danke, man sieht, dass Ihnen das Thema nicht neu ist«.

Das heißt nicht, dass wir auf kritische Nachfragen verzichten müssen, im Gegenteil. Wenn wir bei einer bestimmten Antwort Gefahren oder Defizite sehen, dann ist es eine zweite Chance und Gelegenheit für die Kandidaten, wenn wir sie darauf hinweisen und nach ihrer Meinung dazu fragen: »Wenn ich mir Ihren Lösungsweg ansehe, den ich durchaus interessant finde, dann hätte ich die Befürchtung, dass es vonseiten der Kollegen in der Logistikabteilung Widerstand geben könnten, weil sie nicht gefragt wurden. Wie sehen Sie das? Haben Sie mit Absicht nicht gefragt oder war das für Sie so selbstverständlich, dass Sie es gar nicht erst erwähnt haben?« Natürlich ist es wahrscheinlich, dass einige Kandidaten – aber sicher nicht alle – dann uns zuliebe sagen werden, dass sie die Kollegen in der Logistikabteilung natürlich auch gefragt hätten. Hier müssen wir dann nachfragen: »Zu welchem Zeitpunkt hätten Sie sie gefragt, mit welchen Informationen? Hätten Sie alles gesagt, oder manches weglassen? Warum? Und vermutlich hätten die Kollegen ja »nein« gesagt, wie wären Sie dann damit umgegangen? Wie hätten Sie die Kollegen dazu bringen können, dass sie mitziehen? Und so weiter …

Es geht nicht darum, allen Bewerbern das Gefühl zu vermitteln, sie seien die besten aller Kandidaten, auch wenn wir schnell das Gegenteil erkennen. Das wäre von unserer Seite nicht mehr authentisch und glaubhaft. Und es geht auch nicht darum, komplett weich gespülte Gespräche zu führen, in denen wir unsere Kandidaten nicht fordern und keine relevanten Lösungsansätze und Fertigkeiten von ihnen erwarten. Das können wir uns nicht leisten und es wäre zudem nicht authentisch und glaubhaft. Was zählt ist die menschliche Wertschätzung und Ermutigung im Gespräch, dass wir ein ehrliches Interesse an ihnen haben und ihre bestmöglichen Verhaltensweisen sehen wollen. Nur wenn wir das Signal senden, dass wir uns auf Augenhöhe mit unseren Bewerbern sehen, um zu verstehen, was sie mit ihrer spezifischen Biografie, mit all ihren Erfahrungen und Kompetenzen, mit ihren individuellen Perspektiven und Ansätzen zum Erfolg unseres Unternehmens beitragen können, erst dann werden sie uns auch alles zeigen, was sie zu bieten haben.

Zweite Chancen

Um schließlich auch die Lernfähigkeit und Entwicklungspotenziale bei unseren Bewerbern erkennen zu können, müssen wir ihnen »zweite Chancen« im Gespräch geben. Dazu gibt es verschiedene Möglichkeiten:

- Wir erklären nach der Antwort den Hintergrund unserer Frage besser und stellen sie mit anderen Worten noch einmal.
- Wir spiegeln den Bewerbern, wie die Antwort bei uns ankam (»Ich habe ihre Antwort jetzt so verstanden, dass…; wollten Sie das so sagen?«) und überprüfen damit, ob die Kandidatin oder der Kandidat das auch so gemeint hat.
- Wir geben den Kandidaten ein Feedback darüber, wie wir die Antwort in unserer Logik bewerten würden (»Bei uns im Unternehmen würde man ein solches Verhalten so und so bewerten, wäre das bei Ihnen nicht so?«) und geben ihnen damit die Gelegenheit, die eigene Logik zu erklären und einen vorschnellen Fremdeindruck zu korrigieren.
- Wir zeigen die Schwachstellen einer Antwort auf (»In diesem Fall bestände aber das Risiko, dass – fällt Ihnen noch ein anderer Lösungsweg ein?«) oder geben ihnen ergänzendes Wissen an die Hand und bitten die Kandidaten dann, eine noch bessere Antwort zu finden.
- In Übungen, Rollenspielen oder Arbeitsproben bitten wir die Kandidaten, ihre eigene Leistung selbstkritisch zu reflektieren und Vorschläge dahin gehend zu machen, was sie das nächste Mal noch verbessern könnten.
- Auf der Basis der eigenen Selbstreflexion, gegebenenfalls ergänzt durch Verbesserungsvorschläge seitens der Interviewenden, bitten wir die Kandidaten, die Übung, das Rollenspiel oder die Arbeitsprobe erneut zu absolvieren, um dann eine eventuelle Verbesserung zu beobachten.

Mit dieser Methode verfälschen oder beschönigen wir nichts. Aber wir machen sichtbarer, welche Vielfalt an Ressourcen und Potenzialen in unseren Bewerbern steckt, als wenn wir erwarten, dass gleich die erste Antwort sitzt. Es geht uns ja nicht darum, herauszufinden, welche Kandidaten auf unsere

Fragetechnik am besten vorbereitet sind, oder wer schlicht am ehesten so tickt wie wir. Wir möchten die Bewerber in ihrer optimalen Leistungsfähigkeit beobachten und vergleichen und dafür müssen wir ihnen optimale Gelegenheiten bieten.

Nicht zuletzt haben wir ja auch im richtigen Leben meistens mehr als nur eine Chance, und vor allem haben wir immer die Möglichkeit, uns zu entwickeln und zu lernen. Und in der agilen Personalauswahl, in einem Umfeld von Komplexität, Vielfalt und Veränderung, kommt es uns auf diese Lern- und Entwicklungsfähigkeit besonders an.

Beobachten

Nachdem Sie also Ihre Fragen in einer vertrauensvollen Atmosphäre gestellt haben, folgt der Kernprozess der Personalauswahl und vor allem der agilen Personalauswahl: die Beobachtung. Die Qualität unserer Beobachtung – und die Qualität, mit der wir unsere Beobachtungen dokumentieren – ist vielleicht das Wichtigste am gesamten Auswahlprozess. Denn wenn wir uns nicht täuschen lassen wollen von unserem Bauchgefühl, das sich im Zweifelsfall ja immer zu den uns vertrauten und sympathischen Verhaltensweisen hingezogen fühlt, müssen wir uns eine gute Grundlage aufbauen, um anschließend unsere Bewertung bewusst reflektieren zu können.

Wichtig ist es darum, sich während des Gesprächs so viele Notizen wie möglich zu machen und diese Notizen so konkret wie möglich auf beobachtbare Inhalte und Verhaltensweisen zu beschränken. Dabei ist es natürlich herausfordernd, gleichzeitig etwas aufzuschreiben und den Kandidaten weiterhin die nötige Aufmerksamkeit in der Gesprächsführung entgegenzubringen. Dies ist zum einen eine Frage der Übung. Zum anderen ist es vor allem dann einfacher, wenn mehrere Interviewende gleichzeitig das Gespräch führen. Im Assessment-Center, wenn wir verschiedene Kandidaten gleichzeitig beobachten, empfiehlt es sich darüber hinaus, den Beobachtern einzelne »Schwerpunktkandidaten« zuzuordnen, auf die sie vor allem ihre Aufmerksamkeit richten.

In unseren Notizen ist es elementar, auf Bewertungen so weit wie möglich zu verzichten. Denn ob ein Verhalten gut oder schlecht, nützlich oder weniger zielführend in Bezug auf eine Zielposition ist, das können wir zu diesem Zeitpunkt ja noch gar nicht beurteilen. Unwillkürlich formen wir dazu natürlich Hypothesen und unser Gehirn macht uns kontinuierlich Bewertungsvorschläge auf der Basis unseres Erfahrungswissens. Wichtig ist es aber, diesen intuitiven Kategorisierungsimpulsen an dieser Stelle nicht zu folgen, sondern stattdessen erst recht wertneutral und offen einfach nur zu protokollieren, was wir verbal und non-verbal wahrnehmen.

Gut geeignet hierfür sind z.B. wörtliche Zitate. Je deskriptiver wir einfach nur notieren, was ein Bewerber wann genau gesagt hat, umso mehr Material haben wir später in der eigentlichen Bewertungsphase zur Verfügung, um unser Urteil bewusst herauszubilden und aus verschiedenen Perspektiven zu überprüfen.

In der Beschreibung von non-verbalem Verhalten können wir dafür z.B. objektive Maßstäbe nutzen (macht eine Pause von 2 Sekunden, lehnt sich fast 1 Meter nach vorne, dreht sich zur Seite, unterbricht X, lächelt Y an). Oder wir verwenden relationale Beschreibungen (spricht lauter als Z, bewegt sich sparsamer als ich es tun würde, gestikuliert mehr als in Deutschland üblich). Diese können wir dann später für unser Urteil heranziehen und mit den Bewertungen der anderen Beobachter vergleichen: »Auf mich hat das vergleichsweise laute Lachen verlegen gewirkt, ein bisschen überfordert vielleicht von der Situation.« »Wirklich? Ich fand das ganz entspannt, die war doch total souverän und selbstbewusst mit ihrem Lachen und hatte das Gespräch im Griff in diesem Moment.« »Ja, dafür spricht auch, dass ihre Antwort in dem Moment ziemlich differenziert war, als sie gesagt hat: ...« Je genauer die Beobachtungen sind, desto besser können sie später zu anderen Beobachtungen in Bezug gesetzt werden, desto gezielter lassen sie sich auf verschiedene Interpretationsmöglichkeiten hinterfragen und desto differenzierter wird entsprechend das Bild der Bewerber, das sich in Bezug auf die User Storys der Zielposition am Ende herauskristallisiert.

Schwierig sind in der Beobachtungsphase vermeintliche Beschreibungen, denen aber bereits eine unbewusste Bewertung innewohnt, wie z.B. »redet leise und zurückhaltend«, »wirft den Kopf selbstbewusst nach hinten«, »schnaubt arrogant«, »gestikuliert laut und aufdringlich«, »kommt X zu nahe«, »verschränkt abweisend die Arme vor dem Körper«. Auch wenn wir die Bewertung in diesen Beobachtungen natürlich leicht erkennen und gegebenenfalls später auch wieder revidieren können, führt uns diese Form der »bewertenden Wahrnehmung« doch dazu, dass sich diese ersten Urteile bei uns bereits neuronal verfestigen. Je mehr wir uns hingegen bewusst dazu anhalten, jede Beobachtung erst einmal wertfrei anzunehmen und nur zu beschreiben, ohne sie unmittelbar einer inneren Schublade zuzuordnen, desto besser wird es uns gelingen, tatsächlich offen und gleichermaßen wertschätzend auch für uns unvertraute Verhaltensweisen und Lösungsansätze zu bleiben.

Ganz verzichten sollten wir während der Beobachtung auf rein bewertende Notizen, die sich anschließend keiner Diskussion aus verschiedenen Blickwinkeln mehr zugänglich machen lassen. Vermeiden Sie deshalb Stichpunkte wie beispielsweise:

- Fasst das Gruppenergebnis hervorragend zusammen.
- Ist sich in der früheren Position zu schade, das Projekt selbst zu übernehmen.
- Wirkt abweisend und desinteressiert.
- Macht einen selbstgefälligen und besserwisserischen Eindruck.
- Stellt die Vorteile des Produktes überzeugend vor.
- Kann sich nicht gut verkaufen.
- Lässt sich von X die Butter vom Brot nehmen.
- Knickt ein, als B widerspricht.
- Setzt sich in der Gruppendiskussion durch.
- Passt in der Körpersprache nicht zu uns.
- Wirkt dynamisch und anpackend.

Solche Formulierungen erscheinen dem Betrachter zwar zunächst logisch und stimmig. Sie bestehen aber aus Interpretationen, die unter Umständen mehr über die Prägungen und Präferenzen des Beobachters aussagen, als dass sie die Sinnhaftigkeit der von den Kandidaten gezeigten Lösungsansätze auf der Zielposition belegen oder widerlegen könnten. Entscheidend für die Bewertung der Kandidaten ist im Anschluss aber, was **genau** hervorragend war an der Zusammenfassung, wodurch er **konkret** selbstgefällig wirkte, was **im Einzelnen** bei der Produktpräsentation überzeugend war, durch welches **spezifische** Verhalten er sich selbst scheinbar nicht gut verkaufen konnte, wie dieses »Sich-die-Butter-vom-Brot-nehmen« **im Detail** aussah usw.

Nur, wenn wir diese Einzelheiten der Beobachtung bei der zusammenfassenden Beurteilung am Ende noch wissen, können wir erstens die verschiedenen Eindrücke vergleichen und diskutieren und zweitens mit einer gewissen Substanz noch darüber sprechen, wie sich diese Verhaltensweisen dann vermutlich in Bezug auf die User Storys in der Zielposition auswirken würden. Sobald wir aber innerlich sofort in die Haltung der Bewertung springen und nur diese notieren, können wir uns zum einen im Nachhinein meist gar nicht mehr an die genauen Formulierungen und Beobachtungen erinnern. Zum anderen manövrieren wir uns damit selber in einen Zustand, in dem sich unser positiver oder negativer Ersteindruck immer mehr verfestigt, sodass es gegenläufige Wahrnehmungen kaum noch in unser Bewusstsein schaffen.

4. Wie Sie zu treffsicheren Entscheidungen kommen

Wie kommen Sie nun nach dem Vorstellungsgespräch gemeinsam mit den anderen Interviewenden zu einer Bewertung der Kandidaten? Wir empfehlen

Ihnen folgende strukturierte Vorgehensweise, die sich bislang in unserem Unternehmen bewährt hat:

1. Lesen Sie zunächst ihre User Storys noch einmal und gehen dann Ihre Notizen noch einmal durch. Geben Sie anschließend – zunächst jede/r für sich – für jede User Story auf einer Schulnotenskala Noten (1 = wird die User Story vermutlich sehr gut erfüllen können, 2 = gut, 3 = befriedigend, 4 = ausreichend, 5 = mangelhaft, 6 = ungenügend), je nachdem, wie sie die Erfolgswahrscheinlichkeiten des Bewerbers bzw. der Bewerberin beurteilen. Tragen Sie diese Bewertungen dann gemeinsam auf einem großen Flipchart oder einer Metaplanwand zusammen.

2. Vergleichen Sie dann mit den anderen Beobachtern in einer offenen Diskussion Ihre Ergebnisse und begründen Sie, warum Sie zu welcher Beurteilung gekommen sind. Suchen Sie dabei gemeinsam in Ihren jeweiligen Mitschriften gezielt nach möglichen Widersprüchen oder Interpretationsspielräumen. Welche Beobachtungen unterstützen ihre erste Bewertung, welche deuten dagegen in eine andere Richtung? Wie könnte der Kandidat seine Antwort noch gemeint haben, welche Zielsetzung verfolgte er mit seinem Verhalten eventuell? Wichtig ist an dieser Stelle auch der Perspektivenwechsel: Es zählt nicht nur, wie die Kandidatin auf sie gewirkt hat, sondern auch ihre eigene Intension und Logik bei ihrer Antwort. Vielleicht hat das Verhalten ja nur aus Ihrer Perspektive deplatziert gewirkt, aus der Perspektive der Kandidaten war es aber schlüssig und auch Erfolg versprechend?

3. Schließlich korrigieren Sie vor dem Hintergrund der Durchsicht ihrer Beobachtungen und der gemeinsamen Diskussion gegebenenfalls Ihren Zahlenwert und versuchen Sie, sich auf ein Ergebnis zu einigen. Dies kann darin bestehen, dass Sie dem Bewerber oder der Bewerberin absagen. Es kann aber auch sein, dass Sie ihn oder Sie nochmals einladen. Sie können nun auch Referenzchecks machen oder die noch offenen Fragen durch ein ergänzendes Telefoninterview im Nachgang ansprechen. Notieren und diskutieren Sie in jedem Fall innerhalb der Gruppe die Fragezeichen und offenen Themen, die es in einem späteren zweiten Auswahlschritt vertieft zu überprüfen gilt. Fassen Sie kurz schriftlich zusammen, wo aus Ihrer Sicht die Stärken und Potenziale und wo die Schwächen und Lernfelder des Kandidaten liegen.

Von entscheidender Bedeutung ist, dass Sie sich im Bewertungsprozess an die folgenden drei Grundsätze halten:

1. Keine Bewertung ohne Beobachtung. Ein Eindruck, der nicht an einer Beobachtung festgemacht und damit begründet werden kann, fließt nicht in die Bewertung ein.
2. Keine Bewertung ohne Reflexion. Jedes Urteil muss dahin gehend überprüft werden,
   a) ob es auf Eindrücken beruht, die die anderen Beobachter teilen,
   b) ob die Eindrücke wirklich für die User Story relevant sind,
   c) ob es auf eindeutigen Indizien beruht oder ob es auch gegenläufige Beobachtungen gab,
   d) ob der Eindruck durch die Art der Frage von den Interviewenden selbst so ausgelöst wurde und
   e) welche sinnvolle Erklärung es für das Verhalten aus Sicht des Kandidaten geben könnte.
3. Keine Bewertung ohne Befragung. Jede User Story muss Bestandteil des diagnostischen Prozesses sein, wenn sie bewertet werden soll. Sind für eine Vakanz z.B. sechs User Storys relevant, in Interview 1 werden aber nur die User Storys 1 bis 3 abgeprüft, in Interview 2 dagegen die User Storys 4 bis 6, dann ist der Auswahlprozess unbrauchbar.

Bitte vergessen Sie nicht, auch um dem Allgemeinen Gleichbehandlungsgesetz (AGG) gerecht zu werden, dass Sie im Nachgang zu jeder Bewerberin und jedem Kandidaten eine kurze Dokumentation der beobachteten Eignung in Bezug auf die User Storys erstellen müssen. Auch bei den erfolgreich eingestellten Bewerbern ist dies wichtig, denn wir möchten in einem kontinuierlichen Verbesserungsprozess zukünftig in bestimmten Abständen einmal abgleichen, wie treffsicher unsere Prognosen aus der Personalauswahl eigentlich waren.

Vielen Dank dafür, dass Sie diesen Prozess ernsthaft und professionell gestalten. Kommen Sie gerne mit Rückfragen oder Anregungen auf uns zu, auch mit Anregungen im Hinblick darauf, wie wir diesen Leitfaden noch verbessern können.

Unser Unternehmen ist immer nur so gut wie unsere Mitarbeiterinnen und Mitarbeiter. Und diese sind immer nur so gut, wie unsere Personalauswahl es ermöglicht.

Wir wünschen Ihnen viel Erfolg und auch viel Spaß in Ihrem Auswahlverfahren!

Literatur

Apelojg, B. (2002). Emotionen in der Personalauswahl – Wie der Umgang mit den eigenen Gefühlen Entscheidungen beeinflusst. München: Rainer Hampp.

Appelo, J. (2010). Management 3.0: Leading Agile Developers, Developing Agile Leaders. Upper Saddle River: Addison-Wesley.

Buchheim, C., Weiner, M. (2014). HR-Basics für Start-ups. Recruiting und Retention im Digitalen Zeitalter. Wiesbaden: Springer Gabler.

Campion, M., Palmer, D., & Campion, J. (1997). A review of structure in the selection interview. Personnel Psychology, 50 (3), 655–702.

Chapman, D., Zweig, D., (2005). Developing a nomological network for interview structure: Antecedents and consequences of the structured selection interview. Personnel Psychology, 58 (3), 673–702.

Cohn, M. (2004). User Stories Applied. For Agile Software Development. Upper Saddle River: Addison-Wesley.

Cohn, M. (2010). Succeeding with Agile. Software Development Using Scrum. Upper Saddle River: Addison-Wesley.

Dachler, H. P. (1995). Managementdiagnostik als sozialer Prozeß der Wirklichkeitsgestaltung: Eine Eignungsdiagnostik der Eignungsdiagnostik. In Sarges, W. (Hrsg.), Management Diagnostik (2. Aufl., S. 885–903). Göttingen: Hogrefe.

Damasio, A. (2012). Descartes' Irrtum – Fühlen, Denken und das menschliche Gehirn (7. Aufl.). Berlin: List.

Dipboye, R, Macan, T., Shahani-Denning, C. (2012). The Selection Interview from the Interviewer and Applicant Perspectives: Can't have one without the other. In Schmitt, Neil (Hrsg.), The Oxford Handbook of Personnel Assessment and Selection (S. 323–352). Oxford: Oxford University Press.

Elger, C. (2013). Neuroleadership (2. Aufl). Freiburg/München: Haufe.

Funk, L., Nachtwei, J., Melchers, K. (2015). Die Kluft zwischen Wissenschaft und Praxis in der Personalauswahl. Personal quarterly, 3, 26–31.

Gigerenzer, G. (2008). Bauchentscheidungen – Die Intelligenz des Unbewussten und die Macht der Intuition. München: Wilhelm Goldmann

Gloger, B., Häusling, A. (2011). Erfolgreich mit Scrum – Einflussfaktor Personalmanagement: Finden und Binden von Mitarbeitern in agilen Unternehmen. München: Carl Hanser.

Gloger, B., Margetich, J. (2014). Das Scrum-Prinzip: Agile Organisationen aufbauen und gestalten. Stuttgart: Schaeffer Pöschel.

Harnish, V. (2016). SCALING UP Skalieren auch Sie! Warum es einige Unternehmen packen … und warum andere stranden. München: Verlag ScaleUp Institut.

Highhouse, S. (2008). Stubborn Reliance on Intuition and Subjectivity in Employee Selection. Industrial and Organizational Psychology, 1, 333–342.

Hornke, L. (2012). Vorurteilsfreie Verfahren der Personalbeurteilung und -auswahl. Interview in der Zeitschrift Personalführung, 1, 22–25

House, R., Hanges, P., Javidan, M., Dorfman, P., Gupta, V. (Eds.) (2004). Culture, Leadership, and Organizations – The GLOBE Study of 62 Societies. Thousand Oaks: Sage.

Huffcutt, A. I., Arthur, W., Jr. (1994). Hunter and Hunter (1984) revisited: Interview validity for entry-level jobs. Journal of Applied Psychology, 79, 184–190.

Huffcutt, A. I., Culbertson, S. S. (2011). Interviews. In: Zedeck, Sheldon (Hrsg.), APA handbook of industrial and organizational psychology: Volume 2, Selecting and developing members for the organization (S. 185–203). Washington DC.: American Psychological Association.

Janz, J. T. (1982). Initial comparisons of patterned behavior description interviews versus unstructured interviews. Journal of Applied Psychology, 67, 577–580.

Johansen, B. (2007), Get There Early: Sensing the Future to Compete in the Present. San Francisco: Berrett Koehler.

Kahnemann, D. (2011). Schnelles Denken, Langsames Denken. München: Siedler.

Kanning, U.-P. (2015a). Diagnose: verbesserungswürdig. Interviews werden nicht professionell eingesetzt. Personalmagazin, 11, 40–43.

Kanning, U.-P. (2015b). Personalauswahl zwischen Anspruch und Wirklichkeit. Eine wirtschaftspsychologische Analyse. Berlin/Heidelberg: Springer.

Kanning, U.-P. (2016). Intuition in der Personalauswahl. Human Resources Manager, 03/16, 16.

Kersting, M. (2013), Management-Diagnostik in Zeiten des Personalmangels. In: Sarges, W. (Hrsg.). Management-Diagnostik (4. Aufl., S. 524–530). Göttingen: Hogrefe.

Kersting, M., Ott, M. (2015), Diversity-gerechte Personalauswahl – Wie man die Personalauswahl gestalten muss, um Potenziale in allen Gesellschaftsgruppen zu erkennen. In: Ringeisen, T., Genkova, P. (Hrsg.). Handbuch Diversity Kompetenz: Perspektiven und Anwendungsfelder (S. 1–11). Cham: Springer NachschlageWissen.

Kim, M. S. (2002) Non-Western Perspectives on Human Communication. Thousand Oaks: Sage.

Kleebaur, C. (2007), Personalauswahl zwischen Anspruch und Wirklichkeit: Wissenschaftliche Personaldiagnostik vs. erfahrungsbasiert-intuitive Urteilsfindung. Mering: Rainer Hampp.

König, C., Klehe, U.-C., Berchtold, M., Kleinmann, M. (2010). Reasons for being selective when choosing personnel selection procedures. International Journal of Selection and Assessment, 18 (1), 17–27.

Laske, S., Weiskopf, R. (1996). Personalauswahl — Was wird denn da gespielt? – Ein Plädoyer für einen Perspektivenwechsel. Zeitschrift für Personalforschung, 4, 295–330.

Latham, G. P., Saari, L. M., Purcell, E. D, Campion, M. A. (1980). The situational interview. Journal of Applied Psycholalgy, 65, 422–427.

Levashina, J., Hartwell, C., Morgeson, F., Campion, M. (2014). The structured employment interview: Narrative and quantitative review of the research literature. Personnel Psychology, 67, 241–293.

Lewis, R. D. (2000). Handbuch Internationale Kompetenz. Frankfurt a.M.: Campus.

Li, H., Zhang, Z., Bhatt, G., Yum, Y.-O. (2006). Rethinking Culture and Self-Construal: China as a Middle Land. The Journal of Social Psychology, 146 (5), 591–610.

Macan, T. (2009). The employment interview: A review of current studies and directions for future research. Human Resource Management Review, 19, 203–218.

Mack, O., Krämer, A., Khare, A., Burgartz, T. (Hrsg.) (2015). Managing in a VUCA World. Cham: Springer International.

Markus, H., Kitayama, S. (1991). Culture and the Self: Implications for Cognition and Motivation. Psychological Review, 98 (2), 224–253.

Markus, H., Kitayama, S. (2010). Cultures and Selves: A Cycle of Mutual Constitution. Perspectives on Psychological Science, 5 (4), 420–430.

Miike, Y. (2012). Harmony without Uniformity. An Asiacentric Worldview and Its Communicative Implications. Manuskript der Universität Hawaii, http://cm-m330interculturalcommunication.pbworks.com/w/file/fetch/72878444/Miike-2012-Harmony%20without%20uniformity-An%20asiacentric.pdf (heruntergeladen am 16.5.2016, pp. 65–80).

Nachtwei, J., von Bernstorff, C., Uedelhoven, S., Liebenow, D. (2013). Segen oder Fluch – Intuition bei Personalauswahlentscheidungen. Personalführung. 11, 34–41.

Nisbett, R. E. (2003). The Geography of Thought – How Asians and Westerners think differently ... and Why. New York: Free Press.

Obermann, C. (2013). Assessment Center – Entwicklung, Durchführung, Trends (5. Aufl.). Wiesbaden: Springer Gabler.

Pfläging, N. (2014). Organisation für Komplexität: Wie Arbeit wieder lebendig wird – und Höchstleistung entsteht (2. Aufl.). München: redline.

Pfläging, N., Herrmann, S. (2015). Komplexithoden. Clevere Wege zur (Wieder-) belebung von Unternehmen und Arbeit in Komplexität. München: redline.

Posthuma, R., Morgeson, F., Campion, M. (2002). Beyond Employment Interview Validity – A comprehensive narrative review of recent research and trends over time. Personnel Psychology, 55, 1–81.

Rieckmann, H. (1997). Managen und Führen am Rande des 3. Jahrtausends. Frankfurt am Main: Peter Lang.

Riedel, T. (2015). Internationale Personalauswahl – Wie wir die Richtigen erkennen, auch wenn sie anders sind als wir. Göttingen: Vandenhoeck&Ruprecht.

Riedel, T. (2016). Und was, wenn die Praxis doch recht hat? Acht Gründe für eine Neubetrachtung des Themas »Struktur« im Vorstellungsgespräch. Abgerufen am 26.11.2016 unter http://www.interpool-hr.com/sites/default/files/16/10/tim_riedel_neubetrachtung_von_struktur_im_vorstellungsgespraech_sep_2016.pdf.

Riedel, T., Krotoschak, E. (2015). Trends und Herausforderungen in der Personalauswahl. In Nachtwei, J, von Bernstorff, C. (Hrsg.), HR Consulting Review, Band 05 (S. 15–19). VQP: Berlin.

Sarges, W. (2011). Biografisches Interviewen in der Eignungsdiagnostik. In Jüttemann, G. (Hrsg.), Biografische Diagnostik (S. 169–177). Lengerich: Pabst.

Sarges, W. (2013). Interviews. In Sarges, W. (Hrsg.), Management Diagnostik (4. Aufl., S. 575–592). Göttingen: Hogrefe.

Scharmer, O. (2009). Theorie U – von der Zukunft her führen. Heidelberg: Carl Auer.

Schlippe, A. v., Schweizer, J. (2012). Lehrbuch der systemischen Therapie und Beratung I. Göttingen: Vandenhoeck & Ruprecht.

Schmitt, N., Sinha, R. (2011). Validation Support for Selection Procedures. In: Zedeck, Sheldon (Hrsg.), APA handbook of industrial and organizational psychology: Volume 2, Selecting and developing members for the organization (pp. 399–420). Washington DC.: American Psychological Association.

Schuler, H. (2014). Psychologische Personalauswahl. Eignungsdiagnostik für Personalentscheidungen und Berufsberatung (4. Aufl.). Göttingen: Hogrefe.

Schuler, H., Mussel, P. (2016). Einstellungsinterviews vorbereiten und durchführen. Göttingen: Hogrefe.

Schroll-Machl, S. (2012). Die Deutschen – Wir Deutsche (3. Aufl.). Göttingen: Vandenhoeck & Ruprecht.

Schwaber, K., Sutherland, J. (2013). The Scrum Guide. The Definitive Guide to Scrum: The Rules of the Game. www.scrumguides.org Zugriff am 05.07.2016

Sears, G. J., Rowe, P. M. (2003). A personality-based similar-to-me effect in the employment interview: conscientiousness, affect-versus competence-mediated interpretations, and the role of job relevance. Canadian Journal of Behavioural Sciences, 35 (1), 13–24.

Van Iddekinge, C., Sager, C., Burnfield, J., Heffner, T. (2006). The variability of criterion-related validity estimates among interviewers and interview panels. International Journal of Selection and Assessment, 14, 193–205.

Westhoff, K. Flehmig. H. C. (2013). Empfehlungen zur Eignungsbeurteilung nach der DIN 33430. In Sarges, W. (Hrsg.), Management Diagnostik (4. Aufl., S. 906–911). Göttingen: Hogrefe.

Stichwortverzeichnis

A

agile Kandidaten 144

agile Personalauswahl 113

— 5-stufiger Prozess 81

— Akzeptanz 148

— drei wichtige Aspekte 101

— Eckpfeiler 27

— Einführung 33

— Geschwindigkeit 149

— Gesprächsführung 67

— Globalisierung 149

— Leitfaden 153

— Treffsicherheit 147

— Zukunftsfähigkeit 150

agiles Manifest der Personalauswahl 11

agiles Manifest der
Softwareentwicklung 10

Anforderungsprofil 26, 34

Argumentation 133

B

Bauchgefühl 87, 88, 91

Beobachtung 53, 83, 85, 95, 108

Bewertung 50, 56, 89, 107

D

Diskussion 99

E

Eignungsdiagnostik 15

— Entwicklungsgeschichte 17

Emotion 86

Ergebnisorientierung 51

F

Feedback 40

— wertschätzend 71

Feedbackgespräch 106

Flexibilität 27, 66

Fokussierungsillusion 91

Frage 40

Frageformat 50

Fragetechnik 41, 56

Fragetyp 44

G

gedankliches Experimentieren 48

Gesprächsatmosphäre 56, 68, 107

H

Hierarchie 123

I

Interviewleitfaden 47, 74, 104, 105

Interviewverlauf 44

Iteration 28

K

Kausalattribution 48

Klarheit 134

Kompetenz 64

Kompetenzmodell

— Integration in User Story 141

Konformität 133

Konsistenz 132

Kulturtypenmodell nach Richard
Lewis 121

Kulturtypologie 125

L

Leitfaden

— agile Personalauswahl in der
Praxis 153

Leitfrage 32, 56, 112, 146

M

Manifesto for Agile Software
Development 10

Motivation 81

P

Passung 55, 66
Personalabteilung 114
Perspektivenwechsel 95, 96, 99
Präsentation 107
Prognosegenauigkeit des Auswahlverfahrens 51

R

Rekrutierungsprozess 114, 116
— Projektorganisation 117

S

Schwachstelle 40
Scrum 25, 115
Scrum Master 26, 116
Selbst-Andere-Verbundenheit 130
Selbstpräsentation 132
Selbstreflexion 28, 40, 48, 106
Sympathie 34, 66

T

Transparenz 69

U

User Story 36, 44, 61, 64, 65, 97, 99, 107, 135

V

Vernetzung 29
verstehen 92
Vorstellungsgespräch 1.0 11, 17, 31
Vorstellungsgespräch 2.0 12, 18, 31, 37
— Defizite 20
Vorstellungsgespräch 3.0 24, 32

W

Wasserfallmodell 24
Wert 67

Z

Ziel
— erkunden 48
Zielposition 62
zuschreiben 89
zweite Chancen 73

Exklusiv für Buchkäufer!

Ihre Arbeitshilfen zum Download:

▶ http://mybook.haufe.de/

▶ Buchcode: CTA-9842

HAUFE.

Ihr Feedback ist uns wichtig!
Bitte nehmen Sie sich eine Minute Zeit

www.haufe.de/feedback-buch